24.12.76
von Kurt

Walter Jens

Republikanische Reden

Walter Jens

Republikanische Reden

verlegt bei Kindler

Redaktion: Manfred Kluge
Korrekturen: Linde Lang
Umschlaggestaltung: Hans Numberger
Gesamtherstellung: May & Co., Darmstadt
Printed in Germany
ISBN 3-463-00677-4

Karl Knörr zugeeignet

Inhalt

Vorwort

Die in diesem Band zusammengestellten zehn Reden, ergänzt durch fünf Essays – Festvorträge, Ansprachen und Traktate im rhetorischen Stil –, verfolgen ein dreifaches Ziel. Sie wollen, zum ersten, im Sinne Gustav Heinemanns jene radikal-demokratische, bürgerlich-fortschrittliche, libertäre und humanistische Tradition ins Blickfeld rücken: das ungeliebte und verleugnete Erbe der Aufklärer, Jakobiner und Achtundvierziger, dessen Wiedergewinnung und Aneignung im Zeichen der zweiten Metternichschen Reaktion unabdingbar ist... unabdingbar in einem Augenblick, da die Konservativen hierzulande unverhüllter als jemals zuvor den Obrigkeitsstaat mit Hilfe von Verbot, Zensur und allgemeiner Schnüffelei wiederherstellen möchten: Zurücknahme der Aufklärung heißt die Devise, Leugnung der gegenläufigen »populistischen« Strömungen in unserer Geschichte, Revokation von Tendenzen, die auf jene freie und uneingeschränkte Demokratie mit allgemeiner Selbstregierung abzielten, für die ein Mann wie Rudolf Virchow – wer, unter all den Bismarck-Apologeten, spricht heute noch von ihm? – an der Seite der Handwerker, Arbeiter und Studenten auf die Barrikaden stieg.
Verteidigung der bürgerlichen Radikalität: Das ist das eine Ziel dieser Reden. Darum die Betonung der progressiven Elemente im Neuhumanismus. Darum die Bewertung Thomas Manns als des »anderen« Deutschen. Darum die Verweise auf die revolutionären Aspekte der deutschen Parlaments-Geschichte. Darum die ständige Bemühung der »Nothelfer« Lessing und Heine, Humboldt und Einstein.
Und nun das zweite, vor allem in den Traktaten über die Predigt und über die politische Rolle der Poesie anvisierte Ziel: Die Frage zu klären, mit Hilfe welcher »literarischen« Techniken die fortschrittliche Aneignung des Erbes gelingen könnte – welche Überlegungen angestellt werden müssen, um – ausgehend von den bescheidenen Mög-

lichkeiten, die der Rede und der Schrift gegeben sind – die schwierigste Manipulation durchzuführen, die es für den Rhetor gibt (Rhetor im weitesten Sinn – einen Intellektuellen, den Prediger so gut wie den Schriftsteller, der etwas bewirken will): Die Manipulation zum Guten.

Endlich das dritte Ziel: Es wird versucht, das scheinbar Selbstverständliche zu problematisieren und, mit Hilfe von entschiedener Rettung (des Abgetanen), entschlossener Bezweiflung (des zu Unrecht Verklärten) und konsequenter Neubewertung (des längst Etikettierten), die vertrauten Muster in Frage zu stellen: Deshalb die Betrachtung der Evangelisten als Literaten; deshalb die Ehrenerklärung für Beckmesser; deshalb die Analyse des verhinderten Kanzelredners Friedrich Nietzsche; deshalb – difficile est, satiram non scribere – die Zitierung eines deutschen Christen unserer Tage mit dem Mittel der kirchlichen – und nicht der politischen – »Moralität«. Deshalb aber auch der Versuch, das Phänomen »Fußball« einmal aus einer verfremdend wirkenden Doppel-Perspektive zu analysieren: Von der Geschichte und von der Kunst aus.

Fußball und Nahverkehr, Publizistik und Literatur, Altphilologie und Politik, Wissenschaftstheorie und, im Zentrum stehend, Theologie, in Sonderheit Homiletik: Die Gegenstände wechseln, Blickweise, Akzentuierungsart, politischer Maßstab und rhetorischer Tenor (der Rede-Duktus wurde belassen) bleiben sich gleich. Das, hoffe ich, gibt dem Buch seine Einheitlichkeit – einem Buch, das sich dem Grundgebot verpflichtet weiß, dem die Rhetorik unterliegt: Nicht das absolut Wahre, wohl aber das Wahrscheinliche ins Blickfeld zu rücken und, mit Hilfe einer überraschenden Beweisführung, die Neubewertung strittiger und die Umakzentuierung scheinbar längst erledigter Probleme befördern zu helfen. Das macht ihre Wirkung aus, ihre soziale Verbindlichkeit. Rhetorik, lautet ein alter Topos, gibt, anders als die Philosophie, das Wissen preis. Im Unterschied zu ihrer Schwester, der Dialektik, ist ihre Hand weit geöffnet.

Zu weit, sagen, von Platon bis zur Gegenwart, die Kritiker – aber sie könnten sich irren.

Die christliche Predigt: Manipulation oder Verkündigung?

»Darum wem das Predigtamt aufgelegt wird, dem wird das höchste Amt aufgelegt in der Christenheit. Derselb mag hernach auch taufen, Meß halten und alle Seelsorge tragen; oder so er nicht will, mag er an dem Predigen allein bleiben, und Taufen und andere Unteramt anderen lassen. Wie Christus tat und Paulus und alle Apostel.«
Geschrieben im Jahr 1523. Gültig bis heute. Die Luthersche These, daß »Pfarramt« so viel wie »Predigtamt« heiße und daß Seelsorge, Sakramenten-Austeilung und Liebesdienst nichtig seien ohne die Verkündigung des Gottesworts von der Kanzel – »wo Predigtamt nicht ist, der andern keines folget« . . . diese im Traktat über Macht und Recht einer christlichen Gemeinde formulierte These ist, allen Akzentverschiebungen zum Trotz, vierhundertfünfzig Jahre lang unangetastet geblieben – und nicht nur unangetastet: sie hat sogar, im Bannkreis der dialektischen Theologie, eine Renaissance ohne Beispiel erlebt.

Die evangelische Dogmatik, daran gibt's nichts zu deuteln, wurde von Predigern entworfen – und nicht von Vertretern der Systematik: von Kanzelrednern, nicht von Kult-Verwaltern. Erst auf der Kanzel, heißt die Devise, wird die Schrift, in inspirierter Rede, zu Gottes Wort; erst auf der Kanzel, im Verkündigungs-Akt, gewinnt Geschichte die Qualität von Geschehen, verwandelt sich das Reden über Gott in göttliche Rede. Kein Wunder, demnach, daß Luther die apostolischen Briefe über die Evangelien stellte – die Deutung über den Bericht, die Predigt über die historiographische Fakten-Aufzählung; kein Wunder auch, daß Karl Barth das Verhältnis von Dogmatik und Predigt als ein Verhältnis von Etappe und Front etikettierte: Nicht in der Schrift, sondern im Wort spräche Gott unmittelbar, nicht in der Etappe, sondern an der Front werde der Krieg gewonnen oder verloren.

In der Tat, man kann es nicht pointiert genug sagen: Der Mann auf

der Kanzel (und nicht der sogenannte »Theologe«, aber auch nicht der Seelenhirt oder der franziskanische Anwalt der Armen) – der Mann auf der Kanzel ist, nach reformatorischem Verständnis, der Stellvertreter Christi in der Epoche zwischen Himmelfahrt und Jüngstem Gericht. *Er* kämpft, in der Phase, die mit der Auferstehung beginnt und mit der Wiederkehr endet, Jesu Kampf mit dem Teufel. *Er* sorgt dafür, daß Gottes Wort im Schwange bleibt. (*ym schwang*, hat Luther gesagt.) *Er* macht aus der *scriptura mortua*, dem Verlesenen, Respondierten, Gesungenen, eine lebendige Rede. *Er* weiß, daß das Evangelium – im Gegensatz zum kodifizierten Gesetz – Botschaft ist und nicht Schrift (*Neues* und nicht *Altes* Testament): eine Botschaft, die, in Lehre und Vermahnung, zur *viva vox* wird – Nachricht, Kunde, Hörensagen, das von den »Mundboten« weitererzählt werden will, von den Aposteln zunächst, dann von den Vätern und dann, nach einer langen Zeit des Interregnums, von den Kanzeln herab: in Räumen verkündet, die für Luther die Bedeutung von »Mundhäusern« hatten.
Mundhaus und nicht Federhaus: Die Kanzel war Rostra, die Kirche war Marktplatz, die Predigt war Rede in der Öffentlichkeit – ein Geschäft, das – in übertragenem und wörtlichem Sinn – »katholisch« genannt werden kann. »Katholisch«, weil der Pfarrer, sofern er ordentlich berufen war, dem Satz vom Allgemeinen Priestertum entsprechend ein Jedermann sein durfte, der zu Jedermann sprach. »Katholisch«, weil die Reformation den tausend Pfarrern gab, was sie dem einen Priester nahm: Vollmacht und Autorität. »Katholisch« aber auch – und vor allem! –, weil an die Stelle des Opfernden vor dem Altar nunmehr der Kanzelredner trat, der das Wort unter der Gemeinde austeilte: das Wort der Schrift so gut wie das Wort, das – im Sinne des johanneischen Prologs – identisch mit jenem Gottessohn sei, dessen Werke und Taten die Predigt repräsentiere. Repräsentiere, jawohl! Wie der Priester, im Vollzug der Eucharistie, Jesus im Geist gegenwärtig sein läßt, so realisiert der Prediger, im Akt der Kanzelrede, das jesuanische Wirken und »braucht« es, wie Luther sagt, indem er den Christus der Überlieferung in den »Christus pro nobis« verwandelt.
Verwandlung drüben, Verwandlung hüben! Anamnesis in zwiefacher Weise: Gedächtnisakt der Eucharistie. Gedächtnisakt auf der Kanzel. (Wie bezeichnend, daß Luther, der evangelischen Verkündigung schenkend, was er dem katholischen Opfer entriß, die Worte

»Das tut zu meinem Gedächtnis« als *Predigt*-Auftrag verstand! Wie charakteristisch, daß er den an Petrus gerichteten Satz »Ich will dir die Schlüssel des Himmelreichs geben« als eine Sentenz interpretierte, die dem *Predigt*-Amt der Kirche galt!)

Dem Sakrament drüben entspricht das Kerygma hüben – jene reformatorische Predigt, die, als Verkündigung von Christus eingesetzt und begründet, unabhängig von der Persönlichkeit des Redenden wirkt – ex opere operato und nicht nur ex opere operanti! Luther ist nicht müde geworden, die Diskrepanz zwischen der Größe des Auftrags und dem Versagen des Beauftragten als einen Schein-Widerspruch zu entlarven: Und wenn der Prediger wie Bileams Esel wiehert, ja, wenn Beelzebub selber die Kanzel besteigt – Gott spricht, sofern er will, auch durch Esel und Teufel hindurch. Persönlichkeit und Subjektivität des Redners – Rang und Bildung – sind für Luther ohne Belang: Nur auf die Mitgift kommt es an, auf den Schatten jenes ersten Predigers, dessen Existenz identisch mit seiner Verkündigung sei, auf die Kontinuität des gepredigten Worts und auf die Erinnerung, der selbst die verkommenste Gedächtnis-Rede auf der Kanzel noch dient.

Praedicatio verbi dei est verbum dei, durch den Prediger spricht Gott, diese Devise – formuliert von Bullinger – hat für die reformatorische Homiletik die Bedeutung eines Axioms . . . mit welcher Konsequenz, das zeigt Luthers Traktat *Wider Hans Worst*: »Herr, Du weißt, was aus meinem Mund gegangen ist, das ist recht und Dir gefällig. . . Haec dixit Dominus, das hat Gott gesagt. Et iterum: Ich bin ein Apostel und Prophet Jesu Christi gewesen in dieser Predigt. Hier ist nicht not, ja nicht gut Vergebung der Sünden, als wäre es unrecht gelehret; denn es ist Gottes und nicht mein Wort, das mir Gott nicht vergeben soll noch kann, sondern bestätigen, loben, krönen und sagen: Du hast recht gelehret, denn ich habe durch dich geredet und das Wort ist mein. Wer solches nicht rühmen kann von seiner Predigt, der lasse das Predigen anstehen, denn er leugnet gewißlich und lästert Gott.«

Wenn irgendwo, dann wird in diesen Sätzen deutlich, was es heißt (und zu welchen Konsequenzen es führt!), die Transsubstantiation vom Altar aufs Rednerpult zu verlegen, die unio mystica sich, in einem Akt der Inverbation, auf der Kanzel vollziehen zu lassen und das päpstliche Lehramt gegen das pastorale Predigtamt einzutauschen – die *ecclesia docens* gegen den *pastor, per quem deus loquitur*.

»Das geht zu weit!« rief, konfrontiert mit den Lutherschen Thesen, selbst Karl Barth aus, als er die *Hans-Worst*-Sätze interpretierte: »Da kann man bei allem Respekt nur mit einem glatten Nein antworten.« Und dann bricht es heraus: Zeugnis geben, ankündigen, das Woher und Wohin sichtbar machen, Erinnerung wachhalten, Erwartung aussprechen – was immer der Prediger täte, sein Wort bliebe menschliches Wort, Wort in Knechtsgestalt, er selber habe keine Verfügung über den heiligen Geist, wenn seine Predigt gelinge, dann sei dies Gottes Verdienst – Gottes, der sich des Redners Mißlingen bediene: nur indirekt, nur im Glauben, sei die Kanzelrede mit der Rede Gottes identisch.

Ein seltsames Schauspiel, fürwahr! Mit welcher Emphase wird hier betont, daß Predigt eins und Offenbarung ein anderes sei, daß unsere Rede von Gott *unsere* Rede bliebe, wie immer wir sprächen, daß ein gewaltiger Abstand bestünde zwischen Wort-Dienst und Wort, zwischen dem Wort und den Wörtern, daß es keine unio mystica gebe, daß Menschenwort nur ein Mittel sei, ein Behelfs-Instrument, um Gottes eigenes Wort zu verkünden, daß das verbum dei Inhalt der Predigt sei, aber nicht deren Subjekt. Doch dann auf einmal kommt der große Sprung, die kopernikanische Wendung, deren der Redner bedarf, um den Satz: »Die Predigt *zeugt* von Gottes Wort«, in das Axiom verwandeln zu können: »Die Predigt *ist* Gottes Wort.« *Deus loquitur*. Da wird plötzlich von oben nach unten gedacht, da ist nicht mehr von »Korrelat« und »Spiegel« die Rede, da beginnt das Echo selber zu sprechen, »Identität« heißt das rettende Wort – eine indirekte gewiß, aber Identität bleibt Identität, gegen ein Substantiv wie dieses kommt kein absicherndes Adjektiv auf –, da bekennt sich Gott zu unserem Wort, redet selbst und gewinnt den Charakter eines Subjekts, das, in einem kühnen voluntaristischen Akt, von sich selbst sprechen möchte.

Und so geschieht's nicht nur bei Barth – wohin man schaut, welche Homiletik evangelischer oder katholischer Provenienz man studiert: Der Punkt, wo mystische Entzückung an die Stelle nüchterner Beschreibung tritt, die Transsubstantiation beschrieben wird: das Mysterium der realen Präsenz, die »Heil spendende Gegenwart Gottes unter der Hülle des menschlichen Wortes« . . . dieser Punkt, an dem der Verkündigte zum Verkünder wird, fungiert in der Theologie unserer Zeit als eine Art von ökumenischem Topos. (»Auch die kritischsten Kritiker«, heißt es in Bastians Traktat *Verfremdung und Ver-*

kündigung, »pflegen unerbittlich orthodox zu werden, wenn sie von der Verkündigung sprechen und die Selbstbehauptung des Wortes Gottes würdigen.«)

Fast scheint es, als wetteiferten heute die Konfessionen miteinander in dem Bestreben, das *sacramentum verbi* mit einer Inständigkeit zu beschwören – wobei man sich nicht genug tun kann an Spitzfindigkeiten: Sakrament oder Sakramentale? opus operatum oder opus operantis? –, daß es einem eingefleischten Supranaturalisten das Herz wärmen müßte. Als ob Luthers Schrift *Wider Hans Worst* – und keineswegs nur sie: *deus per me operatur* ist eine reformatorischer Kernsatz – nicht mit aller gebotenen Deutlichkeit zeigte, wie schnell aus einer *indirekten* Identifikation von Herren- und Knechts-Wort eine *totale* Gleichsetzung wird: Da hilft auch die nachdrücklichste Etikettierung der menschlichen Rede als eines Werkzeugs nicht weiter. Auf das Resultat kommt es an, auf die Gleichsetzung im Sinne der Bullinger-Formel. Auf die Inverbation, die sich angeblich im Verlauf jenes kerygmatischen Aktes vollzieht, der – als eine Verlautbarung besonderer Art, unverwechselbar sei: mit keiner anderen Form verbaler Artikulation – mit dem Ratschlag sowenig wie mit der Rede oder dem Vortrag vergleichbar ist.

Will man den Dialektikern und ihren Gefolgsleuten glauben, dann ist der Pfarrer eine Art von Türhüter (ein Türhüter, wie ihn Kafka beschrieb): In seinem Rücken thront Gott, vor ihm, auf Einlaß ins Gesetz wartend, sitzt die Gemeinde. Ein Bild, wie es Luther in der Torgauer Predigt beschwor: Durch die Kanzelrede spricht Gott zu den Menschen, die Versammlung antwortet ihm in Gebet und Gesang. Das Gesicht zur Gemeinde gekehrt, verkündete der Prediger, was in seinem Rücken, im Innern des ›Gesetzes‹ geschieht. Der Welt zugewandt, weist er sie ab, beleuchtet das Leben von Gott her, höhlt die Wirklichkeit aus, das Humane und die Sozietät, da sie keine Wirklichkeit sei, gibt Zeugnis von der ganz anderen Welt, leugnet Vermittlungen zwischen Himmel und Erde, zeigt die Distanz, trennt, statt zu verbinden, verweigert die erwartete Hilfe – nur wo Gräber sind, sagt er, ist Auferstehung –, verzichtet auf Mission und Pädagogik, auf Erbauung und irdischen Trost: Lebenshilfe mögen andere geben, die sich auf Ratschläge besser verstehen – er sei kein Dorfweiser, sondern ein Prediger, der, christozentrisch und nicht anthropozentrisch sprechend, nur eine einzige Aufgabe habe: Den zu verkünden, der durch ihn spricht. Das allein sei seines Amtes.

Ist das wirklich nur ein Phantom: solch ein Pfarrer? Eine Kunstfigur, aus Lutherschen, Barthschen, Thurneysenschen Versatzstücken zusammengeklaubt? Gesalbt mit dem Öl der dialektischen Theologie und mit der obligaten Prise eines entschiedenen Anti-Liberalismus versehen: Schleiermacher als Beelzebub? Ich fürchte nicht: Das Idealbild des evangelischen Kanzelredners, daran gibt's nichts zu deuteln, ist realistisch. Das Idealbild, wohlgemerkt, der reformatorische Archetypus. Nicht das Bild des Pfarrers hier und jetzt. *Das* sieht anders aus – *wesentlich* anders. In Wahrheit hat die »Fundamental-Homiletik« eines Karl Barth, in deren Folge die Kanzelpredigt zum *ens realissimum* wurde: zur Christenprobe auf das Exempel, mit der Praxis vor Ort so wenig zu tun, wie jene Form der Kerygmatik, die aus einem hermeneutischen Prinzip einen theologischen Generalschlüssel machte, etwas mit der konkreten Predigt am Sonntag zu tun hat. (Nachzulesen in Dietrich Rösslers Schrift *Zur Theorie und Praxis der Predigtarbeit.*) Während man hier Meditationen über Art und Weise verbaler Transsubstantiation vorexerziert und, in einer Art von nimmermüdem Glasperlenspiel, den Spannungsbogen zwischen Menschenwort und Gotteswort zu analysieren versucht, wird dort, in der Nacht zum Sonntag, eine Rede geschrieben. Eine Rede, nichts weiter. Ein Manuskript, formuliert von einem Pfarrer, für den das Predigen eine Tätigkeit unter anderen ist – und kein Hauptamt, dem die Unterämter zugeordnet sind: Ein Gemeindepfarrer, der sich an jene Pflichten-Hierarchie hielte, die aus der Über-Akzentuierung des evangelischen »Worts«, vor allem des Kanzel-Worts, resultiert, hörte auf, ein *Gemeinde*-Pfarrer zu sein.

Unter diesen Aspekten – im Zeichen einer usurpatorisch wirkenden Verkündigungs-Theologie, die in ihrem Absolutheits-Anspruch, ihrer Majestät und ihrer Praxis-Ferne mit der kirchlichen Rede vor Ort heute nichts mehr verbindet – ist der Entwurf einer evangelischen *rhetorica nova* das Gebot der Stunde: die Konzeption einer Homiletik, die – dies wäre das erste Gesetz – die reformatorische Sentenz »Die Verkündigung des Gottesworts ist das Gotteswort selbst« als christlicher Rede unangemessen, als hybrid und aller Erfahrung hohnsprechend zurückweisen müßte: Ein kurzes Durchmustern der Predigtsammlungen aus wilhelminischer oder faschistischer Zeit sollte genügen, um die Irrelevanz dieses befremdlichen Axioms zu erweisen und, mit dem Blick auf die Texte, deutlich zu machen, daß die These *deus loquitur* nicht nur angesichts der Lobgesänge auf den Führer als den von Gott gesandten zweiten Messias wie der pure Hohn: wie Gotteslästerung wirkt. Aber selbst wenn man, auf gar zu sinnfällige Häresien verzichtend, von Stoeckerschen oder, im katholischen Raum, von Spellmanschen Kreuzzugs-Predigten absieht und sich mit der Lektüre von höchst alltäglichen orthodoxen, liberalen oder pietistischen Kanzelreden begnügt – ist es nicht Hybris, diese Verlautbarungen unter dem Aspekt der christlichen Verkündigung: als der vermeintlichen Idee kirchlicher Rede und dem Inbegriff verantwortlichen Sprechens von Gott jenen Akten voranstellen zu wollen, dem Wort am Sterbebett, der Liebestätigkeit oder – ich denke an Pater Kolbe – der Stellvertretung im Zeichen des Kreuzes, in denen sich »Verkündigung« weit unmittelbarer realisiert: in actu und nicht in verbo?

Warum, in Gottes Namen, soll ausgerechnet, als sei sie ein archimedischer Punkt, die Kanzelrede als »Zweck und Ziel der Dogmatik« fungieren? Warum nicht genausogut, von Christus zeugend, die Nächstenliebe oder die Zeichen setzende Mildtätigkeit? »Wo Predigtamt nicht ist, der andern (Ämter) keines folget«: Es ist an der Zeit, denke ich, diesen Lutherschen, in unserem Jahrhundert von der Dialektischen Theologie zum Axiom erhobenen Satz in Frage zu stellen. Wenn etwas not tut, hier und heute, dann ist es die Zurücknahme des Predigt-Primats. Dann ist es die Leugnung der These »Die Tat ist – das Wort«. Dann ist es die Revokation jener in der Vorstellung vom *sacramentum verbi* gipfelnden Tendenzen, in deren Folge sich ein wahrhaft gespenstischer Wort-Kult durchgesetzt hat: Bibelwort und Predigtwort, das Wort der Schrift und das fleischgewordene Wort, das innertrinitarische und das geschaffene, das geoffenbarte und das verkündete Wort: Wie viel geht da wirr durcheinander, sobald die Theologen jenes von Polyvalenz strotzende »Wort« beschwören, das weit mehr noch als der Ausdruck »Gott« den Charakter einer Leerformel hat – eines Zauberspruchs, der alles und nichts sagt . . . aber auf jeden Fall ausreicht, um den Zweifler zum Schweigen zu bringen: *verbum locutum. bellum finitum.*

Das Gebot der Stunde heißt: Bescheidung. Absage an die *unio mystica* auf der Kanzel. Es heißt: Demokratisierung im Bereich der Pfarr-Tätigkeiten. Predigt und Taufe, Rede und Seelsorge, Liebesdienst in Wort und Tat: Da ist jedes Amt wichtig, da gilt die Verkündigung ex cathedra nicht mehr als die Belehrung der Kinder, da tritt die Predigt nicht mehr mit dem Anspruch auf – dem *unerfüllbaren* Anspruch –, am Sonntagmorgen werde Gott, der Sechstageschweiger, durch den Mund des Herrn Pfarrers das Seinige sagen. Erst wenn die Hierarchie beseitigt ist, kann die Predigt wieder den Charakter einer Rede gewinnen – einer Rede, die zu kritisieren, zu bezweifeln, zu bejubeln (in der ältesten Kirche wurde bekanntlich am Ende der Kanzelrede geklatscht) oder zu beklagen ist. Dann hört der Aberwitz auf, daß jede Predigt mit dem Allerhöchsten, der apostolischen Verkündigung, identifiziert wird: bewertet im Blick auf die Luthersche These, daß der Mund jedes rechtschaffenen Pfarrherrn wesensgleich sei mit dem Mund Jesu Christi.

Dann gewinnt die Kanzelrede wieder menschliches Maß, ist nicht mehr, wie es so gern heißt, »weltschöpfendes Wort«, das ergeht, sobald der Kanzelredner zu sprechen beginnt, sondern das Zeugnis eines Menschen, der, statt priesterlich zu *verkünden*, sich auf die *Ankündigung* von Gottes Rede beschränkt: *So sage ich und dies hat ER gesagt. Das ist der Text, und dies ist meine Deutung.*

Ein Pfarrer ist weder inspiriertes Medium noch eine Art Wunderwesen von der Art, wie es sich offenbar jener zeitgenössische Praktologe vorstellt, der die paulinische Predigt als einen »zeugenden oder(!) gebärenden Akt« etikettiert: Ein Pfarrer ist ein sehr konkretes Individuum, das einer sehr konkreten Gemeinde in einer sehr konkreten Situation mit Hilfe einer sehr konkreten Sprache einen Text zu veranschaulichen sucht – ein Schriftwort, von dem er weiß, daß es, um inmitten von so viel Konkretheit seinerseits zum Konkretum zu werden, nicht nur ausgelegt, sondern ausgeführt werden muß: übersetzt und erweitert, bis zur Gegenwart hin verlängert und appliziert an die gegebene Situation. Statt darauf zu vertrauen, daß das *verbum dei*, das da »senkrecht von oben« kommt, aus sich selbst wirken werde: keiner Propaganda und Agitations-Kunst bedürftig – »Erste Regel: Keine Beredsamkeit! . . . Wo Gott verkündigt wird, da steht das Wort nicht zu Gebote«: Eduard Thurneysens These ist immer noch mächtig; statt es zum hundertsten Mal – und immer vergeblich – mit der Sprache Kanaans zu versuchen, weil man das Eingehen auf das »sogenannte Bedürfnis der Hörer« für einen Verrat an der eigentlichen Aufgabe des Predigers hält: Gott zu dienen und nicht dem Menschen; statt sich durch den Satz irre machen zu lassen: »Die größten Prediger Gottes sind *gegen* ihren eigenen Antrieb redende Prediger gewesen«, darf der »Pfarrer vor Ort« sich nicht scheuen, zunächst einmal von sich selber zu sprechen, wenn er seinen Text ausführt.

Wie sollte er sich auch scheuen? Wo er doch sehr genau weiß – ich folge hier Überlegungen des Schriftstellers und Pfarrers Kurt Marti –, daß die subjektive Brechung des Schriftworts Vorbedingung seiner Ein-Gemeindung ist: daß nur dort, wo persönlich und nicht offiziös gesprochen wird, Offenheit herrscht, nur dort die Möglichkeit zum Dialog besteht, zum Widerspruch und Konsens, nur dort aber auch, durch keinen dreisten Bezug zwischen göttlicher und menschlicher Rede relativiert, das prophetische Zeugnis der Schrift jene Würde und Objektivität wiedererhält, die im Zeichen eines scheinbar überpersönlichen, in Wahrheit plump-familiären Kanzel-Geredes: *Gott will*, *Gott plant*, *Gott hat etwas vor*, aus dem Blick gerückt worden ist. Nicht die Einheitssprache der Kanzel, dieses befremdliche homiletische Esperanto, das heute die Vertreter aller Schulen vereinigt und, ungeachtet der Kontroversen in exegetischen Fragen, Barthianer wie Orthodoxe und Liberale wie Marburger predigen läßt – das gleiche Pathos und die gleiche Bildlichkeit! –; nicht die sogenannte »zeitlose« Rede (sie ist in Wirklichkeit austauschbar und beliebig), sondern nur die persönliche, zeit- und subjekt-bezogene Predigt: formuliert in der Diktion unserer Zeit und nicht in jener unsäglichen Pontifex-Minimus-Sprache, die evangelische Verkündigung so monoton sein läßt – nur die Betonung der ersten Person: *Hier! Ich! In diesem Augenblick!*, gibt der Rede in der dritten Person, dem *autos epha*, ihre Glaubwürdigkeit.

In einem Augenblick, da – mit Ernst Käsemann zu reden – die Repräsentanten der Christenheit, die Kanzelredner voran, in ihrer Mehrzahl wie »Bleichsüchtige« wirken, die, allem Enthusiasmus abhold, Farblosigkeit für ehrenwert halten, während sie geistige Selbständigkeit, Vitalität und Humor – das Unverwechselbare der Persönlichkeit also – für unangemessen erachten – »selbst die Laien tragen einen unsichtbaren Talar« –: in einem solchen Augenblick ist es nützlich, die verwegene Keckheit und parteiische Verve ins Gedächtnis zu rufen, mit der Luther nicht nur die papistische Sprache, sondern auch den Tenor der biblischen Texte zensierte – »stroherne Epistel«, »kann ich nicht unter die Hauptbücher setzen«. Und dann erst Spener! Mosheim! Herder: vielleicht der größte – und unbekannteste Homiletiker Deutschlands! Herder: in seinem Kampf gegen die Predigten mit ihren rhetorischen Donnerschlägen und Blitzen, ihrem Pathos und ihren wilden Gebärden. Herder: die »geistlichen Discourse mit ihren Schraubengängen und überraschenden Einfällen«

nicht minder präzis attackierend wie die Kanzelhomilien mit »ihrem steifen Anstand« und »ihrer weitschweifigen hermeneutischen Gelehrsamkeit«. Herder, dem die theologischen Abhandlungen »mit ihrem Gerippe einer gründlichen Disposition, ihren Lehr- und Lehn-Sätzen und Citationen« so verachtenswert waren wie die Kanzel-»Expectorationen« mit ihren Ausrufungen und Beteuerungen an Gott, angefüllt mit O! und Ach!: Das klänge, heißt es in der Programmschrift *Der Redner Gottes*, »als wenn der Mann eben aus dem Himmel käme und denselben wieder stürmen wolle«.

Geschrieben 1765: zu einer Zeit, als Probleme der *rhetorica ecclesiastica* – weit davon entfernt, nur den eigentlich Betroffenen, den Prediger also, zu provozieren – die Bedeutung einer Affäre hatten, an der sich, in öffentlichem Gespräch, die ersten Geister der Nation beteiligten. Es war kein Anonymus, es war ein Wieland, der im achtzehnten Jahrhundert die Deutschen aufforderte, sich – was die Beredsamkeit der Kanzel angehe – nicht länger von den Franzosen, den Bossuets und Massillons, beschämen zu lassen. Es war ein Lessing, der in einer Replik auf die Wielandsche These den Unterschied zwischen der Virtuosität des Deklamators und dem Lehramt der Predigt akzentuierte: »Der wahre Gottesgelehrte weiß«, heißt es im dreizehnten Literaturbrief, »daß er auf der Kanzel den Redner mit dem Lehrer zu verbinden habe, und daß die Kunst des erstern ein Hülfsmittel für den letztern, nie aber das Hauptwerk sein müsse.« Und eben dieser Lessing war es auch, der im Disput mit seinem Widersacher, dem Hamburger Hauptpastor Goeze, den Vorwurf des Gottesmanns, er, Lessing, sei ein Artist und ein Theatraliker, aber kein Anwalt der Wahrheit, mit dem Satz konterkarierte: »Wer zweifelt wohl, daß Molière und Shakespeare eine vortreffliche Predigt gemacht und gehalten hätten, wenn sie, anstatt des Theaters, die Kanzel hätten besteigen wollen.«

Auf welchem Niveau, mit wieviel Scharfsinn, Emphase und Witz wurde in unserem Land – nahezu vierhundert Jahre lang! – zwischen Luther und Schleiermacher, zwischen Melanchthon und Nietzsche die *eine* große Frage erörtert: Wie muß der Prediger sprechen, welchen Stil soll er wählen, den lehrhaft-schlichten oder den pathetischen der begeisterten Rede, wie kann er die Unterweisung mit Ermahnung, das Erbauliche mit dem Bewegenden, den Appell an die Vernunft mit dem Appell an die Affekte vereinen, wie soll er auf der Kanzel agieren – zeremoniös? populär? – und was, vor allem, muß er tun, damit die Erschütterung, die seine Worte erregen, sich, durch kirchliche Zucht unterstützt, in stetiger Bewegung fortsetze: ein Problem, das im Zentrum der Lessingschen *Betrachtung über die geistliche Beredsamkeit* steht. Und nicht allein dort: Auch der Pietismus hat – oft verkannt! – eine ihm gemäße Eloquenz; auch die »Sprache des Herzens« weiß sich der Homiletik verpflichtet: Kein Wunder also, daß gerade Spener über die Sentenz meditierte, nur der Ergriffene sei in der Lage, den Sinn der Hörergemeinde in mildem oder dramatischem Appell zu erregen: nur wenn es dem Redner »vom Herzen« gehe, lautet das Zentral-Gebot der pietistischen Beredsamkeit, werde das Weltkind gerührt: in der Erbauungs-Stunde vor allem, da der predigende Handwerker zeige, was Schwärmerei und entzückte Rede vermöchten.

Kurzum, ob man sich nun auf Luther beruft, jenen Feind der Rhetorik, der ein Schüler Quintilians war – Luther, den »beredtesten Bauern« (so Nietzsche), den Deutschland jemals gehabt hat, ob man der Widerlegung des Kantschen Verdikts »Der Appell an die Affekte ist eine Trugkunst« durch die protestantische Homiletik des neunzehnten Jahrhunderts gedenkt oder die – meist übersehene – Renaissance des aristotelischen Schemas in der Predigtlehre Schleiermachers betont – hier: Rhetor, Rede, Publikum; dort: Pastor, Text und Gemeinde . . . was immer man aufführt: An Kronzeugen, die Brisanz und Aktualität der jahrhundertelang geführten Debatte um die rechte Predigt dokumentieren, mangelt es nicht. Wenn heute Bekenner, Dialektiker und Existenzialisten ihre Attacken gegen jene christliche Beredsamkeit führen, die sie gern als »sogenannte« etikettieren und dabei die »Verkündigung Gottes« gegen die »Ansprache an den Menschen« ausspielen, dann machen sie nicht nur der liberalen Theologie und jener in der Tat suspekten These den Garaus: der Prediger sei gehalten, sich selbst zuzuhören, um auf diese Weise ein »schönes und tiefes Gefühl« zu empfinden, dann haben sie nicht nur *ein Saeculum*, das neunzehnte, sondern *zwei Jahrtausende* in die Schranken zu fordern. Dann müssen sie gegen Augustin antreten und gegen Luther: denn so sehr sie sich im einzelnen auch unterscheiden, die Mystiker, Bußprediger, Lehrer und eifernden Agitatoren von der Spätantike bis in unser Jahrhundert... eins ist allen gemeinsam: Die Absicht, zu »manipulieren«, das heißt: auf Menschen zu wirken. Der petrinische Grundzug. Der Glaube, daß die Predigt ein Fischernetz sei – ausgeworfen, die Bedrohten zu retten.

Die erste Frage hieß nicht: »Was ist eine Predigt?«, sondern: »Wie predigen wir: wir, mit unserem Anspruch, die Menschen belehren und ermahnen zu können – unsere Gemeinde, die uns braucht?« Da sprachen Pfarrer von sich selbst. Da wurde, auf der einen Seite, im *Redner Gottes* zum Beispiel, das Idealbild eines humanistischen Rhetors beschworen, der, »beredt ohne Pracht« und »weise ohne Gelehrsamkeit«, wie ein protestantischer Sokrates wirkt – ein Christ: wie von Platon entworfen, und da gewann, auf der anderen Seite, jener Verzweifelte Anschaulichkeit, der nicht mehr reden mag, weil er ja doch nichts erreiche . . . einer, der, wie Luther in Wittenberg, aufgeben und seiner Gemeinde den Dienst kündigen möchte, da er sieht, daß die Menschen, aller Predigt zum Hohn, immer »spitzer und giftiger« werden.

Mit aller Schärfe gesagt: Wenn in den zwanziger Jahren – und auch in der Gegenwart noch! – die Parole umging, in der Predigt werde – bitte sehr! – nicht um das Verständnis des Menschen geworben, keine Psychologie des Predigthörers getrieben und keine Lebenserfahrung vermittelt – keine fremde und schon gar nicht die eigene –, dann wird hier in der Tat, mit einem Federstrich, die Homiletik von Jahrhunderten auf den Index gesetzt.

Oder war Luther, dieser Menschenkenner kat'exochen, etwa kein Psycholog? Die Rücksicht auf die Mutter im Haus, das Kind auf der Gasse, den Mann auf dem Markt; die Reverenz gegenüber den Toren und Unmündigen; der Respekt vor »Hänslein und Gretlein«: vor den »nicht ernsten Christen«, die am Sonntag der Predigt zuhörten; aber auch die jähe Verzweiflung: »Ich kann nicht weiter kommen denn zu den Ohren«. Das waren Wesenszüge eines Predigers, der, die Gemeinde kennend und auf ihre Bedürfnisse achtend, sich bei jedem Wort fragte, ob es verstehbar, nützlich und zuträglich sei: Man soll auf der Kanzel »die Zitzen herausziehen«, hat er gesagt, das Volk brauche Milch! Darum – um der Menschen willen – die kühnen Akkomodationen der Lutherschen Predigt, die Übertragungen biblischer Szenen in kursächsische Realität; darum der Bezug zur Gegenwart: die politische Rede – »Den Sachsenspiegel muß ich Euch predigen!«; darum die Zubereitung des Textes unter sozialen Aspekten – »Gottes Wort an sich«: so etwas kannte der Praktiker nicht: auf das *hic et nunc* kam es an –, darum die verwegene Applikation in der Polemik: die Papisten wollen der Hölle entlaufen und bleiben in Ewigkeit drinnen; darum die These, daß einer, dem die Unterweisung von Kindern und Bauern obliege, nicht nur der Dialektik, sondern, in Lob und Tadel, auch der Rhetorik bedürfe: Während jene nur lehre, rühre diese das Herz.

Wer predigt, zeigt Luther, muß die Menschen kennen, ihre Gedanken und ihre Sprache, und ihnen auf eine Weise begegnen, die sie begreifen; er muß sich auf die Kunst der Seelenlenkung verstehen: christliche Rhetorik und Psychagogie, das hat Pascal bewiesen, sind ein und dasselbe; er muß aber auch wissen – so schon die Doktrin der mittelalterlichen Ständepredigt –, daß man einen Bischof anders, in höherem Stil, als eine Hure anspricht: den Gelehrten anders als den Einfältigen; er muß also die Schwierigkeit realisieren, die in der Tatsache liegt, daß ihn am Sonntag keine konforme Gruppe wie die Arbeiterschaft oder die gebildete Bourgeoisie, sondern eine gemischte Gemeinde erwartet – »Keine Versammlung«, so der Superintendent Johann Gottfried Herder, »ist verschiedener an Geschmack und Kultur als die Gemeinde unter der Kanzel.« In der Tat, die Beispiele zeigen, daß das scheinbar Moderne – Predigtlehre im Zeichen der Kommunikationswissenschaft – in Wirklichkeit bewährtes Traditionsgut ist: daß man über das Verhältnis von Sender, Empfänger und Nachricht – wenngleich mit Hilfe anderer, dem Arsenal der Rhetorik entnommener Topen – nachgedacht hat (der Aspekt der Angemessenheit!), solange es eine *rhetorica ecclesiastica* gibt. Mancher Neuerer würde erstaunt sein, wenn ihm, der vom »Vorverständnis der Gemeinde« spricht, vom »homiletischen Klima«, von »Geschichte und Sozialstruktur der Adressaten«, von »Tabus«, »Beziehungsfeldern« und »gesellschaftlichen Prädispositionen«, die der Prediger berücksichtigen müsse, sofern er, »Tradition und Situation« miteinander verknüpfend, den alten Text im Hier und Heute ansiedeln wolle . . . manch einer würde erstaunt sein, wenn ihm ein Luther oder, was das Zwiegespräch zwischen Prediger und Gemeinde angeht, ein Berthold von Regensburg, sein »Ick bün all dor« zurufen würde.

Die Homiletik, so scheint es, ist in Gefahr, eine Disziplin ohne Geschichte zu werden: eine Wissenschaft, die, da sie keinen Schatten mehr *hat*, auch keinen Schatten mehr *wirft*. Hier vegetiert, den Ansätzen der Otto und Rössler, Bastian und Josuttis zum Trotz, ein Fach dahin, dem die Verkündigungs-Theologie die Existenz-Berechtigung bestritten hat: Wenn Historie, im Zeichen des je neuen Mysteriums am Sonntag bedeutungslos wird; wenn nur das »Was«

zählt und nicht das »Wie«; wenn die »Inhaltisten« Sprachprobleme für Fragen ansehen, die nicht den Kernbereich von Dogmatik und Exegese berührten, sondern bestenfalls in die Verwaltung des clerus minor (will heißen: der sogenannten »Praktologen«) gehörten; wenn kein Vikar mehr weiß – wie sollte er auch: es gibt ja kein Handbuch, das, Textwort für Textwort, die Predigten der Meister zitiert –, mit welchem Aufwand an Handwerk und Technik, an Dispositionskunst und verbalem Raffinement jene »alterfahrenen und geschulten Prediger«, wie Luther sie nannte, ihre Reden entwarfen: Dann ist die Homiletik in der Tat ohne Amt. Dann mag sie sich, eingeschüchtert durch die Hohepriester der Verkündigungs-Theologie, auch in Zukunft damit begnügen, über das Wesen des Kanzel-Kerygmas zu meditieren und dabei nicht nur den Prediger und die Gemeinde, sondern am Ende auch die Predigt aus dem Blick zu verlieren.
»Denn er redet gewaltig und nicht wie die Theologen«: Die Gefahr ist groß, daß die jesuanische Rede in unseren Kirchen verstummt. Das Verlangen der Kerygma-Apologeten, die Kanzel zum Grab der menschlichen Rede zu machen, wird, sofern man es befolgt, sehr bald zu einem ganz anderen Requiem führen: zur Totenmesse für das Wort Gottes . . . und um das zu verhindern, gibt es nur eins: Den Aufstand der Praxis. Die Revolte von Pfarrern, die – mit Nachdruck darauf verweisend, daß gerade »Verkündiger« vom Schlage Luthers und Barths als Praktiker ganz anders: »realistisch« und »rhetorisch« predigten – die Tatsache verdeutlichen, daß die Verachtung der »armseligen Versuche menschlicher Redekunst« identisch ist mit der Musealisierung jenes *verbum divinum*, das – unfähig, sich gleichsam »von selbst« zu bewegen – nur dann überdauert, wenn das *verbum humanum* es über-setzt, weiterträgt, umdeutet, von Situation zu Situation verlebendigt und neu spricht.
Aufstand der Praxis, das heißt: Es wird gezeigt, daß die Theologie der Verkündigung, wiewohl von Predigern für Prediger entworfen, auf der Kanzel unfruchtbar und folgenlos geblieben ist – und das aus gutem Grund: Über den ganz Anderen läßt sich nun einmal nicht reden . . . es sei denn mit Hilfe von Tautologien, *Gott ist der Andere, weil er der Andere ist*, oder in einer Manier, die, wie die Erfahrung lehrt, schon deshalb ihr Ziel verfehlt, weil sie, höchst direkt vorgehend, den *deus absconditus* durch Kaskaden von Negativ-Attributen unversehens in ein *alter ego* des liberalen Gott-Vaters verwandelt. Da steht das »Wie« auf gegen das »Was«, die »Sprache« gegen das

»Dogma«; da werden die Kerygmatiker, den ganz Anderen in pathetischer Rede beschwörend, zum Opfer ihrer eigenen Ideologie, und es wird sichtbar, daß man dem Verborgenen zuallerletzt mit Ausrufungszeichen beikommen kann. Ferne und Familiarität, hier die Unsichtbarkeit, dort die Genre-Beschreibung, die paradoxe Idyllik des Schreckens: Da löscht eins das andere aus. (Der späte Barth hat dies erkannt und, von »Gottes Menschlichkeit« redend, als Prediger die Konsequenzen daraus gezogen.)
Aufstand der Praxis, das heißt: Es wird gezeigt, daß ein Pfarrer, der von Gott sprechen will, nur eine einzige Artikulationsmöglichkeit hat: jene vermittelte Diktion, die – man mag sie als »Echo-Sprache« bezeichnen oder als »verweisende Rede« – Gott *indirekt* benennt. Wie die moderne Literatur, den Handlungs-Höhepunkt aussparend, sich auf die Schilderung des »Davor« und des »Danach« beschränkt und das Eigentliche mit Hilfe von objektiven Korrelaten umschreibt, so spricht verantwortliche christliche Rede in der Form der Andeutung und nicht in der Weise des Zugriffs von Gott, gibt, die Welt beschreibend, dem Satz »Das Jenseits ist die Kraft des Diesseits« Evidenz, ignoriert die Kluft zwischen dem sicheren Oben und dem verwirrenden Unten, spürt Gott in der Alltäglichkeit auf, zeigt die Wirklichkeit in einer Manier, daß erkennbar wird, wie sehr sie der Barmherzigkeit Christi bedarf, verfremdet die Realität aus der Perspektive der Schrift – plötzlich wird deutlich: es gibt keinen Bereich, der nicht von Grund auf revolutionär werden müßte – und rückt so, sehr behutsam, den Bezugsrahmen ins Blickfeld, in dem Mensch und Gott, Mensch und Mensch einander begegnen . . . macht ihn sichtbar durch den Hinweis auf die *Niedrigkeitsgestalt* dessen, der, *vere deus vere homo*, in seiner Mittler-Rolle Kommunikation verbürgt: Interhumanität und Transzendenz. (Ein Doppel-Aspekt, den die vorschnelle Vergöttlichung Jesu freilich nur allzu häufig verbirgt.)
Aufstand der Praxis, das heißt: Es wird gezeigt, daß ein Prediger, der von Gott sprechen will, von der Welt reden muß, von der Lebenswirklichkeit und dem Hier und Heute des Menschen: Hat Jesus von Nazareth anders geredet? (Die Schriftausleger fragten nach dem Ewigen Leben; er sprach von Räubern und Wirten. Die Pharisäer stürmten den Himmel, und er hielt sich an – Jericho.)
Aufstand der Praxis, das heißt: Es wird erwiesen, daß die Sprache von der Welt als die Sprache von Gott nur eine weltliche Sprache sein kann – eine Sprache, deren Form weder eine quantité négligeable

noch ein Zufalls-Plus ist, das genausogut wegfallen könnte, sondern die Prämisse, die über das Verständnis des Inhalts befindet: der Mythos, der des Logos bedarf, wenn er geschichtliche Verbindlichkeit gewinnen will. Ohne die »soziable« Rede mit ihrem sinngebenden: also zeitspezifischen Instrumentarium, ohne Rhetorik und adressatenbezogene »Manipulation« läßt sich weder, im Allgemeinen, ein Bezug zwischen »Kultur« und »Gesellschaft« noch, im Besonderen, ein Verhältnis zwischen »Gebot« und »Gemeinschaft«, dem »Wort« und der »Wirklichkeit« realisieren.

Aufstand der Praxis, das heißt: zu zeigen, daß die Predigt, die einmal, als die Kirche der Markt der Nation war, das Niveau der deutschen Sprache bestimmte, heute den Versuch wagen muß, in Konkurrenz mit anderen »Mundhäusern«, dem Parlament, dem Fernsehen oder dem Rundfunk, jenen für eine überzeugende: also wirkungsintentionale Rede unabdingbaren Rang zurückzugewinnen, den Nietzsche meinte, als er schrieb: »In Deutschland gab es eigentlich nur eine Gattung kunstmäßiger Rede . . . die von den Kanzeln herab. Der Prediger allein wußte, was eine Silbe, ein Wort wiegt, inwiefern ein Satz schlägt, springt, stürzt, läuft, ausläuft; er allein hatte Gewissen in seinen Ohren.«

Aufstand der Praxis, das heißt: Eine Tradition christlicher Kanzelrede neu zu inaugurieren, die – dem Archaisieren so feindlich wie der Anbiederei (»Schaut her, Leute, wie bildzeitungsnah die Bibel doch ist!«) – die Botschaft von Jesus in einer Weise verdeutlicht, daß das Evangelium weder als »gestrig« (und nichts als gestrig) noch als »heutig« (und nichts als heutig), sondern – Nähe und Ferne zugleich! – als Vergangenheit erscheint, der die Kraft innewohnt, die Gegenwart mitzudeuten. Aufstand der Praxis heißt mithin: Eine vom *Pathos der Präzision* bestimmte Predigtform durchzusetzen, die, gleich weit entfernt von Prophetie und Referat, die Erzählweise Jesu – diesen ebenso realistischen wie verweisenden: an die Phantasie der Zuhörer appellierenden Berichtstil – in unsere Zeit überträgt. Brecht auf der Kanzel – ein Mann, der Geschichten erzählt, deren Schluß die Gemeinde in kontroversem Nachgespräch dazuerfinden mag: So sähe in meinen Augen der ideale, zum Dialog auffordernde Prediger aus. Er allein ist in der Lage, jenen Predigtstil (à la Bobrowski! Nicht à la Hausmann!) zu entwickeln, der weder die ernsten Christen in der Kirche brüskiert noch vergessen läßt, daß den dreißig Frommen, die unter der Kanzel das Ihrige wollen, dreißigtausend gegenüberstehen, die schon längst keine Predigt mehr hören, als *potentiell* Beteiligte jedoch ebenso mitbedacht werden müssen wie die präsente Gemeinde: Nur so wird es – in einem Augenblick, wo das »Mundhaus« vom Zentrum an die Peripherie gerückt ist – dem Kanzelredner möglich sein, auch im geschlossenen Kreis so etwas wie Öffentlichkeit herzustellen und im Verschwiegenen zur Welt hin zu reden.

Aufstand der Praxis, das heißt mit Paul Tillich zu sagen: »Es gibt kein Wort von Gott, außer dem Wort, das jetzt gesprochen wird.« Aber eben dies heißt nicht, wie oft behauptet worden ist, eine Ware namens Gott zu verkaufen. Der Prediger ist weder ein Krämer noch ein Reklameagent. Er spricht nicht, mit Worten disziplinierend, als Agitator, sondern bezieht, in einem Akt des Lautdenkens, die Gemeinde in seinen Denkvorgang ein. Er ist also das Gegenteil eines Propagandisten: Wenn er von Gott spricht, dann in der Frageform. Wenn er Ihn nennt, dann setzt er Seinen Namen in Anführungszeichen. Wenn er die Wirklichkeit beschwört: dann als eine Realität, die Gott, der Herr, fragwürdig macht.

Unterschieden von allen anderen Formen der Eloquenz ist die Beredsamkeit des Glaubens, an der Grenze von Gewißheit und Zweifel, eine Rhetorik der Frage.

Rede, gehalten auf dem deutschen Pfarrertag, München 1976. Die in dieser Ansprache vorgetragenen Überlegungen sind in erster Linie folgenden Arbeiten verpflichtet:

1. *Zum Problem der Homiletik Martin Luthers.* Paul SCHEMPP: *Luthers Stellung zur Heiligen Schrift*, München 1929; Vilmos VAJTA: *Die Theologie des Gottesdienstes bei Luther*, Göttingen 1952; Ulrich NEMBACH: *Predigt des Evangeliums. Luther als Prediger, Pädagoge und Rhetor*, Neukirchen 1972.
2. *Zur zeitgenössischen protestantischen Homiletik.* Quellenwerke (mit einem Neudruck der »klassischen« Studien von Barth, Thurneysen etc.): Gert HUMMEL: *Aufgabe der Predigt*, Darmstadt 1971 und, Beispiele von Predigten vorführend, Joachim KONRAD: *Die evangelische Predigt*, Bremen 1963. Außerdem: Heinrich OTT: *Verkündigung und Existenz*, Zürich 1959; ders.: *Dogmatik und Verkündigung*, Zürich 1961; Manfred MEZGER: »Die Sprache der Predigt«, in: *Schweizerische Theologische Umschau* 29, 1959, S. 106 ff.; ders.: »Redliche Predigt«, in: *Zeit und Geschichte, Dankesgabe an Rudolf Bultmann zum 80. Geburtstag*, 1964, S. 423 ff.; Gustav WINGREN: *Die Predigt* 2. Aufl., Göttingen 1959; Wolfgang TRILLHAAS: »Die wirkliche Predigt«, in: *Wahrheit und Glaube, Festschrift für Emanuel Hirsch zu seinem 75. Geburtstag*, Itzehoe 1963; ders.: *Evangelische Predigtlehre*, 5. Aufl., München 1964; Jürgen MOLTMANN: »Wort Gottes und Sprache«, in: *Monatsschrift für Pastoral-*

theologie 54, 1965, S. 388 ff.; Werner JETTER: »Die Predigt und ihr Text«, in: *Monatsschrift für Pastoraltheologie* 54, 1965, S. 406 ff.; Hans-Rudolf MÜLLER-SCHWEFE: *Homiletik*, Bd. 2: *Die Lehre von der Verkündigung*, Hamburg 1965; Dietrich RÖSSLER: »Das Problem der Homiletik«, in *Theologia Practica 1*, 1966, S. 14 ff.; Eberhard JÜNGEL: »Jesu Wort und Jesus als Wort Gottes«, in: *Parrhesia, Karl Barth zum 80. Geburtstag*, Zürich 1966; Hans Dieter BASTIAN: *Verfremdung und Verkündigung*, München 1967; Ernst LANGE in Verbindung mit Peter KRUSCHE und Dietrich RÖSSLER, »Zur Theorie und Praxis der Predigt-Arbeit«, in: *Predigtstudien*, Beiheft 1, Stuttgart–Berlin 1968; Friedrich WINTZER: *Die Homiletik seit Schleiermacher bis in die Anfänge der dialektischen Theologie in Grundzügen*, Göttingen 1969; Christian MÖLLER: *Von der Predigt zum Text*, München 1971. (Im Literaturverzeichnis die homiletischen »Grund-Texte« von Barth und Bultmann, die, als »Primärliteratur«, hier ebensowenig aufgeführt werden wie jene Studien auf dem Gebiet der systematischen Theologie, die, wie z. B. Gerhard Ebelings Arbeiten über »Wort und Glaube«, »Gott und Wort«, das Feld der Homiletik nur angrenzungsweise berühren. Wieviel ich hier und anderswo gelernt habe, bei Herbert Braun und Helmut Gollwitzer allen voran, wird dem Fachmann leicht ersichtlich sein.) Rudolf BOHREN: *Predigtlehre*, München 1971; ders.: *Predigt und Gemeinde*, Zürich–Stuttgart 1963; ders.: »Zur Definition der Predigt«, in: *Theologie zwischen Gestern und Morgen, Interpretationen und Anfragen zum Werk Karl Barths.*

3. *Zur zeitgenössischen katholischen Homiletik.* Otto SEMMELROTH S. J.: *Wirkendes Wort, Zur Theologie der Verkündigung*, Frankfurt/Main 1961; Franz SOBOTTA: *Die Heilswirksamkeit der Predigt in der theologischen Diskussion der Gegenwart*, Trier 1968; Heinrich JACOB: *Theologie der Predigt. Zur Deutung der Wortverkündigung durch die neuere katholische Theologie*, Essen 1968; Günter BIEMER: *Die Fremdsprache der Predigt, Kommunikationsbarrieren der religiösen Mitteilung*, Düsseldorf 1971; Karl Hermann SCHELKLE: »Von der Predigt zur Predigt«, in: *Theologie im Wandel*, München–Freiburg/Br. 1967.
4. *Zum Problem Rhetorik und Homiletik.* Pie DUPLOYÉ: *Rhetorik und Gotteswort*, Düsseldorf 1957; Manfred JOSUTTIS (Hg.): *Beiträge zu einer Rundfunkhomiletik*, München 1967; ders.: »Homiletik und Rhetorik«, in: *Monatsschrift für Pastoraltheologie* 57, 1968, S. 511 ff.; ders.: »Verkündigung als kommunikatives und kreatorisches Geschehen«, in: *Evangelische Theologie* 1, 1972, S. 3 ff.; Götz HARBSMEIER: »Von Barth zu Bastian«, in: *Schule und Kirche vor den Aufgaben der Erziehung*, Hamburg 1968; Hans-Eckehard BAHR: *Verkündigung als Information*, Hamburg 1968; Gert OTTO: »Thesen zur Problematik der Predigt in der Gegenwart«, in: P. Cornehl und H.-E. Bahr: *Gottesdienst und Öffentlichkeit*, Hamburg 1970, S. 34 ff.; ders.: »Zum Thema: Predigt, Kommunikation und Rhetorik«, in: *Neues Testament und christliche Existenz, Festschrift für Herbert Braun*, Tübingen, S. 323 ff.; ders.: »Predigt als Rede. Auf dem Weg zu einer neuen Homiletik«, in: *Theologia Practica*, 11. Jg., 1976, S. 82 ff.; Hans-Georg WIEDEMANN: »Zur rhetorischen Gestaltung der Predigt«, in: *Evangelische Theologie* 1, 1972, S. 38 ff.; Wolfgang GRÜNBERG: *Homiletik und Rhetorik*, Gütersloh 1973.

(Mit ausführlichem Literaturverzeichnis: ältere Arbeiten zum Thema –

Theremin! – und Spezialstudien, wie W. Fürsts Untersuchungen der Barthschen Homiletik berücksichtigend, die bei der Vorbereitung der vorliegenden Rede eingesehen worden sind. Ebenfalls konnte das mir im Umbruch vorliegende Buch von Gert OTTO: *Predigt als Rede*, Stuttgart 1977, noch benutzt werden.)

Die Evangelisten als Schriftsteller

Ich stelle mir vor, die Berichte der Evangelisten seien literarische Dokumente: von Männern verfaßt, die – Zeugen hin, Zeugen her – zunächst einmal Schriftsteller waren. Schriftsteller, denen es darum ging, das ihnen vorliegende Quellenmaterial in eigenständiger Weise zu akzentuieren und Christi *vita humana* in nüchterner oder entzückter Rede, mit Hilfe von Genre-Szenen oder durch kommentierende Ergänzung: auf jeden Fall aber individuell zu beschreiben.
Was, frage ich mich, erfahre ich aus diesen Berichten von Schriftstellern, denen bei allem Bemühen um redliche Zeugen-Aussage (die Aussage der Betroffenen) doch ein literarischer Ehrgeiz nicht abzusprechen ist? Was erfahre ich über die Menschen, die zu Jesu Zeit, in seinem Umkreis lebten? Was über das Land, in dem er geboren worden ist? Was über Bauten und Berge, über Häuser und Seen, über Vögel, Nahrungsmittel und Gerätschaften im Hause? Erfahre ich, wie die Menschen ausgesehen haben, denen Jesus begegnet ist, welche Kleider sie trugen und wie ihre Gedanken waren? Die Fragen scheinen absurd – Markus ist schließlich nicht Flaubert, Lukas kein Erzähler, der in der Weise Kafkas oder Thomas Manns fabuliert –, aber wenn man genauer hinsieht und die Texte in ihrem literarischen Charakter ernst zu nehmen beginnt, dann zeigt sich sehr bald, daß wir in Gefahr sind, über dem Zeugnis-Charakter der Evangelien die realistische Manier zu vergessen, mit der die vier Autoren, jeder in seiner Weise, ihren Gegenstand zu bewältigen suchten. Von hagiographischer Stilisierung ist da wenig zu spüren, noch weniger von Rilkescher Goldgrundmalerei. Der Duktus der Erzählung ist nüchtern; Exaktheit dominiert; wir erfahren mehr – weit mehr –, als wir, die wir die evangelischen Berichte lange genug mit einer Summe frommer Versatzstücke verwechselt haben, uns einbildeten. Das Land, in dem Jesus lebte, hat klare Konturen: Da gibt es die Wüste und den blauen See im Norden; da bessern Fischer ihre Netze aus:

Netze, die unter der Last zu zerreißen drohen; da dümpeln Boote; das Meer schlägt in die Schiffe; die Leute, Jesus voran, haben Hunger; von Motten und Würmern ist die Rede; von Huren und Dieben, von Säufern und Fressern. Die Gegenstände, Tücher, Lampen und Mantel, sind keine symbolischen Äquivalente für ein reales Substrat, sondern wirklichkeitsträchtige, plastisch und fabulierfreudig beschriebene Elemente des täglichen Lebens. Man sieht es geradezu vor sich: das Schweißtuch, das Jesu Haupt bedeckt hatte (nein, nicht sein *Haupt:* seinen *Kopf*) und das im Grab nicht bei den Binden liegt, sondern ein wenig abseits an einem besonderen Ort.

Und nicht nur die Gegenstände – auch die Menschen strotzen vor Leben – nicht zuletzt jene, denen die Genre-Szene ein individuelles Profil gibt: der nackte Jüngling zum Beispiel, der bei der Verfolgung durch die Schergen sein Hemd fallen läßt, oder der gelähmte Mann, der von seinen Trägern durch das Dach hindurchgehievt wird.

Ist da nicht Komik im Spiel? Ein Witz, der, den Regeln der Poetik entsprechend, immer dort legitim ist, wo es um Arabesken in bescheidenem Milieu geht – um derbe Szenen, die, weit entfernt von aller Stilisierung, plastisch und sinnenfreudig nacherzählt werden: Details, die aus dem Kontext fallen und, in ihrer lustigen Isoliertheit, realistischer Pointierung bedürfen?

Evangelium und Witz, österliches Zeugnis und Komik (eine Komik, die dem Biotischen eignet, doch für das Heilige nicht zu passen scheint): Das, so glauben wir, gehört nicht zusammen. Verfremdung mag (wenn überhaupt) im Drama der Moderne statthaft sein – die Lehre der Bibel dagegen ist in einem Stil darzubieten, der der Würde des Objekts entspricht. So denken wir. Aber wie anders haben die vier Autoren gedacht! Wie lustig ist es, wenn der reiche Zöllner Zachäus, seines Zwergwuchses wegen, Jesus im Gedränge nicht erkennen kann – der kleine Mann mit seiner großen Brechtschen List: vorausgelaufen, auf den Maulbeerbaum gekrabbelt – und gewinkt! Und siehe, Jesus geht auf das Spiel ein, winkt zurück: »Komm' runter, Zachäus; ich möchte bei dir übernachten« – und schon klettert Zachäus wieder hinunter. Eine lukanische Szene, die bei Rabelais stehen könnte. Und dann erst der johanneische Bericht über die Erscheinung des Auferstandenen am See Tiberias! Heilig, heilig, heilig? Nichts davon. Man brät Fische, backt Brot, die Kohlen glühen, die Jünger placken sich ab: so schwer sind die Netze, und dann ist noch von einem nackten Mann namens Petrus die Rede, der, als er hört, daß Jesus am Ufer stünde, seinen Rock anzieht und sich ins Wasser stürzt: Blitzschnell die Blöße bedeckt – so will es die Etikette –, und dann hinein in die Fluten! Petrus der Schwimmer, der als erster bei seinem Herrn sein möchte – und ihn als letzter erreicht: *Er* schwimmt, *die andern* fahren mit dem Schiff! In der Tat, wenn diese Szene nicht komisch ist – der nackte, im falschen Augenblick seinen Rock überstreifende Petrus (ausgerechnet beim Schwimmen!), der von den Bootfahrern auf den letzten Platz verwiesen wird: er strampelt draußen, sie sind längst an Land –, wenn das nicht komisch ist, was sollte dann wohl komisch sein? Hier arbeitet, Seit an Seit mit den Synoptikern, ein poetischer Realist namens Johannes; hier sind Schriftsteller am Werk, die nicht nur die Handlungen und nicht nur – an charakteristischen Stellen – das Aussehen und die Kleidung der von ihnen beschriebenen Menschen skizzieren (Johannes den Täufer zum Beispiel mit seinem Ledergurt und dem Kamelhaarwams) – hier präsentieren sich Schreiber, denen wir sogar Ansätze von psychologischen Motivationen verdanken. Nicht allein, daß da einer erschrickt, ein anderer verwirrt ist, ein dritter weint, ein vierter Schmerzen hat, ein fünfter Reue an den Tag legt und ein sechster, wie jener Joseph, der sein geschwängertes Weib nicht in Schande bringen will, Zartempfinden zeigt: Es gibt – sehr bezeichnend am Beispiel eines Schurken entwickelt – zumindest *ein* ausgeführtes, mit dem Ingrimm eines Moralisten entwickeltes Psychogramm bei den Evangelisten – das von Johannes entwickelte Charakter-Porträt des Judas Ischarioth.

Sechs Tage vor Ostern, heißt es dort im zwölften Kapitel, *kam Jesus nach Bethanien, wo Lazarus wohnte, den er von den Toten auferweckt hatte. Es war Abend; man bereitete das Mahl; Martha brachte die Speisen und Lazarus saß mit am Tisch. Maria aber nahm ein Pfund reiner Narde, die sehr kostbar war und salbte Jesus die Füße. Das ganze Haus duftete nach Narde, und Maria trocknete Jesu Füße mit ihren Haaren. Als Judas, einer seiner Schüler, das sah – Judas, Simons Sohn aus Kerioth, der Jesus ausliefern sollte –, sagte er: »Warum hat man diese Salbe nicht verkauft? Sie ist dreihundert Denare wert! Weshalb hat man sie nicht den Armen gegeben?« Aber diese Worte sagte er nicht, weil es ihm um die Armen ging – was kümmerten Judas die Bettler –, sondern weil er ein Dieb war: ein Kassenverwalter, der die Einlagen beiseiteschaffte – alleweil in den eigenen Beutel damit!*

Judas, der Räuber, Judas, der Heuchler, Judas, der Aufsässige: Ein einziger Satz in einer von Johannes auf Judas hin umgeschriebenen Szene genügt, um die Charakterstudie eines Außenseiters zu zeichnen. Die Nadel ist spitz: so spitz, wie sie nun einmal zu sein pflegt, wenn es um die Darstellung derer geht, die gegen Tabu, Norm und Glauben verstoßen. Was noch in unseren Zeiten gilt: daß die Guten schwerer als die Schlechten, die Normalen mühevoller als die Exzentriker, die Söhne des Lichts mit größerer Anstrengung zu zeichnen sind als die Kinder der Nacht, gilt auch schon für die Epoche der Evangelisten. Die Reinen und Feinen (wie der Lieblingsjünger Johannes) bleiben blaß; die Zwiegesichtigen (wie der unschlüssige Pilatus oder der schwankende Petrus) gewinnen eher Profil; am plausibelsten wirken die Schurken: Salome und Judas, die geldgierigen Pharisäer und die Großen Priester, deren Charakter sich in ihrer Handlung manifestiert: »Und sie beschlossen, den Grabwächtern viel Geld zu geben und befahlen ihnen: »Sagt den Leuten: Seine Schüler sind nachts gekommen und haben die Leiche gestohlen, während wir schliefen.«

So weit, so gut. Den Realismus am Rande, das Psychogramm der Chargen und die Genre-Szenen, so makaber sie im einzelnen sind, mag der Leser der heiligen Texte, der gewohnt ist, das Adjektiv *heilig* groß und das Substantiv *Text* klein zu schreiben, immerhin noch akzeptieren – jedenfalls, solange zugestanden bleibt, daß der Protagonist selbst, Jesus von Nazareth, aus dem Spiel bleibt: *Er* zumindest darf nicht zur Kunstfigur werden! Doch eben das ist er in den Berichten der vier Autoren geworden: In dem Bestreben, jenen Mann adäquat zu beschreiben, der für sie zugleich Mensch (und zwar ganz und gar Mensch) und Gott (und wiederum ganz und gar Gott) gewesen ist, haben die Evangelisten, Jesus von Nazareth betreffend, ein Wechselspiel von Realismus und Stilisierung, von brutaler Wirklichkeit und Abstraktion inszeniert, weil sie sahen, daß nur auf diese Weise die Berührung eines Menschen mit einer Welt geschildert werden konnte, der er – ihr ausgeliefert – verfiel und die ihm doch nichts anhaben konnte. Das heißt, um in dem Bedrohten denjenigen zu zeigen, der, wie es bei Lukas heißt, *durch die Menschen hindurchgeht*, und um hinter dem Bild des Ausgepeitschten und, wortwörtlich, Zerrissenen die Züge des Auferstandenen sichtbar zu machen (aber auch: um im Auferstandenen auf den Gemarterten zu verweisen), haben die vier Schriftsteller eine Technik des Alternierens entwickelt, die es ihnen ermöglichte, unmittelbar nach-, ja, bisweilen mit-einander Nähe und Distanz, das »ausgesetzt« und das »enthoben«, irdische Nähe und himmlische Ferne zu realisieren. Auf der einen Seite die Engel und auf der anderen Seite der Stall, hier die Wunderzeichen in Wolken und dort Tränen, Todesschreie und Frauen unter dem Kreuz: Auf dieses Wechselspiel, mit seinen Entsprechungen und Verweisen, seinen Rückgriffen, Durchblicken und Antizipationen, kommt es den Evangelisten an. Sie porträtieren einen Mann, der noch in der hautnahen Berührung – wenn Maria ihn salbt, Judas ihn küßt, die Soldaten ihn peitschen – der »Andere« bleibt. Aber wie realistisch beschrieben – ungeachtet aller himmlischen Zeichen, ungeachtet des ständigen Bezugs zum Heilsgeschehen, das sich mit ihm erfüllt – wird dieser »Andere« von den Autoren! Das beginnt mit der Geburt, mit den Windeln und der Krippe, die eine Futterraufe und kein frommes Requisit unterm Tannenbaum war. Ja, das beginnt bereits mit der Mutter, die, wie es heißt, dem Joseph »verlobt« war: also kein »vertrautes« Weib, sondern ein junges Mädchen, das dem Zimmermann versprochen ist und später noch andere Kinder von ihm haben wird. Das setzt sich fort im Tempel – in jener Szene, wo zum erstenmal das Wechselspiel von Dabeisein und Entrückung anschaulich wird. (Der von Joseph, dem Vater, Gesuchte ist im Haus seines Vaters im Himmel.) Wie wirklichkeitsträchtig, psychologisch exakt durchgeführt ist diese Szene – das Kabinettstück eines Schriftstellers, der sein Handwerk verstand!

»Jedes Jahr, wenn Ostern war, gingen seine Eltern nach Jerusalem, und als Jesus zwölf Jahre alt geworden war und mitgehen durfte, folgte er ihnen, und sie waren während des Festes zusammen. Dann zogen die Eltern wieder nach Hause. Sie wußten nicht, daß Jesus in Jerusalem geblieben war, sondern glaubten, er sei unter den Pilgern. Als sie ihn jedoch nach einer Tagesreise nicht fanden und ihn, bei ihren Freunden und Bekannten, vergeblich gesucht hatten, kehrten sie um. Und drei Tage später sahen sie ihn: Er saß im Tempel unter den Lehrern, hörte ihnen zu und fragte sie aus. Da erschraken die Eltern: ›Kind‹, sagte seine Mutter, ›was tust du uns an? Dein Vater und ich sind bekümmert: Wir haben dich gesucht.‹ ›Ihr?‹ fragte Jesus, ›mich gesucht? Wißt Ihr denn nicht, daß ich im Hause meines Vaters sein muß?‹ Aber die Eltern verstanden nicht, was er sagte, und da ging er mit ihnen, kehrte nach Nazareth zurück und gehorchte ihnen: so wie der Sohn seinen Eltern gehorcht.«

Kein Zweifel, dies könnte, was den ersten Teil der erzählten Episode angeht, eine Geschichte aus unserer Zeit sein: berichtet in einer Manier, die Realitätssinn und psychologisches Einfühlungsvermögen verrät: Ein Elternpaar verliert während einer Wallfahrt das Kind, sieht aber keinen Grund zur Beunruhigung – vielleicht ist der Junge in einer anderen Pilgergruppe unter Verwandten und Freunden –, dann aber beginnt man unruhig zu werden, kehrt um, findet das Kind; der Vorwurf ergibt sich von selbst: *Denkst du denn gar nicht an uns? Wir haben uns Sorgen gemacht, deinetwegen, und dich überall gesucht.* Und jetzt kommt der Bruch. Jetzt wird die Schreibweise der psychologischen Novelle durch eine Perspektive ersetzt, in deren Dimensionen das Geschehen auf eine andere Ebene rückt. Jetzt schreibt nicht mehr Flaubert, sondern – Franz Kafka. »Wißt Ihr denn nicht, daß ich im Haus meines Vaters sein muß?« Das klingt scheinbar ganz realistisch – aber eben nur *scheinbar*, da der von Jesus bezeichnete Vater und das in eins damit apostrophierte Haus eben nicht den Vater Joseph und das Elternhaus meinen, sondern Gott und Tempel. Das heißt: in einer und derselben Geschichte werden zwei Perspektiven miteinander kontaminiert; der unisone Erzählduktus täuscht nicht darüber hinweg, daß die Erzählung in jenem Augenblick, da Jesu scheinbar realistische, in Wahrheit paradoxe Entgegnung einsetzt, eine neue Qualität erhalten hat: Der Zwölfjährige, der sich scheinbar auf die Argumentation seiner Eltern einläßt, spricht in Wahrheit aus einer anderen Richtung. Damit gewinnt die psychologische Genre-Szene den Charakter einer von Paradoxie und Absurdität getragenen Parabel, der mit dem Arsenal der Seelenkunst nicht mehr beizukommen ist. In der Tat, der Realismus trügt; die Geschichte hat einen Sprung; sie bedarf der Kittung; das durch Jesu Antwort transzendierte (exakter: das in Hegels Sinn »aufgehobene«, auf eine höhere Stufe gerückte) Geschehen muß auf die Realitätsebene zurückgeholt werden: »Aber die Eltern verstanden nicht, was er sagte, und da ging er mit ihnen und kehrte nach Nazareth zurück.« Kafka, so scheint es, tritt ab und die vom Geist des Realismus und der Psychologie bestimmte Geschichte kann fortgesetzt werden: Der Bruch hat offenbar nur den Charakter eines Signals, das kurz aufblitzt und dann wieder erlischt. Aber auch diesmal *scheint* es nur so. In Wirklichkeit wird keineswegs vergessen, daß der Bericht kurz zuvor eine neue Qualität gewonnen hatte. Die Absurdität bleibt bewahrt; sie ist eingegangen in den Text und akzentuiert den Stil des Erzählers: »Und Jesus gehorchte seinen Eltern: so wie der Sohn seinen Eltern gehorcht.« Nach dem, was vorangegangen ist, läßt sich diese Aussage nicht anders als eine hintersinnige Pointe verstehen: Gewiß, Jesus gehorcht seinen Eltern – aber eben als einer, der zunächst einmal seinem Vater im Himmel gegenüber Gehorsam erweist und eine ganz andere Heimat als das Elternhaus hat. Unter diesen Aspekten ist die Geschichte, ihrem Erzählduktus nach, dreigeteilt: Sie beginnt realistisch, gewinnt dann, ohne ihre Stilhöhe zu verlassen, eine neue Qualität und setzt sich schließlich unter Bewahrung des zwischen Absprung und Rückkehr Gewonnenen fort. Man sieht, hier gewinnt ein Modell Anschaulichkeit, das sich auch an anderen Berichten der Evangelien nachweisen läßt. Die Tempel-Szene hat exemplarischen Charakter: Hier wird gezeigt, mit Hilfe welcher Techniken sich die Begegnung des »Anderen« mit der Welt erzählerisch bewältigen läßt; hier wird verbindlich vorgeführt, wie ein Schriftsteller die Ambivalenz dieser Begegnung darstellen und damit illustrieren kann, daß Jesus zugleich dazugehört und nicht dazugehört, daß er, der jedem Zugriff längst entzogen ist, gehalten werden soll und daß die Welt, teils in umwerbenden, teils in abstoßenden Aktionen den Versuch unternimmt, jemanden einzugemeinden, der sich nicht eingemeinden läßt.

Concordia discors: Der Einklang trügt; Jesus kann, der Situation entsprechend, agieren und reagieren, er hat Hunger und weint, er ist zornig und erschüttert, er stößt die Tische um und wird gepeitscht, er läßt sich verhören und wird geküßt, er ist müde, er zeigt Erbarmen, er sitzt am Rand eines Brunnens, er betet und schilt: aber er ist nicht habhaft zu machen. Die Eingemeindung gelingt nicht. Die Erzähler zeigen: Immer bleibt ein Rest; die Interaktion zwischen Jesus und seinem Gegenüber ist nicht total; das Miteinander von Werbenden und Umworbenem, von Drohenden und Bedrohtem, von Gerichteten und Richtendem täuscht nicht darüber hinweg, daß es sich hier keineswegs um eine Konstellation handelt, in der gleich und gleich einander begegnen – und um das zu zeigen: um zu demonstrieren, daß Jesus nicht in der Situation »aufgeht«, in die der Erzähler ihn stellt, haben die vier Schriftsteller mit den ihnen zur Verfügung stehenden Mitteln versucht, das Geschehen in seiner *Doppeldeutigkeit* zu qualifizieren – ein Geschehen, das, von Gott her gedacht, so einsträngig darzustellen wäre wie aus der Perspektive der Menschen, während es, um Jesus Christus, den Mittler, zentriert, nur doppelsinnig zu beschreiben ist: eine Vordergrundsgeschichte, der geheime

Brüche, Umschwünge und Perspektivenwechsel ihre Ambivalenz geben. Der Versuch, denjenigen, der ganz Gott und ganz Mensch war, zu einem Nur-Menschen zu machen, mit dem man folglich auch als einem Nur-Menschen reden kann, so wie es die Eltern im Tempel tun – dieser Versuch, das wollen die Evangelisten zeigen, kann nur mißlingen. Und er mißlingt auch – und gerade! – dort, wo die Eingemeindung des »Anderen« mit nackter Gewalt erzwungen werden soll.

»Dann brachten ihn Pilatus' Soldaten zum Palast des Statthalters und zogen dort die ganze Mannschaft zusammen: Denn sie wollten ihn quälen. Sie nahmen ihm die Kleider weg, hängten ihm einen ihrer roten Mäntel um, setzten ihm einen Dornenkranz auf – geflochten aus Distelgestrüpp –, legten einen Rohrstock in seine Rechte, fielen vor ihm auf die Knie und verspotteten ihn: ›Heil dir‹, riefen sie lachend, ›König der Juden.‹ Dann spuckten sie ihn an, nahmen ihm den Stock aus der Hand, schlugen ihn damit auf den Kopf, und schließlich zogen sie ihm den Soldatenmantel wieder aus, gaben ihm die eigenen Kleider zurück und führten ihn zur Kreuzigungsstätte. . . Dann zogen sie weiter und kamen zu einem Ort, der Golgatha heißt, das bedeutet: Ort des Totenkopfs. Dort gaben sie ihm Wein zu trinken, der mit Galle vermischt war; aber Jesus kostete nur mit der Zunge davon: trinken wollte er nicht. Nachdem sie ihn gekreuzigt hatten, verlosten sie seine Kleider untereinander, ließen sich nieder und hielten Wache. Über seinem Haupt aber hatten sie eine Tafel befestigt, auf der seine Schuld stand: *Dies ist Jesus, der König der Juden*, und neben ihm – der eine zur Rechten, der andere zur Linken – hingen zwei Räuber, die sie zusammen mit ihm hatten kreuzigen lassen. Die Menschen kamen und gingen, sie schlenderten vorbei, schüttelten den Kopf, verspotteten ihn und riefen ihm zu: ›Hilf dir doch selbst, wenn du Gottes Sohn bist; du reißt ja auch den Tempel ab und baust ihn in drei Tagen wieder auf! Komm, steig herunter vom Kreuz, König von Israel, und wir glauben an dich! Er hat auf Gott vertraut, er hat gesagt, er sei sein Sohn: Mag Gott ihn doch retten, wenn er ihn will.‹ So verhöhnten ihn alle, selbst die beiden Räuber, die mit ihm gekreuzigt waren, lachten ihn aus. Um die sechste Stunde aber breitete sich über das ganze Land eine Finsternis aus und blieb bis zur neunten: Das war die Stunde, als Jesus zu schreien begann: ›Eli, eli, lema sabachthani‹, rief er, und seine Stimme war laut – das heißt: ›Mein Gott! Mein Gott! Warum hast du mich allein gelassen?‹ Einige, in der Nähe, hörten den Schrei: ›Er ruft nach Elia‹, und schon lief einer von ihnen hinzu, ergriff einen Schwamm, steckte ihn auf einen Rohrstock und wollte Jesus zu trinken geben. Doch die anderen riefen: ›Laß das! Hilf ihm nicht! Wir wollen sehen, ob Elia kommt und ihn rettet.‹ Jesus aber schrie laut auf und starb.«

So weit, stellvertretend für die Todes-Berichte der vier Evangelisten, die Erzählung des Schriftstellers Matthäus – eine Chronik von Jesu Ermordung, deren Besonderheit sich dann ergibt, wenn man bedenkt, was sie alles *nicht* enthält. (Das ist eine Fragestellung, mit deren Hilfe sich die literarische Technik der vier Autoren am leichtesten beschreiben läßt.) Wie viel wird hier ausgelassen – hier und anderswo: nichts von Jesu Aussehen, seinen Lebensgewohnheiten, seinem Gang und seiner Mimik: Dies zu erwähnen, hieße ja den »Anderen« auf die Ebene derer zu stellen, die ihn, als sei er ranggleich mit ihnen, einbürgern wollten... wie viel bleibt beiseite, was sich jeder Schriftsteller, dem es um die komplexe Geschehensdarstellung geht, keinesfalls entgehen lassen würde. Warum also, gilt es zu fragen, hat Matthäus sich's entgehen lassen, Jesu Gedanken zu schildern, die Leidensempfindung während der Geißelung, die Todesangst am Kreuz, den wilden Schmerz in den Stunden, da die Nägel das Fleisch zu zerreißen begannen? Weshalb hat er darauf verzichtet, Jesus zum Subjekt dieser letzten großen Szene zu machen? Was ist der Grund dafür, daß der Gemarterte nur reagiert: ein Stück Fleisch, das die Zunge bewegt, einen Schrei ausstößt, zu brüllen anfängt und endlich wie ein Vieh krepiert? Warum haben die Evangelisten nur diese wenigen, teils belanglosen, teils zweideutigen Worte tradiert: *Ich habe Durst* und *Es ist getan* und *Warum hast du mich verlassen?* Und warum diese Fülle der Aktionen auf der anderen Seite: Das Verspotten und Quälen, das Spucken und die Verkleidungsszenerie, die Versuche, das Opfer zu entwürdigen, die Langeweile unter dem Kreuz, das lässige Gerede und die höhnischen Worte, die dem Sterbenden galten, das Gelächter und die Animositäten untereinander: Einer will helfen, weil er das Gebrüll nicht mehr länger erträgt, aber die anderen lassen ihn nicht. Warum diese schroffe Antithese zwischen den vielen aktiven und mobilen Subjekten und dem in eine brüllende Kreatur verwandelten Objekt am Kreuz? Die Antwort, scheint mir, fällt nicht schwer: Wiederum kommt es dem Erzähler darauf an, auf einer und derselben Berichts-Ebene zu verdeutlichen, daß der Eine, um den es hier geht, gerade in diesem Augenblick, wo er scheinbar ganz und gar der Welt verfallen ist: nicht einmal Mensch mehr, sondern schon Kadaver: ein Aas, das die Geier erwarten . . . daß dieser Eine in Wahrheit der Andere ist. Darum Jesu Schweigen; darum seine Worte über die Menschen hinweg (genauso wie in der Szene im Tempel), darum der Schrei zum Himmel, darum der Monolog am Kreuz. Hier ist eine Grenze gesetzt zwischen den Subjekten und dem Objekt, den Vielen und dem Einen, den Menschen und dem Anderen, die nicht verwischt werden darf . . . und wie leicht sie verwischt werden kann, wie gefährlich es ist, sie zu verwischen, das beweisen, ex negatione, die über Matthäus und Markus hinausführenden Worte, die Christus bei Johannes und Lukas spricht. *Frau, dies ist dein Sohn* und *Heute wirst du mit mir im Paradies sein*: Das hebt die Trennung auf, das ist Psychologie, Genrebildlichkeit und *colloquial style*. Da wird ausgemalt und der Vorgang nach dem Gesetz der Wahrscheinlichkeit – wie redet einer am Kreuz? – nacherzählt; da geht ein Schriftsteller daran, Lukas, durch eine kunstvolle Variation der Vorlage Brücken zwischen dem Einen, der der Andere ist, und seiner Umgebung zu bauen: Die Milderung der grausamen Pointe, daß selbst die Verbrecher am Kreuz den sterbenden Jesus verlachen: die »Rettung« des guten Räubers, mit dem Jesus ein Zwiegespräch führt, nimmt dem Bericht die Pointe. Wo, dem Generalduktus der Erzählperspektive entsprechend, schroffe Trennung herrschen sollte, stellt sich, durch den inkonsequenten Einschub von vermittelnder Genre-Szenerie eine Sekunde lang so etwas wie Idyllik ein: ausgerechnet hier, wo allein die Paradoxie noch am Platz ist! (Die letzte Gelegenheit, in der sich Zartheit bewähren konnte, war Gethsemane – eine absurde Zartheit freilich: Die Freundlichkeit, mit der die Welt sich von Jesus verabschiedete, bestand im Kuß des – Überlieferers!)

Jesus, dies wollten die vier Schriftsteller zeigen, war einsam. Einsam von der Szene im Tempel über die Szene in Gethsemane bis zur Szene am Kreuz. Einsam und für sich auch dort, wo er sich einließ oder wo man, in freundlicher oder feindlicher Absicht, sich im wörtlichen Sinne mit ihm gemein machen wollte. Einsam unter den Menschen: noch in der Berührung weltenweit von ihnen getrennt. Einsam in Situationen, die den Charakter von Begegnungen hatten, aber nie den Charakter des Austauschs. Einsam in der Natur – im Kornfeld, am See, auf dem Berg. Ein Mensch auf der Flucht: Ein Heimatloser (Nazareth lachte ihn aus), der das freie Feld dem besiedelten

Dorf, die abgelegenen Orte der großen Stadt, die Dämmerung und die Nacht der Helligkeit des Tags vorzieht. *Einmal*, in Jerusalem, wagt er sich aus dem Schatten heraus, hält seinen Einzug und säubert – in einer Szene, die nichts Vergleichbares hat – den Tempel vom schachernden Gesindel – dann zieht er sich wieder ins Versteck der Nacht zurück: Eine Sekunde der Näherung – und sofort danach, als sei der Kontakt schon zu innig gewesen (zu innig nach der Vorstellung der Schriftsteller wohlgemerkt, die ihn beschreiben) . . . sofort danach Flucht und Selbstentzug. Die Attribute, die die vier Schriftsteller Jesu beigeben, um ihn als den Anderen zu charakterisieren, heißen: Einsamkeit, Geheimnis und Nacht. Immer einsame Orte, immer Sonnenuntergänge, immer die Abende, immer geheimnisvolles Raunen im Dunkel: *Seht zu, daß niemand etwas erfährt! Bringt es ja nicht an die Öffentlichkeit, was ich euch sage! Schnell, laßt uns aufbrechen, ehe es Tag wird! Wenn es wieder dunkelt, bin ich zurück! Dann bringt die Kranken!* Und immer wieder die Nacht! In der Nacht fanden die Hirten das Kind in der Krippe, in der Nacht begann Jesus zu wirken, in der Nacht verließ er die Städte, in der Nacht besprach er sich mit Gott, in der Nacht verkündete er sein großes Geheimnis, in der Nacht verzweifelte er, in der Nacht kamen die Schergen. Nacht wurde es, als er starb. Am Beispiel der Nacht, die für sie zugleich realer Schutzmantel und geheimnisvolles Symbol war, haben die vier Autoren, die es verdienen, endlich einmal als Schriftsteller gewürdigt zu werden, den Versuch unternommen, Jesus von Nazareth als einen Menschen zu zeigen, der, dem hellsten Licht ausgeliefert, dennoch, als der ganz Andere, im Dunkel bleibt: Durch die Nacht dem Zugriff entzogen.

Ich denke, dieser Versuch ist ihnen gelungen.

Antiquierte Antike?
Perspektiven eines neuen Humanismus

Am 10. November 1837 legte ein neunzehnjähriger Student in einem langen Brief an seinen besorgten Vater Rechenschaft über sein Studium ab: ». . . In Berlin angekommen, brach ich alle bis dahin bestehenden Verbindungen ab . . . und suchte in Kunst und Wissenschaft zu versinken. . . Dabei hatte ich die Gewohnheit mir eigen gemacht, aus allen Büchern, die ich las, Exzerpte zu machen, so aus Lessings Laokoon . . . Winckelmanns Kunstgeschichte, Ludens Deutscher Geschichte, und so nebenbei Reflexionen niederzukritzeln. Zugleich übersetzte ich Tacitus' Germania, Ovids libri tristium und fing privatim, d. h. aus Grammatiken, Englisch und Italienisch an. . . Dann übersetzte ich Aristoteles' Rhetorik teilweise, las des berühmten Baco v. Verulam: de augmentis scientiarum (und) beschäftigte mich sehr mit Reimarus, dessen Buch ›Von den Kunsttrieben der Tiere‹ ich mit Wollust durchgedacht«: *So* arbeitete um 1830 ein Jura-Student, zwei Jahre nach dem Abitur auf einem humanistischen Gymnasium, solche Kenntnisse auf dem Feld der Belles Lettres und Humaniora brachte er mit!
Und nun, als Pendant zum Brief des Sohns an den besorgten Vater, der Brief eines besorgten Vaters an seinen Sohn, das Schreiben eines von äußerer Unbill betroffenen Mannes, der sich bekümmert zeigt, weil sein Sohn, vom Wert der klassischen Studien offenbar nicht so recht überzeugt, beim Studium der Alten nur unzureichend reüssiert: »Herodot, Xenophon, Thukydides, Demosthenes und der göttliche Platon«, heißt es in einem Brief vom 11. Februar 1917, »Homer, Cornelius Nepos, Caesar, Livius, Sallust, Tacitus, Ovid, Vergil, Catull, Horaz . . . nimm eine Geschichte der Kultur, der Wissenschaft, der Kunst, der Literatur zur Hand – diese Namen leuchten darin. Seit Jahrtausenden leuchten sie, und sie werden nach Jahrtausenden leuchten. Lernst du sie nicht kennen – du wirst sie nie kennen lernen. Du verlierst Unendliches fürs ganze Leben. Wie gern

hätte ich jetzt meinen Vergil, Horaz, Homer, Sophokles, Platon hier. Wie lebendig sind mir viele horazische Oden wieder geworden, sie kommen nachts – in den langen, langen Nächten und leisten mir Gesellschaft – wie glücklich wäre ich, wäre mein Schatz an solcher Kenntnis zehnmal größer, lessingsch groß!«

In der Tat, welches Philologenherz schlüge nicht höher bei solcher Lektüre? Aristoteles' *Rhetorik* exzerpiert – einen Text, der heute selbst erfahrenen Gräzisten Schwierigkeiten bereitet –, Tacitus und Ovid übersetzt, den göttlichen Platon gefeiert, leuchtende Namen beschworen, einen ganzen Kanon heruntergebetet . . . und das mit einer Emphase, an der gemessen sich Hofmannsthals berühmte Rede, gehalten anno 26 anläßlich des Fests der Freunde des humanistischen Gymnasiums, fast wie ein gestammeltes Bekenntnis ausnimmt . . . kann man mehr verlangen als dies? Einen Lorbeerkranz für die beiden Epistolographen! Einen Lorbeerkranz... aber für wen? Einen Kranz für jenen Mann, der zwar von sich gesagt hat: »Ich bin kein Marxist« . . . aber dies doch nur deshalb, weil er – Karl Marx hieß (von seiner Hand stammt das Schreiben aus dem Jahr 1837), und einen Kranz auch für jenen mehrfach inkriminierten Gefängnis-Insassen, der sich in der Haftanstalt über die Vorbildlichkeit der Griechen und Römer ergeht. (Den Brief an den Sohn hat, eingekerkert in einem wilhelminischen Gefängnis, Karl Liebknecht geschrieben.)

Nun, was auf den ersten Blick befremdlich erscheint: daß hier Revolutionäre so sprechen, als wären sie, mit den Alten vertraulichen Umgang haltend, friedliche Gymnasialprofessoren von Serenus Zeitbloms Schlag, gewinnt auf den zweiten Blick den Charakter einer Selbstverständlichkeit, wenn man bedenkt, daß bis in unser Jahrhundert hinein Bildung identisch war mit der Beherrschung der Humaniora klassischer Provenienz. Der Ritschl-Schüler Friedrich Nietzsche und Karl Marx, der sich als Student vom großen Welcker in die Mythologie der Griechen und Römer einweisen ließ und, unter der Ägide August Wilhelm Schlegels, Properzens Elegien studierte: sie hätten, wären sie einander begegnet, im Altertum und seiner Idealität, die für beide nie in Frage stand, eine gemeinsame Basis gefunden. . . und was ihre Unterhaltung angeht, den Disput zwischen einem promovierten und einem nicht promovierten Altphilologen (der nicht promovierte ist Nietzsche; Marx dissertierte über griechische Naturphilosophie) – was die Unterhaltung betrifft, so ließe sich denken, daß sie in lateinischer Sprache geführt worden wäre, denn schließlich wurde Marx im Reifezeugnis bescheinigt, daß er »die leichteren Stellen der im Gymnasium gelesenen Klassiker auch ohne Vorbereitung mit Fertigkeit und Umsicht übersetze und, nach gehöriger Präparation und vermittelst einiger Nachhilfe auch die schwereren«, daß er »in linguistischer Hinsicht viele Übung und Streben nach echter Latinität beweise und sich im Lateinischsprechen befriedigende Fähigkeiten erworben habe« . . . Fähigkeiten, so dürfen wir annehmen, die es Marx sehr wohl erlaubt hätten, seinem Kontrahenten Paroli zu bieten, dem anderen Altphilologen, der schon als Fünfzehnjähriger bekennt: »Ich schreibe mir, wenn ich gerade nichts zu tun habe, in lateinischer Sprache das auf, was ich vielleicht irgendwo gehört oder gelesen habe, indem ich mich dabei (nach der Anweisung des Kater Murr) bemühe, lateinisch zu denken.«

Ein scheinbar befremdlicher, in Wahrheit plausibler Gedanke: das Pantheon des neunzehnten Jahrhunderts, bevölkert von Männern, zwischen denen es im Raum der Politik keine Gemeinsamkeit gab (jedenfalls *nach* ihrer Schulzeit: das Abitur machte selbst Bismarck, gut humanistisch unterwiesen, noch als eingefleischter Republikaner), das Pantheon, bevölkert von Männern, deren Lehren sich diametral unterschieden. . . und alle hatten genau die gleiche Bildung genossen, alle die gleichen Texte gelesen: das gab ihnen die Möglichkeit, sich einander noch in schroffster Gegnerschaft auf gemeinsamer Basis verständlich zu machen. Der Geist der klassischen Bildung hatte sie wirklich geprägt (war ihnen nicht nur eingepaukt worden) – sie alle, die sich da morgens um sechs zum Unterricht im Internat einfinden mußten, der Kamenzer Fürstenschüler Gotthold Ephraim Lessing so gut wie der Schulpforta-Alumne Nietzsche aus Röcken, sie alle, die dank eines gnadenlosen Exerzitiums (in Schulpforta wurden selbst Sommerferien nur in jedem zweiten Jahr gewährt, ansonsten gab's sechs freie Tage pro anno) entweder mit fünfzehn – so Lessing – Euklid zu übersetzen verstanden oder mit achtzehn – wie Nietzsche – ihren deutschen Stil am Exempel eines antiken Autors (Sallust) zu formen lernten . . . sie alle, auffindbar in einer kleinen Anzahl von Schulen oder in ein paar Hörsälen zwischen Leipzig, Bonn und Tübingen!

Man male sich aus: August Wilhelm Schlegel doziert, Marx sitzt zu seinen Füßen! Und dann erst das Auditorium Hegels und das Auditorium Schellings, in dem Kierkegaard neben Friedrich Engels saß, Engels, der als Achtzehnjähriger aus Lichterfelde angeradelt kam, einjährig dienend, und in jenen Tagen schrieb: »Wenn ihr jetzt hier in Berlin irgendeinen Menschen, der auch nur eine Ahnung von der Macht des Geistes über die Welt hat, nach dem Kampfplatz fragt, auf dem um die Herrschaft über die öffentliche Meinung Deutschlands in Politik und Religion, also über Deutschland selbst gestritten wird, so wird er euch antworten, dieser Kampfplatz sei in der Universität, und zwar das Auditorium Nummer 6, wo Schelling seine Vorlesungen über die Philosophie der Offenbarung halte.«

Das Pantheon der Humanisten: Man stelle sich vor – der Historiograph des deutschen Bildungswesens, Friedrich Paulsen, hat es eindringlich beschrieben –, daß auf dem Scheitelpunkt des neunzehnten Jahrhunderts in Deutschland kein einziger Mann eine Hochschule besuchte, der nicht Homer und Platon zu lesen verstand. In der Tat, was im sechzehnten Jahrhundert eine Utopie war, das Herrschaftsreich lateinisch sprechender Zahnärzte, Homer lesender Rechtsanwälte und Sophokles zitierender Handelsherren, wurde um 1850 Realität. Sie alle, die Lernenden und die Lehrenden (wie der Gymnasialdirektor Hegel), waren vom Geist der Antike so sehr geprägt, daß nicht zufällig für viele von ihnen das Schulwissen revolutionäre Praktikabilität gewann: Hegel maß das von der Französischen Revolution geschaffene Gemeinwesen an jener freien antiken Polis, in deren Raum, christlich erweitert, die Trennung zwischen der Subjektivität bourgeoiser Privatheit und der Substanzialität des Allgemeinen, dem Wirkungsreich des citoyen, sich aufheben konnte; Nietzsche sagte dem Christentum den Kampf im Namen der griechischen Herrenmoral an; Marx bestimmte den Unterschied zwischen der Arbeit des Menschen und der Fähigkeit des Tieres durch die Einführung jener Kategorie der Schönheit, unter die der deutsche Idealismus, von Winckelmann bis Hegel, griechische Einrichtungen subsumierte, und gab damit dem ästhetischen Schaffen die Würde der eigentlich menschlichen Tätigkeit: die ökonomisch-philosophischen Manuskripte von 1844 bezeichnen den Augenblick, in dem sich die politische Fertilität der Theorien klassischer deutscher Literatur erweist: die kapitalistischen Produktionsverhältnisse verhindern es, die private Aneignung des gesellschaftlich Geschaffenen macht es unmöglich, die Depravierung der Arbeit läßt es nicht zu, daß der Mensch »nach den Gesetzen der Schönheit formiert«.

So betrachtet, war die humanistische Bildung ein Politikum, und zwar sowohl als Verständigungs- und Veranschaulichungsmittel

einzelner Revolutionäre wie als Instrument einer Klasse (der bürgerlichen), die, ausgeschlossen von unmittelbarer politischer Teilhabe, zumindest mittelbar, im Reich des Geistes, zu verwirklichen suchte, was ihr in der Realität versagt war: die Autonomie. Humanistische Bildung diente der Selbstbehauptung und dem Selbstverständnis des liberalen deutschen Bürgertums in seiner »heroischen Phase«; die scheinbar ganz und gar zeitferne, nur ästhetisch akzentuierte Vorstellung des homo vere humanus wurde von einer Klasse definiert, die, zuallererst, auf den Abbau ständischer Schranken, zunftmäßiger Begrenzungen und staatlicher Regulierungen abzielte und der, sehr konkret, daran gelegen war, den Begriff jenes Individuums, das Herr über seine eigenen Interessen – vor allem: Herr über seine Wirtschaftsinteressen – ist, durch eine absichernde Begründung zu legitimieren: die Griechen als Nothelfer, das antike Menschenbild als ein ästhetisches Politikum. Mochte die Befreiung von feudalen Traditionen nur in den Bezirken der Ideen gelingen, mochte die Befreiung, als ein Akt durchschaut, der weniger der Änderung von Verhältnissen als der Änderung von Vorstellungen über diese Verhältnisse galt und damit realiter (scheinbar) folgenlos blieb, von der nach wie vor regierenden Klasse leichthin zugestanden worden sein: es war dennoch eine Befreiung. An den progressiven – und politisch einklagbaren! – Intentionen des Humanismus, im Augenblick seiner bildungsmäßigen Organisation nach 1800, ist nicht zu zweifeln.
Indem Schiller und Humboldt, Hölderlin und Hegel das schlechte Bestehende an der Idealität des Vollkommenen maßen und die Knechtschaft des Tags mit der vergangenen Freiheit konfrontierten, indem sie, indirekt, die Veränderungsbedürftigkeit der gesellschaftlichen Zustände illustrierten und, statt harmonisch über die Unerträglichkeit der Wirklichkeit hinwegzutäuschen, durch eine strenge Trennung von Realitäts- und Schönheits-Reich – Schillers Schrift über die ästhetische Erziehung des Menschen! – mit dem Mittel des Scheins diese Unerträglichkeit erst denunzierten, setzten sie das Geschäft der Aufklärung fort. Nicht zufällig ist es der Begriff der Freiheit, der, konkretisiert am athenischen Beispiel, im Zentrum der klassischen Bildung während ihrer liberalen Phase stand: die Freiheit des Einzelnen, die Hegel in aristotelischer Weise als das Selbstseinkönnen des Menschen definierte (»Frei ist der Mensch«, heißt es in der *Metaphysik*, »der um seiner selbst willen, nicht um eines anderen willen ist«); die Freiheit des Staates – man spricht von Athen, nicht

von Sparta –, die Freiheit der griechischen Polis, die der junge Marx – wie vor ihm Schiller und nach ihm Nietzsche volle Feindschaft zwischen der Antike und der Gegenwart stiftend – von der christlichen Monarchie, die freie Gemeinschaft vom byzantinischen Staat abhob . . . ein republikanisches Gebilde, dessen Unwiederbringlichkeit zu betonen Marx auf der anderen Seite nicht müde wurde: deshalb die Aufforderung an die Deutschen, auf eigenem Boden jene Bedingungen zu schaffen, die es dem Menschen erlauben, sich als Mensch zu formieren.

Die Freiheit des Einzelnen, die Freiheit der Republik und endlich die Freiheit des Staats, die identisch ist mit der Freiheit des Individuums: Unter diesen Aspekten heißt es bei Hegel – Hegel, dem das Gemeinwesen der Französischen Revolution vor Augen stand, wenn er die antike Polis beschrieb: »Die Griechen, ihrer unmittelbaren Wirklichkeit nach, lebten in der glücklichen Mitte der selbstbewußten subjektiven Freiheit und der sittlichen Substanz. Sie beharrten weder in der unfreien morgenländischen Einheit, die einen religiösen und politischen Despotismus zur Folge hat, indem das Subjekt restlos in der einen . . . allgemeinen Substanz untergeht, weil es in sich als Person kein Recht hat; noch gingen sie zu jener subjektiven Vertiefung fort, in welcher das einzelne Subjekt sich abtrennt vom Ganzen und Allgemeinen, um seiner eigenen Innerlichkeit nach für sich zu sein. . . Das Allgemeine der Sittlichkeit und die abstrakte Freiheit der Person im Inneren und Äußeren bleibt dem Prinzip des griechischen Lebens gemäß in ungetrübter Harmonie . . . die Substanz des Staatslebens war ebenso in die Individuen versenkt, als diese ihre eigene Freiheit nur in den allgemeinen Zwecken des Ganzen suchten.«

Sätze aus der *Ästhetik*, Sätze, die zeigen, wie Hegel die durch die Revolution aufgeworfene Frage nach der Realisation von Freiheit mit Hilfe einer Rückbesinnung auf griechische Modelle zu beantworten suchte; Sätze, die exemplarisch auf die fortschrittlich beerbbaren Elemente in der ersten Phase des Neuhumanismus verweisen.

So betrachtet, muß mit Entschiedenheit betont werden, daß die Eliminierung der humanistischen Studien in unserem Land (zu befürchten in einem Augenblick, da die kapitalistische Gesellschaft nicht mehr der bildungsbürgerlichen Ideologen, sondern der auf Operationalität gedrillten Funktionärselite bedarf) . . . so betrachtet, will gesagt sein, daß die Eliminierung dieser – als obsolet empfundenen und nicht mehr im Sinne einer Effizienzsteigerung zu instrumentalisierenden – Studien auch die Erinnerung an eine vom Geist bürgerlicher Aufklärung geprägte Epoche abschwächen würde. . . und gerade darum ist es wichtig, die jakobinischen, republikanischen, bürgerlich-progressiven Elemente der neuhumanistischen Bewegung, vor und nach ihrer Humboldtschen Organisation, zu betonen. . . Elemente, die unreflektiert und ohne ideologiekritische Besinnung fortzusetzen heute freilich bedeutete, aus einer heroischen Tragödie, entsprechend der Theorie des »Achtzehnten Brumaire«, eine Farce zu machen: auf die *Verwandlung* bürgerlicher Freiheitsmuster im Sinne des von Marx beschworenen realen Humanismus kommt es an!

Im Zeichen der Griechen suchte man sich – Winckelmanns und Lessings Kampf gegen die lateinisch-französische Tradition! – von der romanischen Vorherrschaft auf dem Feld der kulturellen Praxis zu befreien; die Gräkomanie diente mittelbar dazu, sich des eigenen Werts zu vergewissern und den Gedanken der nationalen Einheit zu befördern; mit Hilfe der Alten opponierte das langsam erstarkende Bürgertum gegen die feudale so gut wie gegen die klerikale Bevormundung.

Man vergegenwärtige sich die Begeisterung, mit der Humboldt im 27. Paragraphen seiner Programmschrift über das Studium der Alten der »einzigen eigentlich gesetzmäßigen Verfassung in Griechenland«: der republikanischen, gedenkt; man erinnere sich, daß es nicht zuletzt Humboldts liberale Auffassung war, die der klassischen Bildung, ungeachtet ihrer staatlichen Organisation, den Charakter einer kritischen, der zweckhaften Indienstnahme nicht verfügbaren Disziplin gab; und man denke schließlich daran, daß Hölderlins letzte Vision vor seiner Umnachtung – Pierre Bertaux wies darauf hin – dem Aspekt der vaterländischen Umkehr galt, jener Revolution, die er, in den Anmerkungen zur *Antigone*, als die »Umkehr aller Vorstellungen und Formen« akzentuierte und zu deren Anwalt er, in der *Antigone* einen Zug der Rebellion aufspürend, den Republikaner Sophokles machte. Gerade am Beispiel des Jakobiners und Humanisten Hölderlin läßt sich zeigen, in welchem Ausmaß antike Muster um 1800 politisiert wurden und mit welcher Konsequenz die bürgerliche Klasse, die sich im Kampf mit dem Feudalismus als gesamtgesellschaftliches Subjekt konstituierte, griechischen Vorstellungen den Charakter von Ideologemen verlieh, mit deren Hilfe sich die Über-

windung von konservativen Traditionen und die Inauguration einer eigenen Bildungswelt ermöglichen ließ.
Nun, der Radikalismus bürgerlicher Humanisten um 1800 blieb, in die Praxis nicht übertragen, ein Radikalismus ästhetischer Art, und die Rebellion blieb eine Rebellion der Idee, weil der republikanischen Imagination zu ihrer Verwirklichung eben jene reale gesellschaftliche Kraft fehlte, die das Antizipierte hätte einlösen können. Die Entwürfe der Philosophie und Literatur, scheinbar regressiv (immer wieder das Altertum beschwörend), in Wahrheit aber progressiv strukturiert (am Beispiel der Antike das Allgemeininteresse gegenüber obsoleten Privatinteressen vertretend) . . . diese Vergangenheitsbeschwörungen, die getragen waren von der Ungeduld, das herrschaftslose Reich vorwegzunehmen, fanden keine Realisierung; im Gegenteil, die Diskrepanz zwischen der klassischen, die schlechten Zwecke einer bornierten Gesellschaft transzendierenden Bildung und dem nach wie vor feudal geordneten Obrigkeitsstaat wurde in jenem Augenblick manifest, als Heines große Phantasmagorie von der Synthese zwischen der politischen, der französischen, und der philosophischen, der deutschen, Revolution in einer kommenden Rebellion, die das gesamte Gesellschaftsgebäude von Grund auf verändern würde, sich endgültig als – Phantasmagorie erwies.
Was sich längst schon angedeutet hatte, Ausdruck der deutschen Misere, stellte sich nun als factum brutum dar: das gesellschaftliche Debakel jenes liberalen Bürgertums, das, nur noch auf die Wahrung des eigenen Besitzstands bedacht, seine sozialen Intentionen preisgegeben hatte und den »preußischen« Aspekt der Einheit mehr und mehr über den »jakobinischen« Aspekt der Freiheit (von der Gleichheit zu schweigen): das nationale über das soziale Moment zu stellen begann . . . womit am Ende dann Versailles gewonnen wurde, während die Bastille unerobert blieb. Und da beginnt nun das, was man den Sündenfall der Humaniora oder pathetisch: den Höllensturz jener klassischen Bildung nennen könnte, die, anfangs im Bunde mit den progressiv-latenten Kräften der Zeit, nun ihren Frieden mit den regressiv-potenten schloß.
Damit aber – Robert Minder hat es in eindrucksvoller Weise beschrieben – wurden die Fäden zum bürgerlichen Freiheitsdenken zerschnitten, die jakobinische Tradition brach ab, der Geist, auf den Entwurf von Gegenbildern verzichtend, hörte auf, was Schein und Täuschung war, durch eine schroffe Trennung von Realität und

Kunstbezirk zu entlarven, und wurde, nunmehr bare Ideologie und Legitimierungsinstrument der Herrschaft, zum Komplizen der Macht; an die Stelle des revolutionären Patriotismus trat chauvinistische Emphase: man lese, unter dem Stichwort »Hellas und Germanien«, die Reichsgründungs-Deklarationen verdienter Altphilologen; Kritik verwandelte sich in Affirmation; was einst Distanz war, präsentierte sich nun als Konsens; an die Stelle des Kampfes einer unterprivilegierten Klasse gegen feudale Kulturpraktiken trat die Kriegserklärung der Bildungs-und-Besitz-Fronde an das Proletariat. (»Bildung«, um 1800 noch als Prägung der Persönlichkeit verstanden, erscheint, wie Frolinde Balser gezeigt hat, um 1850, sozial verkürzt, als Charakteristikum der regierenden Schicht; die offizielle preußische Statistik nennt deshalb folgerichtig, in der Mitte des Jahrhunderts, die oberste Gesellschaftsschicht »wohlhabende und gebildete Klasse«.) Elitäre Züge, früh schon angedeutet, dominierten mehr und mehr: »Schickt diese Burschen«, heißt es später bei Gustav Roethe, »denen Hellas und Rom nichts zu sagen haben, ruhig auf die Realschulen; aber die kleinere Schar führt auf die Höhen des Lebens in fröhlichem Schritt, unbeirrt durch das Stolpern der Schwachen, die sehen mögen, wo sie bleiben.«

Erst in der zweiten Hälfte des neunzehnten Jahrhunderts kann man von einer radikal apolitischen Ästhetisierung der klassischen Bildung sprechen; erst da erweist sich die »illiterate«, von der bildenden Kunst ausgehende Anschauung des Altertums, deren Normativität Winckelmann prägte, als ein gefahrvolles Erbe (so wie in der Frage des Realitätsbezugs der Künste der Triumph von Kants subjektivistischer Interpretation über Hegels gesellschaftsbetonte Deutung verhängnisvolle Konsequenzen gehabt hat); erst da sind Kultur und Politik, in Goethes Sicht noch identifizierbar, wirklich getrennte Bereiche . . . Bereiche, deren jeder bei solcher Trennung freilich doch auf seine Kosten kommt: gibt der eine dem andern die ideologische Weihe, drückt aufs Bismarck-Reich den Gütestempel von Weimar, so sichert der andere dem einen die Erhaltung seiner Privilegien zu . . . und wie gut sich der »reine«, auf die Durchdringung und Veränderung der Welt verzichtende Geist, der Geist der Tiefe und der Innerlichkeit, der wortlose, von »rhetorischer Suade«, »zivilisatorischem Gerede« und »literarischem Jakobinertum« gereinigte Geist, den, als ein später Fortsetzer reformatorischer Apologetik, Thomas Mann in den *Betrachtungen eines Unpolitischen* beschwor (der gleiche Thomas Mann, der einige Jahre darauf in der Trennung von Marx und Hölderlin ein Symbol des deutschen Verhängnisses sah). . . wie gut sich dieser übersublimierte Geist mit dem baren Terror versteht, haben wir erlebt. Wir wissen um den Alibi-Charakter, den die Vorstellung der »autonomen Persönlichkeit«, mitsamt ihrer inneren Freiheit, dann gewinnt, wenn es gilt, gegen die Scheußlichkeiten der Welt die Würde jener gebildeten Persönlichkeit auszuspielen, deren Rang angeblich in ihrer Exterritorialität liegt. (Wie anders, auf die Tätigkeit innerhalb der bürgerlichen Gesellschaft verweisend, nach der allein sich die Bildung des Menschen bemesse, hat da Hegel gesprochen!)

Wie sie aussieht, die makabre Verbindung von Ästhetizismus und Terror, und in welcher Weise das eskapistische Element, das in der Parole von der Eigenständigkeit des Individuums so gut enthalten ist wie das revolutionäre Ingrediens, sich am Ende verabsolutierte, darüber ist nach Auschwitz ohnehin kein Wort zu verlieren; aber es sollte doch nachdenklich stimmen, wie mühelos gerade die Axiome der klassischen Bildung in antidemokratischer Weise interpretiert werden konnten – die Theorien des George-Kreises geben Anschauungsunterricht – und wie leicht die Botschaft des Neuhumanismus, die einmal, um der Freiheit des Einzelnen willen, kritische Distanz zur Macht verlangte, auf das Niveau einer Ideologie herunterkam, die, Zeichen elitärer Heroisierung, auf eine Distanzierung von den Machtlosen abzielte.

Entfernung von der kruden Faktizität der Geschichte – auf deren Vorläufigkeit und Veränderbarkeit die idealistischen Gegenbilder verweisen – wurde nun Abkehr von ganz bestimmten, mit konservativen Vorstellungen nicht übereinstimmenden Phänomenen der modernen Welt: Presse, öffentliche Meinung, Demokratie, Masse – »die Masse ist als Masse urteilslos und fanatisch«: so Werner Jaeger –, Parlamentarismus – »Die parlamentarische Parteienherrschaft und Ämterbesetzung hat das Ergebnis gehabt, dem Aufstieg der Unbegabten Tür und Tor zu öffnen«: so Ernst Robert Curtius –, dazu das Großkapital und die Herrschaft des Geldes, die man mit dem Topenarsenal mittelständischer Kulturkritik attackierte – Jaeger nennt, sehr konsequent, Großkapital und Arbeitermasse in einem Atemzug als Feinde der humanen Kultur! Die Paideia der Aristokraten als Schutzschild des von der Proletarisierung bedrohten Mittelstandes: kompensatorische Ideologie, wiederum, jetzt aber, anders als hundert Jahre zuvor, regressiv und reaktionär, mit dem Blick auf die Klasse *darunter*! Man sieht, der Katalog kulturkritischer Anachronismen ist lang, der elitäre und irrationale Tenor der Verlautbarungen spricht für sich selbst.

Und so war man dann konservativ unter dem Kaiser, vom »geistigen Generalstab« sprechend, der »durch die Schulen von Hellas und Rom gegangen sei«, und bewies durch eine derart martialische Instrumentalisierung, wie sehr der Humboldtsche Bildungsgedanke im Laufe des Jahrhunderts depraviert worden war (unüberbrückbar die Diskrepanz zwischen der anti-utilitaristischen Ideologie und der zweckhaften, auf den »Eintritt in den höheren Staats- und Kirchendienst« abzielenden Bestimmung der Bildung!); so war man konservativ, in schönem Konsens mit den Feinden der Republik, nach 1918 in Weimar, und in jedem Fall waren es nicht die kleinen Adepten, sondern die Meister, die sich hervortaten, als es galt, dem Imperialismus das nötige Selbstvertrauen zu geben . . . die Meister, die sich nach dem Ende des Ersten Weltkriegs nicht genug tun konnten, die demokratischen Kräfte, entgegen einer erlauchten, bis hin zu Mommsen reichenden liberalen Tradition, an den Pranger zu stellen, wo immer es ging.

»Wer es fertigbringt«, erklärte – noch einer der Gemäßigten! – anno 1920 Eduard Schwartz in einer Rede vor deutschen Studenten, »das alte Weimar zu durchpilgern, ohne die abstoßende Erinnerung an die sogenannte Nationalversammlung, der fühlt in jedem Nerv den Zusammenhang mit dem Potsdam des großen Preußenkönigs und denkt daran, daß Karl August kein höheres Ziel seines Ehrgeizes kannte, als das, Offizier der preußischen Armee zu sein«: ein Satz, mehr als ein Jahrhundert nach den Tagen gesprochen, in denen die Humanisten der klassisch-bürgerlichen Aufklärung, von Schiller bis Hölderlin, von Lessing bis Hegel, die freie Polis und das freie Individuum als ein autonomes, aber auf den gesellschaftlichen Wirkraum bezogenes Subjekt beschworen und ihr *in tyrannos* hinausgeschrien hatten; ein Satz, kaum eineinhalb Jahrzehnte vor jener Zeit formuliert, da der Faschismus endgültig usurpierte, was ihm die Vertreter einer Gymnasialbildung, die sich selbst als »elitär, idealistisch, heroisch und bewußt national« etikettierte, nur allzu bereitwillig dargebracht hatten: Hitlers und Goebbels' abendländische Apotheose, die Beschwörung des heiligen Europa, geprägt von Griechen, Römern und Germanen – Europa, das es zu bewahren gelte vor dem Ansturm der

asiatischen Steppe –, hatte nur Echo-Charakter: was man hineingerufen hatte, brüllte jetzt zurück.
So war Thomas Mann also im Recht, als er erklärte, die humanistische Bildung sei mit jener bürgerlichen Gesellschaft untergegangen, die sie einst trug? So wäre jetzt die Stunde da, in der das Hegelsche Diktum eingelöst wird: »Es ist aber ein für allemal vergebens, wenn die substantielle Form des Geistes sich umgestaltet hat, die Formen früherer Bildung erhalten zu wollen. Sie sind wie welke Blätter, welche von den neuen Knospen, die an ihren Wurzeln schon erzeugt sind, abgestoßen werden«?
Welke Blätter: wie vieles, längst schon obsolet, wird an bundesrepublikanischen Gymnasien noch immer traktiert, weitergeschleust von Klasse zu Klasse, nur weil die Tradition und der Lehrplan es wollen: Generationen von Schülern mit Ovids *Metamorphosen* gelangweilt, die lateinische Unterweisung mit Caesar, die griechische mit Xenophon begonnen; »der Krieg ist der Vater aller Dinge«, heißt die Devise, *enteuthen exelaunei stathmous treis, parasangas pente*, damit verglichen präsentiert sich Asterix als wahrer Homer; aber im Grunde ist der Gehalt ohne Belang, wenn Caesar seine Brücken über Flüsse schlägt, dann geht es um Gerundium und Gerundiv, und wenn dem Xenophontischen Soldaten – oder ist er gar ein Lochage? – die Gedärme aus dem Leib heraushängen – o unvergeßlicher Eindruck in Untersekunda! –, dann heißt es: »Was schert uns der Darm? Die Schüler üben die Verben auf -mi.« (Und das mit einer Routine, die jene humanistischen Gymnasien um 1900 ausgezeichnet haben mag, an denen, mit Ausnahme des Mathematikers, das gesamte Lehrerkollegium aus Altphilologen bestand.)
Man sieht, wir stehen mit dem Rücken zur Wand; es gilt, sich zu entscheiden, was als Ballast preiszugeben ist und was auf jeden Fall behauptet werden muß. Preiszugeben – dies vorweg – ist zuallererst jene abendländische Ideologie, die, unter dem Vorwand, historische Kontinuitäten zu wahren, nur der Legitimation des status quo, der Aufrechterhaltung bestehender Herrschaftsverhältnisse und der Absicherung des schlechten Wirklichen gegenüber der Problematisierung durch das mögliche Bessere dient. Preiszugeben und in seiner Irrationalität zu durchschauen ist jenes heilsgeschichtliche Denken, das, den Blick auf das Klassische als ein vermeintlich transhistorisches Phänomen gerichtet, festhält am Gedanken der Kanonität und Universalität des griechisch-römischen Erbes und damit Denkmu-

ster, die in einer bestimmten Situation Relevanz besaßen, verabsolutiert.

Daß diese Betrachtungsweise, die Vorstellungen der deutschen Klassik unreflektiert übernimmt und antike Vollkommenheit mit dem Vokabular der Goethezeit (herabgesunken zum Schmuckelement des bildungsbürgerlichen Florilegiums) verherrlicht, tatsächlich alle Katastrophen und Kriege ungebrochen überdauert hat, mag ein einziges Zitat verdeutlichen: »Die Akropolis in Athen und das Kapitol in Rom waren für uns geistige Sinnbilder für Freiheit und Ordnung. Das Recht des Individuums, die Würde des Menschen, die Idee der Gerechtigkeit, der Sinn für das Maß, das Verständnis für Kosmos im Sinne einer geistig erfüllten Ordnung, die angstvolle Scheu vor dem Chaos . . . sind Ideen . . . denen ich sehr Wesentliches meiner Ausprägung verdanke.«

So, die Beschwörung des Geists der Antike, die Hofmannsthal anno 26 in hymnischer Rede vortrug, in einer eher schlichten Sprache rekapitulierend, Konrad Adenauer in Beantwortung einer Enquête aus dem Jahre 1964... eine Äußerung, die sich mühelos durch eine Blütenlese vergleichbarer Bekundungen ergänzen ließe, wobei es befremdlich anmutet, daß die unproblematisierte Gleichung »griechisch = humanistisch« und »klassisch = kanonisch« sich auch – und gerade – in Grundsatzreferaten der DDR nachweisen läßt: Schon das Thema, das sich die vom 23. bis zum 25. Januar 1969 in Jena tagende Arbeitskonferenz stellte, »das klassische Altertum in der sozialistischen Kultur«, läßt erkennen, daß hier Marxens Bewertung der griechischen Kunst als »Norm und unerreichbares Muster« und die durchaus bürgerliche Interpretation dieses Tatbestands: »Warum sollte die gesellschaftliche Kindheit der Menschheit, wo sie am schönsten entfaltet, nicht ewigen Reiz ausüben?« höchst ahistorisch und unmarxistisch abstrahiert worden ist. . . und es kommt noch hinzu, daß auch die am Exempel solcher Idealität entwickelte Vorstellung der »harmonischen Persönlichkeit« in Gefahr ist, jenes dialektische Element zu verlieren, das ihr in der Goethezeit den »antagonistischen« Aspekt, im Sinne des *hen diapheron heauto*, beließ. (Auf der anderen Seite sei mit Nachdruck betont, daß, im Gegensatz zur Bundesrepublik, in der DDR zumindest ansatzweise eine ideologiekritisch bestimmte Analyse des klassischen Bildungswesens und seiner sozialhistorischen Implikationen ins Werk gesetzt wurde: Johannes Irmschers beispielhafte Untersuchungen über *Die Antike im Bildungswesen der Weimarer Zeit und zur Zeit des Faschismus* bedürfen der Erweiterung.)

Angesichts so vielfältiger Mythisierungen, die dem »klassischen« Altertum Kanonität bescheinigen (als hätte es nie eine historistische Relativierung der Antike gegeben), scheint es an der Zeit zu sein, auf die durchaus realistische Manier zu verweisen, mit der – wie Irmscher gezeigt hat – zumal die frühen Neuhumanisten die klassischen Studien den Bedürfnissen der bürgerlichen Gesellschaft unterstellten: wie nüchtern verwies man auf Analogien zwischen dem Ideal der freien Polis in der Antike, als einem sozialen Vorbild, und der Gleichheitsvision des eigenen Zeitalters, und was für Gesner und Heyne gilt, trifft auch für Humboldt zu. . . Humboldt, der sich sehr wohl bewußt war, das Altertum idealer angeschaut zu haben, als es in Wirklichkeit war; es gilt für Schiller, dem es in seinem Aufsatz über die Gesetzgebung des Lykurgus und Solon um die Beschreibung hellenischer Despotie ging – ein Gesichtspunkt, den Goethe später aufnahm; es gilt für Matthias Claudius – »die Griechen kamen auch nur mit einer Nase zur Welt« –, und es gilt für den großen Philologen Friedrich August Wolf, der es – man höre und staune – für überflüssig erklärte, daß ein Mediziner Latein lernen müsse. (Die Forderungen der Schule, dieses am Rande, waren zur Zeit des Neuhumanismus keineswegs übertrieben: Thukydides wurde, im Gegensatz zu heutigen Usancen, damals in manchem Schulerlaß als für Primaner zu schwierig bezeichnet.)

In einem Augenblick, da das »klassische Erbe« zum bürgerlichen Hausschatz geworden ist (oder – das ist paradox – zu einer Art von materialistischer Marschverpflegung im Stile Alfred Kurellas: »Ich kann mir keinen Sozialisten denken, der nicht verstünde, daß die Welt der Ideen und Bilder, der Begriffe und Gestalten, der Mythen und Theorien, die die europäische Antike hervorgebracht hat, nicht nur zur selten in Anspruch genommenen eisernen Ration, sondern zur täglichen Nahrung der sozialistischen Persönlichkeit gehört«) – in einem solchen Augenblick sollte es unsere Aufgabe sein, das Theorem T. S. Eliots zu beherzigen, das da besagt: die Vergangenheit erfährt durch die Gegenwart eine genau so große Umwandlung wie die Gegenwart ihrerseits Richtlinien von der Vergangenheit empfängt: »Jedes neue Kunstwerk, jeder neue Gedanke verändert das gesamte frühere Rang- und Ordnungs-System« – und je entschiedener dies geschieht (fügen wir, die Eliotsche Maxime weiterdenkend, hinzu), desto eklatanter wird die Veränderung jener älteren, ihrerseits vielfach vermittelten Werke, deren Größe identisch mit ihrer Unfertigkeit ist, einer Unfertigkeit, die den Charakter eines Versprechens hat und zu deren Wesen in erster Linie das Appellative gehört, der Wille, es noch einmal, zum zweiten oder hundertsten Mal zu versuchen und immer neue Variationen auszuprobieren: Odysseus als König und Prolet, als Höllensohn und christlicher Ritter, als stoischer Weiser und epikureischer Vielfraß, als Kriegsdienstverweigerer und Militarist, als Lutheraner und Jesuit, als Faschist und als Jude!

Was Theodor Fontane, nach einer Aufführung des *König Ödipus* einst als problematisch ansah: die Tatsache, daß jeder aus diesem Stück heraushören könne, was ihm passe – eben diese Ambivalenz und Polysemie, das große Versprechen, das Brecht in seinem Gedicht-Zyklus *Über die Bauart langdauernder Werke* als Signum der bleibenden Zeugnisse herausgestellt hat, gibt so vielen Dokumenten der Antike ihren Rang.

Unhaltbar noch
Wie die Maschine, die gebraucht wird
Aber nicht ausreicht
Aber eine bessere verspricht
So gebaut sein muß
Das Werk für die Dauer wie
Die Maschine voll der Mängel.

Unter solchen Zeichen liegt die Bedeutung der »klassischen« Zeugnisse nicht in ihrer Integrität, sondern in der Fähigkeit, sich in einem ständigen Veränderungsprozeß als negierenswert zu erweisen. Nicht die Vollkommenheit, sondern die Vorläufigkeit, nicht die Klassizität, sondern das Moment jener Unzureichendheit auf höchstem Niveau, mit der sich die Nachfahren nicht abfinden können und die sie auszugleichen trachten (womit dann gerade das Unzureichende wortwörtlich Zureichungs-Charakter gewinnt): der Aspekt der Fragilität und Veränderbarkeit . . . die Endlichkeit ist es, die antike Phänomene immer wieder überdauern läßt. Wie anders sehen wir die Sirenen-Episode aus der *Odyssee* nach den Interpretationen von Kafka (*Das Schweigen der Sirenen*), Brecht (*Berichtigungen alter Mythen: Odysseus und die Sirenen*) und Horkheimer-Adorno (*Odysseus oder Mythos und*

Aufklärung)! Wie anders nimmt sich die Struktur der griechischen Tragödie nach dem Entwurf der Brechtschen Theorie aus! Wie treten da plötzlich Züge zutage, die man jahrhundertelang übersah: der epische Duktus, es gibt keine Dramatik, die Aktion vollzieht sich hinter der Szene und wird durch den Botenbericht auf die Bühne transponiert; auch ist Verfremdung mit im Spiel: der Stilisierung auf der einen Seite – Männer stellen Frauen dar – entspricht auf der anderen naturalistische Drastik; Tragik und Komik ergänzen einander; die Form ist offen, kein lessingsches »erstochen und geklatscht«, sondern ein Bedenken der Weiterungen steht am Ende der Stükke . . . das alles, durch die Theorie des epischen Theaters, ihre Enthüllungen und ihre Fehldeutungen, plötzlich erhellt!
Hören wir dazu noch einmal Brecht:

Wie lange
Dauern die Werke? So lange
Als bis sie fertig sind.
So lange sie nämlich Mühe machen
Verfallen sie nicht.
Einladend zur Mühe
Belohnend die Beteiligung
Ist ihr Wesen von Dauer, so lange
Sie einladen und belohnen.

Diese Einladung anzunehmen bedeutet: die klassischen Texte ihrer Klassizität zu berauben, ihnen ihre Geschichtlichkeit und mit ihrer Geschichtlichkeit jene Kraft des Widerspruchs zurückzugeben, die sich der Domestizierung verweigert und so, als antagonistische Potenz, in einer Welt der totalen Funktionalität auf einen Gegenbezirk verweist, dessen Wesen es ist, nicht verfügbar zu sein.
Unter diesem Aspekt ist es gerade die Zeitferne, das schon von Hegel in seiner Schulabschlußrede (vom 28. September 1809) betonte Element der Fremdartigkeit, das, in jüngster Zeit vor allem durch Uvo Hölscher und Manfred Fuhrmann herausgestellt, der klassischen Bildung mit ihrer Unzeitgemäßheit auch die Möglichkeit gibt, sich kritisch distanzieren zu können. »Kontrasterlebnis« und »Fremderfahrung« verhindern eine vorschnelle Identifikation mit dem jeweils Verlangten; das Obsolete verweist, den Zwängen und Zwecken enthoben, auf »einen Grund von Gegenteil« und stellt so, verfremdend,

den herrschenden Positivismus in Frage; das historische Potential – aufklärerisch interpretiert und kritisch durchdrungen – gewinnt, mit Adorno zu sprechen, den Charakter eines Gegen-Elements zu jener »zwanghaften Unmittelbarkeit«, die, unter Effizienz-Gesichtspunkten den Wissenschaften abverlangt, »die Menschen daran hindert, den Mechanismus zu erkennen, der sie verstümmelt«.
So betrachtet, ist für die humanistische Bildung der Fluch der Musealität mit der Chance identisch, ihre Autonomie bewahren zu können und sich damit – dem Verwertungsprozeß zumindest partiell entzogen: abgehoben von der Gesellschaft – als eine Meta-Wissenschaft zu konstituieren, die den »geistigen Raum erhalten (kann), in dem kritisches Überschreiten, Opposition und Absage sich entfalten« können: so Herbert Marcuse, der nicht zufällig, im Zusammenhang mit seinen Überlegungen über die nichtoperationelle (vielmehr transzendente) Dimension einer nichtwissenschaftlichen Kultur, unter deren potentiellen Verwaltern neben den Schriftstellern gerade die klassischen Philologen erwähnt. . . und in der Tat, wer wäre geeigneter, die etablierte Wirklichkeit, in Marcuses Sinn, mit jenem nicht in die Wirklichkeit überführten, aber auf historische Realisierung abzielenden Humanisierungsfundus zu konfrontieren, als die Anwälte einer Disziplin, deren Geschichte eine Geschichte gewaltiger Antizipationen und bescheidener Einlösungen, großer Versprechen und barbarischer Versagungen, kühner Ideen und schneidender Frustrationen ist, eine Geschichte der rationalen Aufklärung, die mit den Griechen in die Welt kam, und der romantisierenden Remythisierungen, eine Geschichte immer neuer Anläufe: eine wahre Sisyphos-Geschichte, bestimmt von Rebellion und Eskapismus, gezeichnet von der revolutionären Hoffnung bürgerlicher Aufklärung und dem Verrat dieser Hoffnung im Laufe des letzten Jahrhunderts . . . eine Geschichte, deren Bedeutung sich danach bemißt, ob und in welcher Weise die in ihr bewahrten Humaniora das Bestehende zu transzendieren vermögen.
Die Chance ist groß, die Hoffnung, daß sie genutzt wird, gering. Die konservative Tradition dominiert; falsche Bundesgenossen, so steht zu befürchten, werden dem Humanismus, dessen Ideologie sie – auf Ertrag im Augenblick bedacht – längst als obsolet kassiert haben, bald schon das Lichtlein ausblasen. Es sind nur wenige, Fortsetzer der kritischen Theorie meistens, die erkannt haben, daß es, um der zu bewahrenden und zu erweiternden Freiräume willen, keinen an-

deren Weg gibt, als jene Tradition fortzusetzen und in Hegels Sinn aufzuheben, die, klassisches Bildungsgut zur Förderung republikanischer Bewußtwerdung nutzend, mit Lessing begann und bis zu Karl Marx reicht . . . eine Tradition, deren Bogen sich vom bürgerlich beschränkten bis zu jenem realen, die Freiheit der Gleichen garantierenden Humanismus spannt, dessen Verwirklichung heute wie zu den Zeiten aufgegeben bleibt, als der neunzehnjährige Student aus Berlin den Rechenschaftsbericht an seinen Vater schrieb.

Literatur: Möglichkeiten und Grenzen

»Ich bitte die amerikanischen Behörden, mich zu bestrafen. Ich stelle mich freiwillig und verlange, daß ein Gericht über meine Untat befindet. Ich bin ein Verbrecher«: Mit diesen – sinngetreu wiedergegebenen – Worten verlangte im Jahr 1926 ein russischer Emigrant seine Verurteilung: ein ehemaliger Kosak, der jenem Regiment angehörte, das, anno 1905, das Blutbad auf der Treppe von Odessa anrichtete. Dieser Mann, zum Zeitpunkt der Tat ein Rekrut, hatte in New York die Vorführung des Eisenstein-Films *Panzerkreuzer Potemkin* gesehen. Das Wechselspiel zwischen den niederschreitenden, das Feuer eröffnenden Soldaten und der wehrlosen Menge, die dramatische Konfrontation von Recht und Unrecht, hier die Stiefel der Soldateska, dort die alte Lehrerin mit ihrem Kneifer, die sterbende Mutter, der rollende Kinderwagen und das Entsetzen in den Augen des Babys: Diese Schwarz-Weiß-Sequenz hatte dem Mann die Augen geöffnet. Jetzt auf einmal wußte er, was sich in Wirklichkeit ereignet hatte, in Odessa: jetzt, da er – belehrt durch ein Kunstwerk, in dessen Montagen die Realität auf den Begriff gebracht wurde – plötzlich die Doppel-Perspektive eines längst verjährten Geschehens zu begreifen anfing.

Die Geschichte ist gut verbürgt. Nimmt man, gleichfalls den *Panzerkreuzer Potemkin* betreffend, das Brechtsche Diktum hinzu: »Ich habe erlebt, wie neben mir selbst die Ausbeuter ergriffen wurden von jener Bewegung der Zustimmung angesichts der Tat der revolutionären Matrosen«, und erinnert man sich schließlich der – übrigens vergeblichen – Bemühungen, den Film, wegen seiner agitatorischen Tendenz, zu verbieten, dann scheint die Eisensteinsche Dokumentation in der Tat die These zu belegen, die da heißt: »Das richtige politische Bewußtsein und die adäquate, aus diesem Bewußtsein resultierende Technik vorausgesetzt, ist Kunst sehr wohl in der Lage, unmittelbar politisch zu wirken.«

Aber das ist eben ein Irrtum: So rührend die Geschichte vom zaristischen Kosaken sich ausnimmt, der in einem New Yorker Kino seine Bekehrungsstunde erlebt und, konfrontiert mit der verfremdeten Darstellung seines eigenen Tuns, die Botschaft des Films im Sinne des Appells »Du mußt Dein Leben ändern« versteht – so explosiv, in ihrer Wirkung auf Freund und Feind, die Sprengkraft dieses proletarischen Manifests *Potemkin* auch sein mag (sie ist noch heute gewaltig): im *hic et nunc* verändert hat der Film nichts.

Er nicht, und die Kunst insgesamt nicht . . . nicht die Literatur, die, wiewohl die wirksamste unter den Künsten, in ihrer gesamten Geschichte, dieser Historie, die aus einer Summe von Niederlagen besteht, nicht einen einzigen gewichtigen Erfolg errungen hat – einen Erfolg im Augenblick, wohlgemerkt! Einerlei, ob die Poesie nun versuchte, einen Krieg zu verhindern (wie der Dramatiker Euripides, in den *Troerinnen*, am Vorabend der sizilianischen Expedition), ob sie die sittlichen Normen des Gemeinwesens für Barbaren-Gebote ausgab (wie Sophokles in der *Antigone*), ob sie, Päpste in die Hölle verbannend, eine verrottete, auf Käuflichkeit spekulierende Amtskirche attackierte (Dante in der *Divina Commedia*), ob sie, mit Schiller, Gedankenfreiheit oder, mit Thomas Mann, die Ersetzung der bürgerlich-parlamentarischen durch eine sozialistische Demokratie verlangte – einerlei, ob ihre Losung à la Büchner »Friede den Hütten! Den Palästen Krieg!« lautete oder in Heinescher Weise: »Ein Fluch dem König, dem König der Reichen«: Durch ein Drama ist kein Krieg verhindert, durch eine Komödie keine Amtskirche zur Einsicht gebracht, durch einen Vers keine regierende Klasse veranlaßt worden, sich – wie es Heines Weberlied wollte – um die Not der Proleten zu kümmern.

Wenn Literaten politisch etwas bewirkten, dann nicht als Poeten, sondern, »J'accuse« ausrufend oder »Hinaus mit dem Schuft aus Wien«, als Publizisten – und selbst in dieser Funktion waren sie, aller Emphase zum Trotz, im besten Fall Beihelfer, aber keine Protagonisten: Chargenspieler, an jenen Journalisten gemessen, die, über Watergate berichtend, den amerikanischen Präsidenten zur Abdankung zwangen.

Arme Poesie. Sie kann Moden befördern und kann drogengleich wirken; sie kann Jünglinge zwingen, in Werther-Fräcke zu schlüpfen und Selbstmord zu üben; sie kann ganze Völkerscharen bewegen, sich heute, mit den Jungdeutschen, für Polen und morgen, mit Byron, für Griechenland zu begeistern; aber bewirken, daß ein Krieg verhindert oder ein Gesetz durchgebracht wird – das kann sie nicht. Was immer man auch von ihr sagen mag: Eine politische Kraft, so viel scheint festzustehen, ist sie gewiß nicht.

Warum aber, wenn das so ist, wird sie gefürchtet? Warum, von Platon bis zur Gegenwart, dann der Versuch, Literatur in Schranken zu halten: sie, die doch so ohnmächtig ist? Warum – ausgerechnet ihr gegenüber! – die Vielzahl sorgsam abgestufter Domestizierungsmaßnahmen von seiten der Macht: beginnend, auf der untersten Stufe, mit der Reklamation des Poeten für die Zwecke von Thron und Altar zum Nutzen der regierenden Klasse? (Als Grillparzer stirbt, versammelt sich, angeführt vom Premierminister, das Kabinett in der Kapelle. Auch die Vertreter der höchsten Geistlichkeit und des Hofes sind, unter der Devise »Denn er war unser«, vertreten.)

Die Umarmung: Das ist bis heute das bewährteste Mittel der Macht und ihrer Administration, um eine unbotmäßige Intelligenz, die Literaten voran, zu paralysieren – ein Mittel, das viele Spielarten kennt und dessen Anwendung um so souveräner erfolgt, je sicherer sich die Regierenden wissen. (Als der im Theater anwesende englische Premier, es war Walpole, sich anno 1728, bei der Uraufführung der *Beggar's Opera* von John Gay, in der Gestalt des Bettlerkönigs Peachum karikiert sah, rief er nicht nach dem Sheriff, sondern – klatschte begeistert. Auf diese Weise gelang es ihm, sich selbst als liberalen Hüter der Künste und die Poesie als eine Art von Kabarett hinzustellen, der Narrenfreiheit gebühre: eine Methode, die bis zur jüngsten Gegenwart mit außerordentlichem Erfolg praktiziert worden ist.)

So betrachtet, ist es ein Zeichen von Unsicherheit und, was das Selbstverständnis betrifft, von gestörtem Vertrauen in die eigene Kraft: ein Zeichen auch, daß die herrschende Ideologie ihre Legitimationsgrundlage, sichtbar für jedermann, eingebüßt hat, wenn der Staat und die ihn tragenden Machtgruppen es für nötig befinden, der Literatur mit Hilfe von Zensur und Verbot zu begegnen . . . einem Verbot vom Schlage jenes Paragraphen 88 a beispielsweise, der bei konsequenter Anwendung die Weltliteratur von einem Tag zum anderen würde einschrumpfen lassen. (Wenn, demgegenüber, erklärt wird, die Vorlage richte sich nur gegen zeitgenössische, nicht aber gegen klassische Werke, so ist darauf zu entgegnen, daß der Paragraph sehr wohl klassische Werke betrifft – die potentiellen von morgen nämlich, das heute indizierte Buch eines Unbekannten zum Beispiel, der in hundert Jahren als ein zweiter Büchner dastehen könnte.)

Seltsam, fürwahr, dieser Aufwand – angesichts eines derart machtlosen, erst durch das »Zeigen der Instrumente« in die Position eines ernsthaften Gegners gedrängten Un-Partners! Befremdlich, diese Eskalation von der Umarmung des Spaßmachers und »Freizeitunterhalters« (so Martin Walser) über die zensurierende Bedrohung des Gegners bis hin zur Liquidation des Todfeinds von der anderen Seite. (Mandelstam und Babel, Ossietzky und Mühsam: Das sind Einzelne unter Legionen von Opfern. Auch Kafka und Neruda wären nicht verschont geblieben, hätten sie länger gelebt.)

Diese absurde Steigerung, vom Applaus bis zum Mord: nur, um einen Zwerg zu zähmen! Diese aberwitzige Eskalation: wo doch offen zu Tage liegt, daß Literatur, paradox genug, ausgerechnet dann zum Politicum wird (und auch nur dann: ganz unmittelbar), wenn sie im Untergrund lebt; wenn die Sklavensprache, mit Hilfe historischer und geographischer Verfremdung, die großen Hänse lächerlich macht, wenn ein Puppenspiel zeigt, wer wo die Puppen tanzen läßt, und wenn ein Naturgedicht die Aufgabe erhält, Kassiber zu sein.

Wovor, in Gottes Namen, also fürchten sich die Feinde der Poesie? Was ist es, das sie erschreckt? Weshalb, zum Beispiel, hier und heute, plötzlich die Einschüchterung der Literaten – Stichwort: Prozeß. Rechenschaft vor Gericht; woher diese Drohung, die nicht nur in unseren Funkhäusern jene Form von Selbstzensur befördert hat, die der Macht, da sie Freiwilligkeit vortäuscht, die willkommenste ist . . . eine Drohung, wie sich versteht, deren Entschiedenheit sich nach der vom Autor gewählten Gattung bemißt. (Lyriker können passieren, Romanciers werden ermahnt, Dramatiker ernsthaft zur Ordnung gerufen, Filmemacher mit der Streichung von Subventionen bedroht, am riskantesten leben, praxis- und basisnah, die Fernsehautoren.)

Woher, ein letztes Mal, die Angst? Die Antwort, so idealistisch-abstrakt die These auch klingt, kann nur lauten: Es ist die Angst, die alte, unausrottbare Furcht der etablierten Macht vor dem Geist und seiner subversiven Tätigkeit – eine Angst, die (dies den Orthodoxen ins Stammbuch) im sozialistischen nicht anders als im kapitalistischen Lager regiert. So eklatant auch die gesellschaftlichen Divergenzen sind – in der Sprache der Logik: ein demokratischer Sozialismus, das ist, idealtypisch, eine Tautologie; ein demokratischer Kapitalismus hingegen, idealtypisch *und* realiter, ein Widerspruch in sich selbst –, so problematisch also eine vorschnelle Gleichung sein mag: an der Tatsache, daß die Angst der Einmaleinskünstler, mit ihrem Hohelied der Pragmatik, vor den Träumen der Poesie, diesem geheimen »Algebra der Revolution«, systemübergreifend ist, kommt niemand vorbei.

Es ist eine Angst, deren Größe an den Gegenmaßnahmen ablesbar ist, deren sich die Sachwalter der Ordnung bedienen: eine Angst, die, wenn sie noch klein ist, sich in der Erklärung widerspiegelt, der Gegner sei nicht zurechnungsfähig (doch möge er schreiben, was immer er wolle), um sich am Ende, nun schon unkontrollierbar geworden, in dem Befehl zu manifestieren, den Schreibenden in eine Anstalt zu sperren.

Die Furcht der Macht: die zweifache Furcht. Die Furcht, zunächst, vor der Gefahr – es war Heinrich Heine, der sie auf den Begriff gebracht hat –, daß der im Gleichnis der Poesie formulierte Gedanke zur Tat: daß Utopie Wirklichkeit und Traum Realität werden könnte – daß also zwischen Wort und Aktion ein Verhältnis wie zwischen Blitz und Donner bestünde. »Man sagt, die Nachtgeister erschrekken« – heißt es in dem Traktat *Zur Geschichte der Religion und Philosophie in Deutschland* –, »wenn sie das Schwert eines Scharfrichters erblikken – wie müssen sie erst erschrecken, wenn man ihnen Kants ›Kritik der reinen Vernunft‹ entgegenhält! . . . Mit seinen zerstörenden, weltzermalmenden Gedanken! Wahrlich, hätten die Bürger von Königsberg die ganze Bedeutung dieses Gedankens erahnt, sie würden vor jenem Manne eine weit grauenhaftere Scheu empfunden haben als vor einem Scharfrichter.«

Ist das nur die Phantasterei eines Idealisten? Der Selbstbetrug eines Mannes, der in der Matratzengruft den Revolutionär spielen möchte und, Theorie und Praxis miteinander verwechselnd, den Terroristen Immanuel Kant kurzerhand mit dem Terroristen Robespierre identifiziert? Die These, daß Taten sich nach Gedanken richteten, so wie der Gedanke die Tat reflektiere – ist das wirklich nichts als die Illusion eines Poeten, der sich im *Wintermärchen* vom Henker mit den Worten anreden läßt: »Dem Konsul trug man ein Beil voran zu Rom, in alten Tagen. Auch du hast deinen Liktor, doch wird das Beil dir nachgetragen. Ich bin dein Liktor, und ich geh beständig mit dem

blanken Richtbeile hinter dir her – ich bin die Tat von deinem Gedanken«?
Nein, das ist keine Spekulation: Man braucht nicht an Marx zu erinnern und seine Devise »Philosophie will Wirklichkeit werden«, braucht nicht Engels' Satz zu bemühen »Ohne die Prämisse Hegelscher Gedanken kein wissenschaftlicher Sozialismus«, braucht nicht, ein drittes Mal, an Heine zu denken und seine These, daß politische und geistige Revolution, auf eine Synthese abzielend, miteinander korrespondierten: Um die Brisanz der Poesie (Poesie im weitesten Sinne) nachzuweisen, genügt es, die Angst beim Namen zu nennen, die Angst auf seiten der Macht, die eine Hypochonderfurcht wäre, wenn Literatur sich tatsächlich darauf beschränkte, Spiel und schöner Schein zu sein – und eben das tut sie nicht.
So nichtig ihre Wirkung im Augenblick ist – im besten Fall, hat einmal Kurt W. Marek gesagt, mit der Resonanz eines bischöflichen Hirtenbriefs zu vergleichen: im Augenblick, da er eine Generalstabsversammlung erreicht, die gerade dabei ist, den Krieg zu beschließen –, so bescheiden sich die Poesie im *hic et nunc* ausnimmt, so groß ist ihre Kraft über weite Zeiträume hin . . . jene – immer wieder beschworene – *Langzeitwirkung*, die aus ihrer Fähigkeit resultiert, die *res fictae* von heute in einer Manier darbieten zu können, daß sie – potentiell! – als die *res factae* von morgen erscheinen.
Der aristotelische Satz, daß die Literatur, mit der Geschichtsschreibung verglichen, philosophischer und bedeutender sei, weil sie, vom Allgemeinen redend, das Mögliche zur Darstellung bringe, während die Historiographie, beschränkt auf das Besondere, sich lediglich ans Wirkliche halte: auf die Beschreibung des »so und nicht anders« bedacht und nicht auf die Interpretation des »vielleicht und womöglich« . . . dieses Diktum gilt auch heute noch. Man kann es nicht oft genug sagen: gerade jetzt, in einem Augenblick, da Dogmatiker in dem Bestreben, Lenins Erkenntnistheorie den Rang einer normativen Ästhetik zu geben, Realismus mit der Wiedergabe von Sinnfälligkeiten verwechseln . . . und dies, obwohl doch mittlerweile festzustehen scheint (weil »Spiegeln« bekanntlich eins und »den Spiegel vorhalten« bekanntlich ein anderes ist), daß ein Künstler wie Proust, der die gesellschaftlichen Normen in den Überlegungen von Albertine, Swann und Charlus brechen läßt, möglicherweise »realistischer« schreibt als Balzac mit seinem Versuch, die Gesellschaft en face anzugehen – genauso, wie es noch längst nicht ausgemacht ist, wer am

Ende als der größte Realist dastehen wird: Kafka oder Thomas Mann, Dostojewski oder Tolstoi. Die Totalität einer sozialen Ordnung nämlich läßt sich durch eine aufs Individuum bezogene, das Leiden an der Gesellschaft reflexhaft darstellende Analyse nicht minder exakt veranschaulichen als durch eine Beschreibung der Makrostruktur. Nicht die Binnen- oder Außen-Perspektive, hier Seelenzergliederung, dort Panorama, sondern die Kunst, hinter dem Wirklichen das Mögliche (auch das verhinderte Mögliche, natürlich), hinter dem »jetzt« das »noch nicht«, hinter dem Aktuellen das Schlummernd-Latente zu zeigen: diese Kunst allein entscheidet über den Rang von Literatur. Das heißt: nicht die Wirklichkeitstreue, die Realität lediglich als das ausgibt, wofür sie sich selbst nur allzu gern hält, sondern die artistische Imagination rückt, an der Grenze von Wirklichkeit und Möglichkeit, von *faction* und *fiction*, jene Dimension in den Blick, die der Oberflächenbeschreibung entgeht und die sich auf die Formel bringen läßt: Kommendes im Heutigen, Prozessualität hinter dem *nunc stans*, Widersprüche im Verborgenen. Auf diese Weise kommt etwas ans Licht, was weder mit Hilfe der Philosophie noch mit Hilfe der Geschichtsschreibung zutage treten könnte.

Poesie als eine sokratische Hebammenkunst: »Die Natur verrät sich mehr«, heißt es im *Messingkauf* bei Brecht, »wenn sie von der Kunst gedrängt wird, als wenn sie sich frei überlassen bleibt.« Literatur als eine Form von Maieutik, die etwas ans Licht zerrt, das, ist es erst einmal exemplarisch formuliert, einen neuen Realitätsgrad: eine neue Qualität von Wirklichkeit gewinnt: . . . das ist es offenbar, was die Mächtigen fürchten. »Ihr habt euch Mühe gegeben, geboren zu werden«, sagt Beaumarchais' Figaro zu seinem Grafen, »weiter nichts, im übrigen seid Ihr ein recht gewöhnlicher Mensch.« Geschrieben 1780. Neun Jahre später stürmte das Volk das Gefängnis, und *Le mariage de Figaro* konnte öffentlich aufgeführt werden: »Die Präsentation des Stücks wäre eine gefährliche Inkonsequenz, wenn man nicht zuvor die Bastille einrisse«, hatte der König gesagt – und er behielt recht.

Ein Extremfall, sicherlich: Der *Figaro*. (Hätte Ludwig XVI. das Geschick eines Walpole besessen, hätte er geklatscht, statt die Polizei aufzubieten – der Eklat wäre vielleicht vermeidbar gewesen.) Ein Extremfall, nun gut. Aber ein Sonderfall – die berühmte Ausnahme, dienlich, die Regel zu bestätigen? Gewiß nicht. So spektakulär die wenigen kurzfristig und unvermittelt in Dramen, Romanen und Gedichten vorweggenommenen Ereignisse sind – Aristophanes klagt Sokrates an, weil der Philosoph die Jugend verdürbe: zwanzig Jahre später wird der in den *Wolken* Beschuldigte von einem ordentlichen Gericht zum Tode verurteilt –, so leicht sich die *handgreiflichen* Antizipationen der Poesie an den Fingern aufzählen lassen, so vielfältig und selbstverständlich ist der *mittelbare* Einfluß der Literatur: ihre bewußtseinsverändernde Wirkung, die, wenn die Zeit reif ist, auch eine Veränderung der politischen Szene mit zu befördern hilft. Wie selbstsicher, ihrer Sendung gewiß, präsentierte sich im achtzehnten Jahrhundert die französische Bourgeoisie, belehrt durch Diderot und Rousseau! Wie souverän setzte das englische Bürgertum, im Bunde mit Fielding, Richardson und Defoe, seinen Sitten-Codex durch! In welchem Ausmaß hat nicht zuletzt die Literatur das Selbstverständnis der großen antifeudalen Fronde gestärkt und sie auf diese Weise, bei der Verfolgung ihrer Interessen, beflügelt! Und auf der anderen Seite: Mit welchem Zauber haben die Vorträume der russischen Lyrik, die Prophetien der Blok und Jessenin, die Oktober-Revolution ausgestattet und ihr den Charakter eines Ereignisses verliehen, dessen Legitimation sich aus der Tatsache ergab, daß es wie die Erfüllung einer Weissagung auftreten konnte.

Kein Wunder also, nach alledem: die Angst der etablierten Macht vor der Literatur und ihrer Wirkung: einer Wirkung, die – einerlei, ob sie nun nach Jahrzehnten, Jahrhunderten oder am Sankt Nimmerleinstag eintritt – auf jeden Fall (und allein darauf kommt's an) den Charakter einer permanenten Drohung und eines unkalkulierbaren Risikos hat.

Die Furcht vor einer Literatur, die Gegen-Modelle zur bestehenden Ordnung entwickelt, Verkrustungen aufbricht, die verordnete Wirklichkeit durch eine Fülle von Möglichkeiten konterkariert und eine Emanzipation im Reich des Geistes verspricht, die nicht nur da droben, sondern auch hienieden realisiert werden möchte: Das ist das eine. Utopie als Schreckgespenst. Das Monstrum Phantasie. Dichtung als ein Element der Rebellion.

Und nun das andere. Die Furcht der Macht: manifestiert durch Verbot und Tabuisierung, hat, sagte ich, einen *zwiefachen* Grund. Der erste ist nur allzu verständlich – Macht und Rebellion: das verträgt sich wie Feuer und Wasser –, der zweite hingegen nimmt sich auf den ersten Blick paradox aus. Mit einem Satz: So bedeutsam die *revolutionäre* Komponente der Poesie immer sein mag . . . wichtiger – und

den Regierenden noch unbequemer – ist ihre *konservative*: die Fähigkeit zur rückwärts gewandten Prophetie, wie Schlegel und Heine das nannten. Literatur: Das Gedächtnis der Menschheit. Der Schriftsteller: Ein Erinnerungskünstler.
Ein wenig pathetisch, diese Behauptung? Nun, stellen wir uns eine Sekunde lang vor, es gäbe keine Poesie. Keinen Hamlet, keinen Oedipus, kein Fräulein von Barnhelm, keine Madame Bovary und keinen Oliver Twist. Marat – von keinem Peter Weiss zum Leben erweckt – fungierte lediglich unter dem Stichwort »Im Bade ermordet«, und Galilei wäre nichts weiter als eine Figur aus dem Geschichtsbuch: »Und sie bewegt sich doch«, viel mehr wüßten wir nicht. Andromache hätte keinen Abschied von Hektor genommen; Faust und Gretchen, Mephisto und Marthe wären nie durch den Garten spaziert; Buddenbrook und Rubempré, Besuchow und Crampas: Namen aus dem Adreßbuch.
Was, fragen wir, würde sich verändern, wenn man das Arsenal der Poesie ausplünderte – wenn nichts weiter übrig bliebe als Zahlen und Daten, einige Anekdoten vom Alten Fritz und Bismarck in Kürassieruniform, die man, in Hausschatzform, dem Volke vorerzählt hat, um es bei Laune zu halten, und einige wenige Legenden: der Aufstand der Commune und der Sturm aufs Winterpalais, die – so Hans Magnus Enzensberger in seinem Essay über die *Geschichte als kollektive Fiktion* – das Volk sich selbst erzählt?
Wäre unser Wissen minder exakt, wenn uns, als historische Quellen, nur Akten und Zeitungsberichte, Tagebücher und Protokolle vorlägen? Sicherlich nicht. Kriege lassen sich anhand von Tagesbefehlen, Klassenkämpfe mit Hilfe der Statistik rekonstruieren . . . aber eben auch nur rekonstruieren: Plastizität hingegen gewännen sie nicht; ein Bezug zur Gegenwart bliebe ihnen versagt. »Feudalismus«, »Lakaienwirtschaft«, »Citoyen«, »Bourgeois« und »Plebejer«: Ohne Alfons II., Tassos Brotherrn in Goethes Drama, ohne Marinelli und den alten Buddenbrook, ohne Fontanes Frau Jenny Treibel und die Mutter in Maxim Gorkis Roman wären die Sozialbestimmungen lediglich leblose Formeln. Aber ein Diner bei den Treibels, ein Empfang im Hause Bolkonski, ein Ball à la Flaubert, ein Börsencoup, interpretiert in der Weise Balzacs, eine Landpartie, wie sie Jane Austen beschreibt: Da gewinnt Gesellschaft plötzlich Realität, da wird der Unterschied von oben und unten an der Ausdrucksweise verdeutlicht (der Parvenu redet anders als der Herr von Familie. Der Hono-

ratiore spricht Hochdeutsch, der kleine Mann Dialekt); da befindet die Art, die Gabel zu halten, über den Rang einer Person; da werden, am Beispiel der Rituale, dem Duell, der Ehe zur linken Hand, dem Selbstmord nach dem Bankrott, soziale Antagonismen in einer Weise verdeutlicht, daß Historie plötzlich die Qualität einer Geschichte mit offenem Ende gewinnt.

Doch das ist nicht alles. Wäre Poesie nur ein Illustrations-Instrument zur Verdeutlichung sozialer Konflikte – ihre Rolle bliebe bescheiden, ihre politische Funktion ohne Belang. In Wahrheit aber ist Literatur heute so wenig eine Dienerin der Sozialwissenschaft (wenngleich man sie, als Belegmaterial für vulgär-marxistische Spekulationen, häufig dazu gemacht hat) wie einst eine Magd der Theologie. In Wahrheit ist sie die *regina artium* – und sei es nur deshalb, weil es ohne sie ein historisches Bewußtsein nicht gäbe. Historisches Bewußtsein, jawohl: Als Organon der Geschichte verdeutlicht Poesie, im Sinne Benjamins, was Menschen sein könnten und was die Gesellschaft aus ihnen gemacht hat, analysiert die Diskrepanz zwischen innen und außen, Sein und Bewußtsein, der Welt und den Gedanken, macht sichtbar, was das bedeutet: Ungleichzeitigkeit im Augenblick – und kommt damit an einen Punkt, an dem sich der Konflikt mit der Macht als unausweichlich erweist. Unausweichlich, weil es keine Gemeinsamkeit gibt zwischen den jeweiligen Gesellschaftsgeboten mit ihren fixierten Archetypen und normativen Tabus auf der einen Seite und dem pluralistischen Codex der Literatur auf der anderen: Hamlet und Antigone, Fürst Myschkin und Mutter Wolffen, Vater Goriot und die Courage – das ist ein Kosmos, der, jederzeit mobilisierbar, in eindrucksvoller Präsenz auf die Vielfalt humaner Möglichkeiten verweist und derart anschaulich macht, was es für den Menschen bedeutet, diese seine eigentliche Fähigkeit nicht realisieren zu können.

Ein unausweichlicher Konflikt, in der Tat: hier die Wirklichkeit, die heute und nichts als heute sein will, und dort, als Gegenmacht, die in den Fiktionen der Poesie bewahrte Geschichte; hier die Realität, mit ihren Versagungen, und dort eine Literatur, die darauf abzielt, die Diskrepanz zwischen dem Versprochenen und dem Eingelösten, dem Verheißenen und dem Verwirklichten, zu akzentuieren. Wie weit, so die Parole, sind wir zurückgeblieben hinter den Postulaten der Aufklärungszeit; wie illusionär klingen, hier und heute, Nathans Gebote. Die Wunden, zeigen die Schriftsteller, bluten noch immer –

und dies ist der zweite Grund, warum die Macht die Literatur beargwöhnt und fürchtet: *weil sie nicht vergessen kann*. Weil sie nicht müde wird, die Gesellschaft an ihrem einmal von den Stückeschreibern, Publizisten und Philosophen mitformulierten Anspruch zu messen – dem Anspruch zum Beispiel, die Freiheit für jedermann zu gewähren. Was, fragen die Schriftsteller, ist eine Freiheit wert, die sich aufs Eigentum gründet, solange die Besitzlosen in der Überzahl sind? (Eine Frage, der, jenseits der Grenze, die Erkundigung entspricht, ob es eine Freiheit geben könne, die, auf dem Erlaß-Weg, mit Hilfe einer Verwaltungs-Anordnung, durchgesetzt wird.)
Indem sie Fragen stellt, trägt Literatur dazu bei, ein sich Autorität anmaßendes Regiment in Frage zu stellen: indem sie »Nein« sagt, inmitten der Einverstandenen, und damit ihre sokratische Rolle erfüllt, befördert sie die Irritation – und dies hüben und drüben, in den Vereinigten Staaten nicht anders als in der Sowjetunion. So eklatant auch die gesellschaftlichen Unterschiede sind – der Systemkritiker im Osten attackiert die *Perversion* des Sozialismus, der Rebell im Westen den Kapitalismus *als solchen* (ein pervertierter Kapitalismus wäre bekanntlich nicht mehr Kapitalismus, sondern . . . dessen Aufhebung), und so sehr sich, auch das will gesagt sein, die Replik der Macht in Ost und West unterscheidet (Berufsverbote für Autoren, die sich als Sozialisten verstehen, gibt es hierzulande nicht, wohl aber anderswo): eins haben Ost und West miteinander gemein – die Distanz zwischen der staatlichen Administration und den Poeten: Autoren, die, um der Solidarität mit den Ohnmächtigen willen, zu Abweichlern geworden sind.
Wo ist, nach dem Tode Brechts und Thomas Manns, der Schriftsteller, von dem die Arbeiterklasse oder das liberale Bürgertum sich ohne Vorbehalt, offiziell, repräsentiert sehen könnte? In der Tat, welcher Poet würde es, anno 76, noch wagen, mit der Sicherheit Thomas Manns bürgerliche Gesittung zu feiern oder, auf der anderen Seite, acht Jahre nach dem Prager August die Worte Brechts – artikuliert im *Galilei* – zu wiederholen: »Und wenn die neue Zeit das Gesicht einer blutbeschmierten alten Vettel hat – es ist die neue Zeit.«
Kein Zweifel, der Tonfall ist leiser geworden inzwischen; Nüchternheit und Skepsis – nicht zu verwechseln mit Resignation, wohlgemerkt, von Nostalgie ganz zu schweigen – haben das Pathos gedämpft; die Phase der Illusion ist vorbei: die Jahre, in denen nicht

wenige glaubten, Literatur sei als Produktivkraft, ein politischer Faktor und könne, statt den langen Weg übers Bewußtsein zu gehen, sich schnurstracks im Sein etablieren. Die Belehrung, daß sich mit Voluntarismus am Ende weder Politik noch Literatur machen läßt, jedenfalls keine gute, war schmerzhaft und nützlich. Nützlich: das heißt, es ist zu begrüßen, wenn die Schriftsteller heute Politik wieder auf eine Weise betreiben, die sie verstehen: mittelbar also, in nüchterner Analyse ihrer Situation und der aus ihr resultierenden Chancen und unbekümmert um den Beifall der Reaktion. (Motto: »Nun dichten sie wieder«.) Nach einer Zeit der trügerischen Emphase ist Sachlichkeit erstes Gebot: Vor allem kommt es jetzt darauf an, die Schwierigkeiten ins Auge zu fassen, der eine Literatur ausgesetzt ist, die sich, eingedenkend und vorausweisend, als realistisch versteht . . . jene ›Schwierigkeiten beim Schreiben der Wahrheit‹, die sich, wenn ich recht sehe, für einen Schriftsteller in dreifacher Weise manifestieren. Zählen wir auf!

Schwierigkeit Nummer eins. Ein freier Schriftsteller: Das ist ein Widerspruch in sich selbst. Einerlei, ob sich der Schreibende, in einem diktatorischen Regime, den Geboten der Macht (Macht: jetzt im engeren Sinn, in der Bedeutung von Staatsgewalt und Polizeiapparat) oder, in einer Gesellschaftsordnung wie der unsrigen, den Postulaten des Markts zu unterwerfen hat: an der Tatsache, daß er abhängig ist (abhängig vom politischen Kurswechsel, heute hü und morgen hott, Tauwetter: alternierend mit Eiszeit; abhängig von schwankenden Moden: Hesse und Handke weiter gestiegen, Baisse in Brecht, Hausse in Horváth, Sartre schwankend, Musil behauptet, Döblin nicht mehr gefragt) . . . an dieser Tatsache kommt keiner vorbei. »Ich stand am Markt und niemand wollte mich haben«: Der Lessingsche Satz gilt für Schriftsteller, deren Ziel es ist, den Diktaten von Macht und Mode Paroli zu bieten, bis zum heutigen Tag. In solcher Lage ist Klugheit und List erforderlich, ein Höchstmaß an Kalkulation, um die Marktstrategien des belletristischen Managements ebenso wie die modische Konformität der Kritik (Motto: aber das ist doch passé, so schrieb man vielleicht vor zehn Jahren, aber doch heute nicht mehr) und die Erwartungshaltung eines durch die Kulturindustrie zur Nachfrage ohne Bedürfnis erzogenen Publikums zu konterkarieren . . . eine Methode, mit deren Hilfe es zum Beispiel möglich ist, das Erwartete nicht rundheraus zu verweigern und dennoch sich selbst treu zu bleiben . . . eine Methode, wie sie einst

Heinrich Heine vorexerziert hat: Verse schreibend, an deren Stelle, falls sie unterdrückt werden sollten, von vornherein mitgedichtete Ersatzverse traten.

Der Schriftsteller als Marktbeobachter, der den Markt außer Kraft setzen möchte? Ein Produzent, der – um dagegen zu opponieren – seinen Kurswert registriert? Aber wie könnte es denn anders sein, in einer warenproduzierenden Sozietät? Auch Gedichte werden notiert, auch Dramen können Pfunde sein, mit denen einer wuchern kann, wenn er's versteht – und nicht nur Brecht hat's verstanden. »Ich fürchte«, schreibt Schiller am 24. März 1800 an Cotta, »Göthe läßt seinen Faust, an dem schon so viel gemacht ist, ganz liegen, wenn er nicht von außen und durch lockende Offerten veranlaßt wird, sich noch einmal an diese große Arbeit zu machen und sie zu vollenden. . . Er rechnet freilich auf einen großen Profit, weil er weiß, daß man in Deutschland auf dieses Werk sehr gespannt ist.«

Das Werk der Werke – ein profitables Geschäft: so sachlich, so bürgerlich hat man einmal die Dinge betrachtet – und es wäre gut, wenn die Schriftsteller, bestrebt, sich dem Markt-Diktat nicht zu fügen, zunächst einmal lernten, ihre Situation mit der Nüchternheit Schillers und Heines zu analysieren. Wer den Markt unterlaufen möchte (und das möchte schließlich jeder, der auf sich hält und nicht nur Schreibsklave des Verlagsherrn sein will . . . wobei nicht vergessen sein soll, daß es kein Geringerer als Immanuel Kant war, der den Verlegern angeraten hat, ihren Autoren als Fabrikbesitzer und Auftraggeber zu kommen); wer also den Markt unterlaufen und gegen die Macht anschreiben möchte, der muß seine Abhängigkeit – vom Verleger, von der platz- und ranganweisenden Kritik und von jenen subjektiven Interessen des Publikums reflektieren, die ihren objektiven oft genug diametral entgegengesetzt sind. Der muß, um gegenanschreiben zu können, zunächst einmal wissen, auf was er denn zuschreiben möchte; der muß begreifen, daß seine Attacke aus der Defensive erfolgt.

Aber wer hilft ihm, diese seine Situation zu begreifen – zumal dann, wenn er noch jung ist und nicht weiß, was einmal an Erwartungen auf ihn zukommen wird? Die ersten Werke – Ausnahmen bestätigen die Regel – sind privat, subjektiv und persönlich. Der Erfahrungsschatz ist bescheiden; das Gefühl herrscht vor; die Außenwelt, nur ansatzweise objektiviert, spiegelt sich im Seelenreflex. Ob *Werther*, *Buch der Lieder* oder *Baal*: Das Ich dominiert. Dann aber kommen die

Ansprüche: Das Publikum, entzückt über den Erstling, verlangt, daß der Schreibende im gleichen Sinne fortfahren möge. Verführungen stellen sich ein: Von seiten der Macht zunächst, die den Schreibenden, als potentiellen Rühmer ihrer Interessen, für sich reklamiert. Ludwig XIV.: Molière das Geflügel vorlegend; Baron Rothschild: Ein Tafel-Toast auf Henri Heine; Stalin mit seiner Hymne auf die Schriftsteller, die »Ingenieure der Seele«. Verführung allüberall! Verführung durch die Intellektuellen, denen der Autor, dank der Zeitenthobenheit seiner Botschaft: ihrer Distanz zur gesellschaftlichen Realität, als Statthalter der Unmündigen gilt; Verführung durch das liberale Bürgertum, das den Schriftsteller mit dem Gewissen der Nation identifiziert; Verführung durch die von kultureller Praxis Ausgeschlossenen, die Arbeiter vor allem, die keine bourgeoisen *privatissima*, sondern Belehrung und Unterhaltung verlangen. (Und lieber, da der Schriftsteller ein Bürger ist, guten Idealismus als schlechten Materialismus.)

Verführungen durch den Staat, den Markt, das Publikum. Verführungen durch das Diktat des Profits. Verführungen durch die Realität: die soziale Wirklichkeit, deren Anspruch um so unabweisbarer wird, je nachdrücklicher die Gesellschaft, hier so und dort so, ihre Erwartungen formuliert. Was soll, in dieser Lage, der Schreibende tun? Wem kann er trauen? (Brüllen die einen »Agitprop«, lautet das Feldgeschrei der anderen »Widerstand durch l'art pour l'art« – und beide Rufe kommen von links.) Was, nochmals, soll er tun, in einem Augenblick, da Neutralität identisch ist mit Parteinahme gegen die Ohnmächtigen? Aufs Schreiben verzichten, weil Literatur im *hic et nunc* nichts bewirkt? Den Ansprüchen folgen? (Aber welchen?) Oder einfach weitermachen, den berühmten Goethe-Satz reflektieren: »Hier will das Drama gar nicht fort. Es ist verflucht, der König von Tauris soll reden, als ob kein Strumpfwürker in Apolda hungerte«, um am Schluß zu erklären: »Und was wäre gewonnen, angenommen, Goethe hätte seine *Iphigenie* verbrannt? Die Strumpfwirker hätte das Feuer gewiß nicht gewärmt, aber die Gesellschaft wäre um ein Stück Wirklichkeitserfahrung ärmer geworden«? Ist das eine überzeugende Schlußfolgerung – oder nur der Versuch eines Ästheten, sich ein Alibi zu verschaffen, indem er Asozialität als Dienst an der Menschheit ausdeutet? Wie immer die Antwort auch lautet: Die Diskrepanz zwischen innerer Arbeit, der politischen Konfession und dem äußeren Anspruch (einem Anspruch, der sich aus der Wirkung des Kunstwerks ergibt) bleibt bestehen und wird – wir kommen zur dritten Schwierigkeit – auch dann nicht behoben, wenn der Schriftsteller die Forderung der Gesellschaft in politisch-parteilicher Weise interpretiert.

»Die mit dem Bürgertum noch einige Bildungsschicht«, heißt es in Arnold Hausers *Sozialgeschichte der Kunst und Literatur*, »war die Wegbereiterin von Reformen, die vom Bürgertum abgefallene Intelligenz wird zu einem Instrument der Revolte und der Zersetzung. Bis um 1848 ist die Intelligenz noch die geistige Avantgarde des Bürgertums, nach 1848 wird sie bewußt oder unbewußt zur Vorkämpferin der Arbeiterschaft« . . . entschlossen, »gegen die Bourgeoisie zu konspirieren und an der Vorbereitung der antikapitalistischen Revolution teilzunehmen.« Der Leser hält inne. Die These leuchtet ihm ein. Nur: wo bleiben, in Deutschland, die Dichter? Die Schriftsteller: Was haben sie beigetragen, um die Revolution zu befördern? Gewiß, es gab einen Fontane – einen Poeten, der mit Nachdruck erklärte, die neue bessere Welt finge beim Arbeiter an, der Adel sei obsolet und die Bourgeoisie unerträglich . . . aber der gleiche Fontane war ein Anwalt der Klassenversöhnung, und die Idealfigur eines Sozialdemokraten hieß für ihn . . . Dubslav Stechlin. Und dann gab es Heine: jenen Schriftsteller, der unter allen deutschen Autoren bis heute der gesellschaftlich bei weitem Erfahrenste ist (Balzac und Goethe, Hegel und Rothschild, die Slums und die Börse, hier die Hochfinanz von Paris und dort das Proletariat von London: was hat dieser eine Mann alles gekannt!): Heinrich Heine, mit seinem Bekenntnis, daß die Zukunft dem Kommunismus gehöre . . . doch eben dieser Heine war es auch, der nichts so sehr gefürchtet hat wie den Triumph der Demokratie über die Dichtung: »Der Parnaß soll geebnet werden, nivelliert, makadamisiert – und wo einst der müßige Dichter geklettert und die Nachtigallen belauscht, wird bald eine platte Landstraße sein.«

Seltsam, in der Tat, dieses Nebeneinander von revolutionärer Begeisterung und poetischem Aristokratismus: Jakobinische Emphase, gepaart mit wütenden Attacken gegen jede Form von Tendenzliteratur; ein Wechselspiel von Tribunentum und poetischem Apostolat: ein Kampf zwischen erzwungener Prosa und ersehnter Poesie. Und nicht nur Heines und Fontanes Kampf! Einerlei, ob man, auf seiten der Linken, Brecht nimmt, Enzensberger oder Weiss (aber auch Pavese und Aragon) oder, als Protagonisten der Rechten, eine Figur wie

Balzac: Der Widerspruch zwischen politischer Einsicht und poetischer Darbietung, zwischen parteilicher Gesinnung und artistischer Vieldeutigkeit: der Radikalität des Pamphlets und der Dialektik der Kunst ist offenkundig. Wie niederträchtig – ich erinnere an die Interpretation Friedrich Engels' – erscheinen die adeligen Schurken des Legitimisten Balzac (von den Bankiers ganz zu schweigen) und wie menschlich wirken, auf der anderen Seite, aller Dreistigkeit zum Trotz, Figuren wie Puntila oder Mauler! Woher kommt das? Wie erklärt es sich, daß so viele Schriftsteller – Brecht ist kein Sonderfall–, die sich als Staatsbürger fest verbunden wissen mit der *Partei der Revolution*, plötzlich, Bäume und Wolken, Liebespaare und Ruderboote beschreibend, die *Partei der Nachtigallen* ergreifen? Ist das Resignation? Eskapismus womöglich? Ich glaube nicht. Im Gegenteil: Eine Literatur – sie mag sich politisch definieren wie immer sie will – wird im gleichen Augenblick zu purer Demonstration von Gesinnung, wo sie jene Fähigkeit preisgibt, die ihr Wesen ausmacht: den historischen Augenblick und die konkrete Wirklichkeit transzendieren zu können. (Den Augenblick: Durch Eingedenken und Vorgriff. Die Wirklichkeit: Durch den Entwurf von Gegenmodellen.) So betrachtet, heißt politische Agitation mit dem Mittel der Literatur: Distanz und Verfremdung. Mag die Grenze zwischen Poesie und Propaganda fließend sein – *wie* fließend, zeigt das Beispiel der gesellschaftskritischen Komödie; mag es eine Fülle von höchst wirksamen Agitationsmitteln geben – Plakate à la Staeck, Dokumentationen im Stil von Delius oder Reportagen von Wallraff –, deren artistischer Wert nicht zu bezweifeln ist; mag es für den Poeten unabdingbar sein – und es ist unabdingbar im Zeichen der bedrohten Grundfreiheiten in unserem Land –, als Bürger mit dem Gewicht seines Namens unmittelbar und direkt: parteipolitisch also, zu wirken (eine Tätigkeit, die den Schriftsteller überdies der Verpflichtung enthebt, in jedem Gedicht seinen Standort aufs neue bezeichnen zu müssen) . . . das alles widerspricht der These nicht, die da lautet: Poesie kann nur dann Poesie bleiben *und* das Bewußtsein verändern, wenn sie, auf Allgemeinheit bedacht, sich – nehmt alles in allem – eher als einen sozialen denn, ans Besondere geklammert, als einen politischen Faktor begreift: »Der Tribun, welcher eine politische Revolution beabsichtigt«, hat der Kronzeuge im Streitfall »Literatur und Politik«, Heinrich Heine, geschrieben, »darf sich nicht all zu weit von den Massen entfernen. Der Schriftsteller dagegen, welcher eine soziale Revolution befördern will, darf immerhin seiner Zeit um ein Jahrhundert vorauseilen.«

Mit einem Satz: Politik und Poesie sind nur dann miteinander vereinbar, wenn es – die größte Schwierigkeit – dem Schriftsteller gelingt, einerseits hinter dem Heute das Gestern, hinter dem »Was« das »Woher« und »Warum« sichtbar zu machen und andererseits die Antagonismen der Gegenwart, in der Form der Utopie, als Widersprüche zu denunzieren, die aufhebbar sind . . . auf eine Art zum Beispiel, wie sie der späte, von Freundlichkeit sprechende Brecht vorexerziert hat: »In der Frühe sind die Tannen kupfern. So sah ich sie vor einem halben Jahrhundert, vor zwei Weltkriegen mit jungen Augen.« Hier ist zu sehen, daß es möglich ist, im Gedicht eine poetische Totalität herzustellen, der die Wirklichkeit nicht entgeht. Hier, beim späten Brecht, ist aber auch zu lernen, daß die treffendste Waffe der Poesie nicht zuletzt die – Leichtigkeit ist. Sanftmut, die Empörung verrät. Parabolischer Witz und Satire zur Beförderung der Humanität. Die Literaturgeschichte beweist es: Nicht wenn sie Macht spielte: in der festlichen Proklamation oder im Faltenwurf der tragédie classique, sondern wenn sie sich zu ihrer Schwäche bekannte und Kapital aus ihrer Machtlosigkeit schlug: als Burleske und Lustspiel, im spielerischen Vorgriff – »Will der Herr Graf ein Tänzchen wagen« –, in satirischer Rekapitulation – »als Adam grub und Eva spann, wo war denn da der Edelmann?«–, in Parabeln und lockeren Versen – »als Läufer diene dir mein Witz, als Hofstaat meine Phantasie« –, hat Poesie die *Kraft* ihrer Schwäche bewiesen.

Der Aristophanische Bauer, der Shakespearesche Narr, der Diener Beaumarchais', der Schweyk, von Hašek entworfen, der Brechtsche Azdak: In diesen Figuren wird sichtbar, was *Gegen-Macht* heißt. Kein Wunder also, daß die etablierte Ordnung vor allen anderen die Komödienschreiber beargwöhnt, hofiert und verfolgt. Sie weiß, was es bedeutet, wenn einer schreit: »Da schaut her, der Kaiser ist nackt!« Wenn die Schriftsteller klug sind, werden sie es für eine Auszeichnung halten, daß die Macht, Entlarvung fürchtend, sie mit dem Kind in Andersens Märchen identifiziert: Der Vergleich ist treffend. Und ehrenvoll auch.

Wir Extremisten
Antwort an den Bundespräsidenten

Das Präsidium unseres Schriftsteller-Verbandes hat mich gebeten, Ihnen, Herr Bundespräsident, dafür zu danken, daß Sie zu uns gekommen sind, zu danken, daß Sie eine Rede gehalten haben, deren Bedeutung offenkundig wird, wenn man bedenkt, daß Ihr Herr Vorredner, das letzte deutsche Staatsoberhaupt, das sich dezidiert mit Fragen der Literatur auseinandergesetzt hat, Friedrich der Große war: 1780, *De la littérature allemande*.

Sie haben Thesen formuliert, die im Zusammenhang mit Willy Brandts Stuttgarter Deklaration gesehen sein wollen, Thesen, die sich im Tenor radikal von jenen Verlautbarungen deutscher Politiker unterscheiden, in denen – so sehr sie auch im Detail divergieren – Poesie immer nur als ein affirmatives, der Absicherung und Verklärung bestehender Ordnung dienendes Element aufgefaßt wurde.

Einerlei, ob Friedrich II. sich gegen jene Shakespearesche Rebellenkunst wandte, die es verdiene, vor den Wilden von Kanada aufgeführt zu werden, aber nicht vor einer zivilisierten Gesellschaft, weil hier Totengräber und Fürsten, Proleten und Prinzen auf der gleichen Ebene agierten; einerlei, ob Friedrich Wilhelm IV. von Preußen die Dichter des Hochverrats zieh, Metternich sie als Konspirateure etikettierte oder ob Bismarck die Literaten mit catilinarischen Existenzen verglich und das große Zuchthaus einer sozialistischen Gesellschaft beschwor, in der die Redner, die verhaßten Agitatoren, als Aufseher fungierten – immer wurden in unserem Land, von seiten der Macht, jenen Schriftstellern die Leviten gelesen, die sich als politische Dichter verstanden und darauf pochten, daß das von der Poesie Imaginierte in der Realität eingelöst werden müsse und daß es Aufgabe der Phantasie sei, Praktikabilität zu gewinnen.

Unter solchen Aspekten ist es kein Wunder, daß die Schriftsteller in unserem Land – politisch mißachtet und ohne Einfluß in der Gesellschaft – jahrhundertelang das Leben von Parias führten. Während in

Frankreich ein Prolet wie d'Alembert als Gleichberechtigter in den Kreisen der Gesellschaft verkehrte, Ludwig XIV. es sich angelegen sein ließ, dem ersten Komödiendichter der Nation die Reverenz zu erweisen, die ihm gebührte, und Richelieu, gemeinsam mit Corneille, die Theater-Dramaturgie revolutionierte; während in England Satiriker und Pamphletisten als respektierte Bürger die politische Praxis bestimmten, die Kanzel das progressive Schrifttum der Zeit bis ins letzte Kirchspiel hinein wirken ließ und Literatur so frei war, daß sie es sich leisten konnte, den im Theater anwesenden Premierminister auf der Bühne als Bettlerkönig an den Pranger zu stellen (das muß man sich einmal vorstellen!); während in den bürgerlichen Demokratien der Schriftsteller als klassenbewußter Anwalt der Bourgeoisie und, nach 1848, auch des Proletariats Partei ergriff; während Swift und Dickens, Balzac und Stendhal sich nicht an einzelne Gebildete, sondern ans Publikum wandten und so die Affären der Nation mitbestimmten, war der deutsche Schriftsteller ausgesperrt und isoliert: ein Dichter, der versuchte, sich mit Hilfe absoluter Konzeptionen im Reich des Geistes für seine politische Ohnmacht schadlos zu halten. Als Paria zu leben und als Gott zu denken: dies bezeichnet exakt die Situation jener Poeten, die auf die Kunst verwiesen waren, weil ihnen das Forum versperrt blieb: aufs Theater, weil es die Tribüne nicht gab.

Schiller, der verhinderte Rhetor. Goethe, von Entsetzen befallen, als man ihm bedeutete, er sei im Grunde zum Redner geboren: »Über diese Eröffnung«, heißt es in *Dichtung und Wahrheit*, »erschrack ich nicht wenig; denn hätte sie wirklich Grund, so wäre, da ich bei meiner Nation nichts zu reden fand, alles übrige, was ich vornehmen wollte, leider ein verfehlter Beruf gewesen.«

Und so machte man denn aus der Not eine Tugend. So priesen die Einflußlosen die private Idylle, den Segen der Kontemplation und den Trost der Bescheidung. So verlegten die Deklassierten, Lutherscher Tradition folgend, das Freiheitsreich in den Himmel – und die Folge war, daß (da es keine Vermittler, keine Satiriker, Rhetoren und Publizisten gab) der Bereich der Kultur und der Bezirk der Zivilisation, die Region der Kunst und die Region der sozial-politischen Praxis immer weniger miteinander kommunizierten.

Nein, machen wir einander nichts vor. Es hat in unserem Land, von Lessing bis zu Heinrich Mann, von Forster bis Brecht zwar Literaten gegeben, die ihr Handwerk als ein politisches Handwerk verstanden;

aber eine Tradition aufklärerischer, realitätsbestimmter und realitätsbestimmender Literatur gibt es nicht: Wenn wir's nicht wüßten, dann erfahren wir's jetzt – in einem Augenblick, da, im Zeichen des Neokonservatismus, Literatur wieder einmal auf »Dichtung« reduziert werden soll. Dichtung als Alibi, als Kulturausweis, als schöner Schein und holde Irrealität, Kunst, an der man sich ergötzen könne nach des Tages Last. Kunst, wie sie der Streichquartettspieler Heydrich verstand oder der Wachmann von Auschwitz, in dessen Wohnzimmer die Uta von Naumburg hing, neben dem Dürerschen Hasen. Das Gütezeichen der Poesie als Siegel einer Politik, die nicht gestört werden will. Dichtung als absicherndes Element einer Emanzipation verhindernden Praxis: diesem Versuch, uns in Dienst zu nehmen, muß unser Widerstand gelten.

Ein Widerstand freilich, der nur dann erfolgreich sein wird, wenn wir dreierlei nie aus den Augen verlieren.

Wir dürfen, zum ersten, nicht wehleidig sein: Selbst der infamste Angriff – Böll und Walser als Helfershelfer der Anarchisten – ehrt uns mehr als der Applaus, den man denjenigen zollt, die nichts als Hofnarren sind; Kabarettisten, deren Aussagen politische Relevanz nur im Sinne der Herrschenden haben; als Alibi, daß Meinungsfreiheit regiert. Ein Siemens-Konzern, der vor Gericht gehen muß, bestätigt die Wirksamkeit von Literatur. Ein Konzern, der Delius durch den Bundesverband der Deutschen Industrie auszeichnen läßt, bescheinigt, daß Poesie einflußlos ist. Dies ist das eine.

Das zweite: Wir Schriftsteller, die wir uns als bürgerliche Demokraten verstehen, sollten die Behauptung unserer Gegner, daß wir radikal seien, nicht als Beschimpfung, sondern als Ehrenerklärung verstehen. Jawohl, wir sind radikal, radikal im Denken und radikal in der Absage an die Gewalt.

Nicht gegen uns, sondern gegen die immer mächtiger werdende Reaktion in diesem Land spricht es doch wohl, wenn anno 1974 Parolen als »ultralinks« und »radikal« eingestuft werden, die in Wahrheit zum Topen-Arsenal des republikanischen Liberalismus gehören. Der Radikalismus, den man uns vorwirft, ist in Wahrheit der Radikalismus von bürgerlichen Republikanern, die längst zu Klassikern geworden sind. Wir wiederholen nur – wir beschwören nur mit rückgewandter Phantasie –, was die kleine, aber illustre Zahl der Weerth, Gervinus und Co. schon vor hundertfünfzig Jahren an Thesen fixierte. Und wenn wir, ihnen folgend, heute wie Extremisten dastehen, dann heißt das doch nichts anderes, als daß das bürgerlich-fortschrittliche Erbe – zu allererst die Jakobiner-Tradition im Sinne Kants und das Vermächtnis des sozialen Libertinismus – von privilegierten Gruppen in unserem Staat kassiert werden soll, die offenbar Angst davor haben, daß Humboldts großer Traum vom herrschaftslosen Reich der wahrhaft Freien und Gleichen realisiert werden könnte. Dies also wäre das zweite, das zu bedenken nötig ist, wenn es uns gelingen soll, die Indienstnahme von Poesie zu verhindern: das Bekenntnis zu einer Tradition, die sich als radikal verstand und, an der Gegenwart gemessen, revolutionär ist.

Und nun der letzte Punkt: Eine solche Tradition ernst zu nehmen, heißt aber auch, sie nicht museal zu verwalten, sondern sie zu einem Element der Beunruhigung umzufunktionieren. »Das Thema der Kunst ist«, sagt Brecht, »daß die Welt aus den Fugen ist.« Es heißt, unter dem Aspekt des *cui bono*, jene Widerborstigkeit, jene subversiv wirkende Fremdheit und jenen Überschuß im Blochschen Sinne zu betonen, der Poesie zu einem Politikum macht.

Es heißt: Literatur als eine Bewältigungsform von Wirklichkeit zu begreifen, der es gelingen kann, mit Hilfe einer gesellschaftlich definierten, aber auch Gesellschaft transzendierenden Phantasie, Alternativen zum Bestehenden aufzuweisen und konventionelle Erfahrung in Frage zu stellen.

Es heißt aber auch – und vor allem! –, Literatur in den Dienst derer zu stellen, die sie mit neuem und frischem Blick anschauen und in Frage stellen können, derjenigen also, die man, obwohl sie Arbeit geben, als Arbeitnehmer bezeichnet.

Es heißt, sich an die These Rosa Luxemburgs zu erinnern, daß der Sozialismus keine »Messer-und-Gabel-Frage« sei und daß nicht zuletzt die Arbeiter ein Interesse daran hätten, die Kunst in Gemeinbesitz zu überführen.

Es heißt: Literatur zu demokratisieren.

Es heißt: Jenes elitäre Gehabe an den Pranger zu stellen, mit dem man noch vor wenigen Jahren das literarische Erbe als »bürgerliche Scheiße« abtun wollte – ein Gehabe, das so widerwärtig ist wie die Haltung des Privilegierten, der, da er sich an Sahne überfressen hat, dem armen Mann einreden möchte, Milch sei nicht so wichtig.

Es heißt: Unser Wissen und unsere Erfahrung in den Dienst jener überwältigenden Majorität im Lande zu stellen, die, mit Brecht zu reden, für die anstehenden Probleme die breitesten Lösungen kennt

– einer Majorität übrigens, zu der wir selber gehören. Zur Herablassung besteht also kein Anlaß.

Es heißt aber auch: Die bürgerlichen Freiheiten, Freiheit der Rede und Schrift, zu verteidigen, die unverzichtbar sind und für die, man denke an den Prager Frühling, nicht zuletzt die Arbeiter mehr als einmal auf die Straße gegangen sind.

Und es heißt schließlich und sehr konkret: Als Gewerkschaftler unter Gewerkschaftlern denen unsere Hilfe anzubieten, die sich, wie wir, die Frage vorlegen, was wohl der Grund sein mag, daß es in unserem Lande zwar eine Bundeswehrhochschule gibt, aber keine Gewerkschaftshochschule, und warum in Harzburg eine Akademie für Führungskräfte der Wirtschaft besteht, während von einem effizienten Gegenmodell (einem Modell, an dessen Formierung wir Schriftsteller mitwirken könnten) bis jetzt nichts bekannt ist. An Möglichkeiten, zur Alphabetisierung der Bevölkerung beizutragen (wie Enzensberger das einmal genannt hat), ist wahrlich kein Mangel, und niemand braucht zu fürchten, daß er bei diesem Versuch, Literatur demokratisch zu transformieren, zum Funktionär werden müßte.

Im Gegenteil, um wirken zu können, bedarf es des Wechselspiels vom *solitaire* und *solidaire*: Der Isolierte, hat Humboldt gesagt, erfüllt so wenig seinen Auftrag wie der ganz und gar Gefesselte.

Mit diesem Diktum eines liberalen Ahnherrn schließend, habe ich Ihnen, Herr Bundespräsident, noch einmal im Namen meiner Kollegen zu danken. Bitte, sehen Sie's mir nach, wenn ich, Ihre Gedanken fortspinnend, staatsmännisch-behutsame Andeutung gelegentlich zur Jakobiner-Formel zugespitzt habe. Aber schließlich ist es, wie ein höchst bekanntes Beispiel zeigt, ja legitim, aus Schamade Fanfare zu machen. Das zumindest werden selbst unsere konservativen Widersacher nicht leugnen.

Phantasie und gesellschaftliche Verantwortung. Zur literarischen Situation in der Bundesrepublik

Phantasie und gesellschaftliche Verantwortung: Das ist, auf den ersten Blick, ein Begriffspaar wie Himmel und Hölle, Feuer und Wasser, Kunst und Natur: Eine kontradiktorische Formel, die auf den alten Kampf zwischen den Anwälten einer zweckfernen, autonomen, gegen soziale Rezeption protestierenden »poésie pure« und den Advokaten jener engagierten Literatur verweist, die zuallererst den Gebrauchswert künstlerischer Produktion betont.

Phantasie und gesellschaftliche Verantwortung: Da wird »Ästhetik« gegen »Politik«, »Distanz« gegen »Propaganda«, »Verweigerung« gegen »Parteilichkeit«, die »totale Negation« gegen die sogenannte »richtige Gesinnung« ausgespielt; da werfen die einen den anderen vor, die These »Kunst ist auf Politik abzustellen« verriete die Kunst, und die anderen antworten den einen, es sei immer noch besser, die Kunst als – durch eine Ästhetisierung des Politischen – den sozialen Auftrag der Literatur zu verraten.

Phantasie und gesellschaftliche Verantwortung: Das ist das Thema des großen Streitgesprächs zwischen Adorno und Lukács (einer Redeschlacht à la Settembrini und Naphta), in deren Verlauf Freunde zu Feinden, Feinde zu Freunden werden: Walter Benjamin, die Identität von authentischer politischer Einstellung und künstlerischer Qualität betonend, widerspricht der Frankfurter These, daß das gesellschaftliche Verhältnis der Kunst auf der Werkimmanenz der Gesellschaft und nicht auf der Gesellschaftsimmanenz des Kunstwerks beruhe; Lukács und Brecht versöhnen sich in gemeinsamer Opposition gegen die kritische Schule; Adorno wiederum erhält Schützenhilfe aus unerwarteter Richtung: stellvertretend für eine Gruppe von revolutionär gesonnenen Sozialdemokraten erklärt Wilhelm Liebknecht, daß die große Kunst, als »Bildnerin« des Volkes, parteilos sei und mit Klassen-Agitation und Propaganda nichts zu tun haben dürfe.

Phantasie und gesellschaftliche Verantwortung: Das sind, heute so gut wie zu Zeiten von Liebknecht und Mehring, die Parolen zweier linker Fraktionen (die Rechte hält sich heraus), die sich darüber einig sind, daß es die Aufgabe der Kunst sei, denen zu helfen, die gezwungen sind, im wörtlichen und übertragenen Sinne ein kunstloses Leben zu führen: den Deklassierten. Die Frage ist nur – und hier beginnt der Streit –, ob die Kunst eher ihrer Verpflichtung nachkommt, wenn sie, als Kunst, Hilfe verweigert: also den Standpunkt eines »revolutionären« Ästhetizismus bezieht, oder wenn sie, Partei nehmend und »reformerisch« unmittelbar in die politischen Auseinandersetzungen eingreift.

Die Fronten, so scheint es, sind klar; die Positionen stehen einander schroff gegenüber: Hier – von der Gegenpartei als Elfenbeinturm etikettiert – der Hort der Ästheten, die darauf pochen, daß in einer Welt der totalen Verwaltung nur noch die große Kunst das Einverständnis mit dem Bestehenden aufkündigen könne: aufkündigen durch ihren Entzug; dort – von den Artisten als eine Agitationszentrale verketzert, deren Methoden den Praktiken der Herrschenden glichen – die Werkstatt der Literaten.

Tertium non datur, so scheint es. Aber es scheint eben nur so. In Wahrheit ist der Gegensatz zwischen Phantasie und gesellschaftlicher Verantwortung, zwischen einer Kunst, die die Partei der Deklassierten ergreift, indem sie sich, auf Autonomie pochend, der Verwertung und Vermarktung zu entziehen sucht, und einer Literatur, die den Markt zur Verteilung von Konterbande und Kassibern benutzt . . . in Wahrheit ist dieser Gegensatz illusionär. Auf der einen Seite hat das »autonome Gebilde«, wie es die Frankfurter Ästhetik beschwört, allenfalls die Bedeutung einer idealtypischen Fiktion, und es ist bezeichnend, daß Adorno sich gehütet hat, sein »Kunstwerk höchster Dignität« jemals beim Namen zu nennen, ihm eine Geschichte zu geben, seinen Autor zu zitieren und den Rezeptionsprozeß zu analysieren: Dann nämlich hätte sich sehr schnell gezeigt, daß es oft genug die sogenannte »reine« Kunst gewesen ist, die in extremem Maße Politik gemacht hat. Das Beispiel George spricht für sich selbst. Auf der anderen Seite aber zeugt es von Blindheit, wenn nicht nur die Autonomie-Ideologen, sondern auch die Vertreter der Zweckkunst: die Gebrauchskünstler selbst, die spezifisch ästhetische Qualität ihrer Produkte verkennen und nicht bemerken, wie sehr die adressatenbezogene Struktur ihrer Texte jenen rhetorischen Mustern verpflichtet ist, die den *Junius-Briefen*, der Miltonschen *Areopagitica* oder Swifts *Bescheidenem Vorschlag* einen Kunstcharakter gibt, der die Agitation nicht verharmlost, sondern verschärft, weil er – nachzuprüfen am *Hessischen Landboten* – der Propaganda die Evidenz des Katechismus verleiht: das Zeichen des ›so und nicht anders‹. Unter solchen Aspekten erweist sich die scheinbar kontradiktorische Formel *Phantasie und gesellschaftliche Verantwortung* als Zeichen, das auf ein dialektisches Spannungsverhältnis verweist. Wer auf Autonomie pocht, bezieht Partei, und wer, als Schriftsteller, politisch wirken will, bedarf jener Phantasie, zu der, mit Hegel zu reden, »zunächst die Gabe und der Sinn für das Auffassen der Wirklichkeit... sowie das aufbewahrende Gedächtnis für die bunte Welt« gehören. Phantasie, das ist hier zu lernen, hat also nichts mit subjektivistischer Willkür und »selbst gemachten Einbildungen« zu tun – »ein idealistischer Anfang in der Kunst«, schreibt Hegel, »ist immer verdächtig . . . der Künstler hat aus der Überfülle des Lebens zu schaffen«.

So betrachtet, sind autonome und wirkungsintentionale Literatur – einander weniger widersprechend als einander ergänzend – gleichberechtigte Möglichkeiten, um – hier mittelbar, dort direkt, hier distanziert, dort parteiisch – den politischen status quo zu verändern. Beide Literaturen – deren Gemeinsamkeit auf der Weigerung beruht, der Affirmation bestehenden Unrechts zu dienen – haben ihre Chancen, beide ihre Gefahren. Die *Chance* der einen: Mit Hilfe der Dunkelsprache dort Widersprüche sichtbar zu machen, wo kein Widerspruch geduldet wird: unter dem Diktat des Marktes und der Macht. Die Chance der anderen: Den – noch bestehenden – Freiraum der Literatur zu nutzen, um Parolen zu formulieren, die in politischer Praxis einklagbar sind. Die *Gefahr* der einen: Die Aussage so weit zu verschlüsseln: die Utopie so vag zu beschreiben, als irrealen Traum und nicht, im Sinne Blochs, als höchst konkrete Utopie, daß Literatur die schlechte Praxis nicht widerlegt, sondern – dem Manichäismus der Regierenden zunutze – befördert: Das Leben bitter, angenehm die Kunst; am Tag die Juden vergast, am Abend Gedichte gelesen: Literatur als Alibi. Die Gefahr der anderen: Das Schreiben mit der Aktion zu verwechseln, Wort und Tat zu identifizieren und so die Kluft zu ignorieren, die zwischen dem Gedanken und der Verwirklichung des Gedankens besteht.

Was jeweils politisch durchschlägt oder was sein Ziel verfehlt, in emanzipatorischer Absicht Bewußtsein zu bilden, hängt von der Situation ab. Wenn sie sich wandelt, wandelt sich die Rezeption: Das ist der Grund, warum Kafkas Romane, die man in unseren Gymnasien unter dem Aspekt »Die Autoren-Perspektive und ihre Bedeutung« als Bildungsgut konsumiert, in Liblice politische Sprengkraft gewannen. Das erklärt es, warum sich, auf der einen Seite, Kommerzienräte bei der *Dreigroschenoper* königlich amüsierten, während, auf der anderen Seite, Wolfgang Borcherts – scheinbar höchst abstraktes, dem O-Mensch-Pathos verpflichtetes – »Manifest« als Dokument der Zersetzung den Bonner Bundestag beschäftigte. Es gibt offenbar Zeiten, in denen sich die Herrschenden so sicher fühlen, daß sie selbst das beklatschen, was bestimmt ist, ihren Untergang zu besiegeln, und es gibt andere Zeiten, in denen die regierende Schicht, da sie verunsichert ist, sogar Naturlyriker als Konspirateure verdächtigt... und wie viel mehr erst diejenigen, deren Credo Brechts Gedicht *Schlechte Zeiten für Lyrik* ist: »In mir streiten sich die Begeisterung über den blühenden Apfelbaum und das Entsetzen über die Reden des Anstreichers. Aber nur das zweite drängt mich zum Schreibtisch.«

Kurzum, wir kennen Epochen, in denen die Society es sich glaubt leisten zu können, einem Drama wie dem Vietnam-Diskurs von Peter Weiss zu applaudieren, weil es hier ja nur um Literatur geht, und wir kennen andere Epochen, Zeiten wie unsere – Bundesrepublik Deutschland, Herbst 1974 –, in denen die regierende Klasse demonstrieren will, wer Herr im Hause ist. Dann auf einmal wird nicht mehr geklatscht und nicht einmal mehr toleriert, ja, dann wird das Erwünschte noch nicht einmal auf dem bewährten Weg der Internalisierung durchgesetzt. Dann wird verboten. Dann wird zensuriert. Noch sind's Einzelfälle: Der Siemens-Konzern setzt sich, mit Hilfe des Gerichts, gegen den Schriftsteller Delius durch. Das Schweizer Kapital verhindert ein eher liberal als klassenkämpferisch akzentuiertes Projekt und hält dem Chef des Hauses Suhrkamp ein Hegel-Kolleg. *Phänomenologie des Geistes*, Teil IV, Kapitel A: Herr und Knecht.

Noch, wie gesagt, sind's Einzelfälle; aber auch diese bereits könnten genügen, die Selbstzensur, die schon jetzt in unseren Verlagen und Rundfunkhäusern grassiert, so perfekt zu organisieren, daß sich ein direktes Verbot künftig erübrigt. Die Möglichkeiten der Schriftsteller sind geringer geworden, daran gibt's nichts zu deuteln; das Diktat der Macht, ablesbar an den Befehlen von Siemens und Co., wird ergänzt durch das Diktat des Markts: Im Zeichen des großen Roll back ist linke Literatur nicht mehr gefragt . . . wenn überhaupt, dann allenfalls in Memoiren-Form; man muß Böll heißen, um, vor den Kameras, ein Gespräch mit einer Kommunistin führen zu können, man muß die Mutter eines zum Renegaten gestempelten Schriftstellers sein, um sich als Kommunistin bekennen zu dürfen, man muß anno 74 zu den Prominenten gehören, um nicht als Roter verschrien zu werden, nur, weil man Thesen vertritt, die anno 47 die Programme der Christdemokraten bestimmten.

Konservatismus ist wieder en vogue. Ein Mann, der die Stirn hatte, Hitlers Raubkrieg mit dem Satz zu kommentieren: »Das Strittige ist so gehäuft, daß nur das Feuer es aufarbeiten kann«: der Schriftsteller Jünger empfängt – so als sei das die selbstverständlichste Sache der Welt – ausgerechnet einen Preis, der den Namen eines bürgerlichen Aufklärers: den Namen Friedrich Schillers trägt. Mag der Name des Preisträgers austauschbar sein: Es ist kein Zufall, daß eine Ehrung wie diese in einer Stunde erfolgt, da die Reaktion im Lande, um endgültig zu triumphieren, im ideologischen Bereich der Dialektik von Gassen-Jargon und feudalem Geplauder bedarf: Auf der Straße den Ziesel und den Jünger im Olymp!

In der Tat, das Aktionsfeld der demokratisch gesonnenen Schriftsteller hat sich, in diesem Lande, verkleinert; der politische Rückhalt der Vielen – das sind die hier Versammelten: die gewerkschaftlich organisierten Autoren – ist geringer, die Machtbasis der Wenigen – zentriert um den Springer-Konzern – größer geworden. Aber auf der anderen Seite ist das Feld, das uns blieb, ein *Aktions*-Feld – und keine Spielwiese mehr. So lange wir Hofnarren waren: Literaten, die gesellschaftlichen Ruhms dann am gewissesten sein durften, wenn sie die Gesellschaft beschimpften, konnten wir tun, was wir wollten. Das ist jetzt anders geworden. In einem Augenblick, da die sozialen Antagonismen immer deutlicher werden – private Macht und öffentliche Armut, gesellschaftliche Produktion und individuelle Aneignung, hier die Soziale Marktwirtschaft und dort die Kapitalkonzentration, die die Soziale Marktwirtschaft längst außer Kraft gesetzt hat . . . in diesem Augenblick gewinnt die Poesie ihre politische Funktion zurück – und mit dieser Funktion jenes Maß an Relevanz und Einfluß, ohne das sie unverbindlich bleibt. So paradox es klingt: Als die Literatur mächtig zu sein schien – ganze Buchreihen in der Hand von Marxisten! –, war sie in Wahrheit gesellschaftlich ohne Belang. Jetzt, da sie sich in jenes reale Bezugssystem eingepaßt sieht, das unsere Ordnung charakterisiert (Wenige, die viel, und Viele, die wenig besitzen): jetzt, da sie, der Basis näher, die Herrschaft im Wolkenkuckucksheim gegen den Frondienst auf der Erde eingetauscht hat – dem Markt ausgeliefert, von politischer Disziplinierung bedroht –, jetzt, da sie auf schwachen Beinen steht (und nicht mehr auf Märchen-Stelzen), kommt für sie die Stunde, da sie sich bewähren muß.

Sie hat nun die Wahl: Sie kann – unter dem Vorwand, die Manipulationsmöglichkeit der Kulturindustrie sei so total, der Appell des Markts so unwiderstehlich, daß sich selbst der Widerstand eingeplant sähe – eine Politik der Anpassung treiben: Rückverwandlung in den Einzelgänger; Monologe am Schreibtisch; Retirade aus der Politik; die Begeisterung über den blühenden Apfelbaum bringt das Entsetzen über die Reden der Anstreicher zum Schweigen. Sie kann aber auch jene gesellschaftlichen Widersprüche verstärken und dramatisieren, die, auf ideologischem Feld, die Beschwörung einer Kulturindustrie à la Frankenstein (alles verzerrt, alles verblendet) als Legende enthüllen. Sie kann – in einem Moment, da alle Kunst entweder Bestätigung oder Verweigerung bestehender Herrschaftsverhältnisse, Stützung oder Gefährdung, aber kein unverbindliches Spiel mehr ist – ihre durch die Arbeitsteilung gegebene Autonomie ausschöpfen (mag die auch so bescheiden sein, wie sie will), und sie kann die ihr gewährte Distanz gegenüber gesellschaftlichen Vorgängen dazu nützen, um hinter dem Wirklichen das Mögliche und hinter dem Gegebenen jenes andere sichtbar zu machen, das, weil es uns aufgegeben ist, nicht aufgegeben werden darf. Diesem Auftrag aber – und es *ist* ihr Auftrag – wird die Literatur nur gerecht werden können, wenn sie sich ihrer Grenzen bewußt bleibt: Wenn sie also realisiert, daß sie selber keine Produktivkraft ist. (Das zu behaupten, hieße, man kann es nicht oft genug sagen, den Unterschied zwischen materieller Produktion und ideeller Verarbeitung der Produktionsweise aus dem Blick zu verlieren.) Sie kann ihn nur erfüllen, den Auftrag, wenn sie begreift, daß sie Politik vertritt, aber nicht die Alternative von Politik ist und daß sie Praxis verändert, aber keine Praxis ist. Auf der anderen Seite aber wird sie, allen vulgärmarxistischen Dekreten zum Trotz, mit Nachdruck darauf verweisen, daß sie – auch wenn sie im *hic et nunc* wirkungslos ist – auf die Dauer als bewußtseinsprägende Kraft die Realität nachhaltig verändert: Sie, die die Wirklichkeit nicht reflektiert, sondern verarbeitet! Sie, die die Realität nicht spiegelt, sondern ihr den Spiegel vorhält! Sie, die dank ihrer Distanz zur ökonomischen Basis: als Anwältin der Ungleichzeitigkeit die Möglichkeit der Stellvertretung des Vergangenen (aber noch Unverzichtbaren) so gut wie die Fähigkeit der Antizipation des Künftigen (aber bereits Realisierbaren) hat: Literatur, die, statt Basis-Phänomene zu verdoppeln, Basis-Phänomene erst zur Kenntlichkeit entstellt und dadurch, wenngleich auf ideologische Weise, Ideologie transzendiert!

Ich denke, es wird hohe Zeit, daß wir uns, in einer nüchternen Bestandsaufnahme, die Grenzen, aber auch die Chancen einer Literatur vergegenwärtigen, die zu schreiben möglich ist. Kein Zweifel, viele von uns – verführt nicht durch Karl Marx, wohl aber durch bornierte Marx-Exegeten – haben sich einschüchtern lassen, haben geglaubt – da sie Bürger seien: ausgegrenzt zwar aus der Gesellschaft und dank ihrer Privilegien entlastet: aber eben doch Bürger! –, sei ihr gesellschaftliches Bewußtsein rebus sic stantibus notwendig falsches Bewußtsein, und darum gäbe es für sie auch keine Möglichkeit, die alltägliche Misere jedenfalls im Spiegel der Literatur aufzuheben, die Vergangenheit, unser literarisches Erbe zumal, mit kritischem Blick zu durchmustern und künftige Lösungen vorgreifend im Sinne jener Brechtschen Sentenz zu imaginieren, die da besagt: »Die Art, auf die Überbau entsteht, ist: Antizipation.« Jawohl, viele von uns sind in den letzten Jahren einer Art von ökonomischem Schematismus verfallen; viele haben, mechanistisch denkend: eher dogmatisch als dialektisch operierend, immer wieder darauf verwiesen, daß es die Gesellschaft sei, die den Menschen in seinem Menschsein determiniere, und haben darüber vergessen, daß die Gesellschaft auch durch den Menschen bestimmt wird; viele haben, scheinbar marxistisch: in Wahrheit einem bornierten Idealismus verfallend, »Gesellschaft« und »Individuum« einander gegenübergestellt und dabei – nachzulesen in Marxens Ökonomisch-philosophischen Manuskripten von 1844 – nicht genügend bedacht, daß der Mensch beides zugleich ist: Besonderes Individuum, individuelles Gemeinwesen und subjektives Dasein der Gesellschaft. Da wurde das Kind mit dem Bad ausgeschüttet; da sprachen diejenigen, die gestern noch die Autarkie der Kunst verteidigten, der ideellen Produktion jede, auch die bescheidenste Selbständigkeit ab; da wurde mit der Autarkie auch gleich die

Autonomie exekutiert; da sah sich – ein Beispiel für viele – Franz Kafkas Werk als Ausdruck des verdinglichten Bewußtseins eines kleinbürgerlichen, von Entfremdung ausgezehrten Intellektuellen definiert; da wurde vergessen, daß man eben das »besondere Individuum« Kafka sein muß, um den Satz niederschreiben zu können: »Jemand mußte Josef K. verleumdet haben.«

Ein wahrhaft schimärenhafter Dualismus, der »die Gesellschaft« als abstrakten Opponenten des Individuums ausmachen wollte, ohne zu berücksichtigen, daß, wie es in der ersten Feuerbach-These heißt, die Wirklichkeit aus »menschlich sinnlicher Tätigkeit besteht« und »subjektive Praxis« ist: Praxis, in der sich nicht zuletzt Spirituelles realisiert hat – Bewußtsein, das zum Sein geworden ist, verwirklichte Reflexion ... ein wahrhaft schimärenhafter Dualismus hat hier gewütet und seine Opfer gefordert. Und so kam es dann schließlich, daß man den »subjektiven Faktor« im Produktionsprozeß, den gesellschaftlich tätigen, Gesellschaft verändernden Menschen, nahezu ganz aus den Augen verlor. Und die Folge war, daß viele von uns kleinmütig wurden und, einer mechanischen Abbildtheorie verfallend, zu resignieren begannen und sich die Frage vorlegten: Was kann ich schon ausrichten, mit meinem falschen Bewußtsein, das sich aus meiner Klassenzugehörigkeit ergibt? Die Kulturindustrie ist allmächtig; was ich auch tue – alles nützt dem Kapital; eine Möglichkeit, die Ideologie außer Kraft zu setzen: in meinem Werk, gibt es für mich, als bürgerlichen Künstler, nicht: es ist ein Unding, mit Hilfe der bürgerlichen Kunst die bestehende Ordnung transzendieren zu wollen.

Auf Klassen-Determinanten starrend, haben wir – ausgerechnet wir! – jene Eigenart, Individualität und Unverwechselbarkeit künstlerischer Positionen unterschätzt, deren Signifikanz Lukács am Beispiel der unterschiedlichen Entwicklung dreier Tübinger Stiftler – Hegel, Hölderlin und Schelling – analysiert hat. Der Phantasie mißtrauend: der Phantasie als einer produktiven Kraft, die in der Lage ist, die Welt, in der wir leben, mit den Mitteln des Scheins, auf der Gleichnisebene der Kunst, als Scheinwelt zu widerlegen ... der Phantasie mißtrauend, skeptisch gegenüber der Fähigkeit der Literatur: Bestehendes zu transzendieren, skeptisch gegenüber der von Ernst Bloch beschworenen – utopischen – Funktion der Poesie und skeptisch gegenüber dem Vorgriffs-Charakter der Kunst überhaupt, haben wir, historisch unbewandert, nicht genügend bedacht, daß es sehr wohl möglich ist, eine Literatur zu entwickeln, die, weil sie, wortwörtlich überschüssig ist, dem Gesetz der Zeit radikal widerspricht: Marx hat es am Beispiel des Homerischen Epos, Bloch und Eisler haben es am Exempel der großen, in der Verfallsphase der bürgerlichen Gesellschaft entstandenen Kunst vorexerziert.

Und was damals galt, gilt auch noch heute: Der Verblendungszusammenhang ist nicht total; es gibt Widersprüche, die ausnutzbar sind; die Literatur, die sich progressiv und politisch versteht, hat eine Chance. Sie kann Gegen-Modelle entwickeln – Modelle, die deutlich machen, daß das auf der Fiktionsebene Realisierte in Wirklichkeit noch nicht realisiert worden ist. Das heißt: Statt Ersatz-Lösungen anzubieten – der Glanz von innen versöhnt mit dem Dunkel da draußen – und von der Wirklichkeit abzulenken, macht die Literatur Ansprüche sichtbar, die einklagbar sind, und verweist auf eine Gesellschaftsordnung, in der sich materialisiert, was jetzt nur Vorschein ist. So betrachtet, bringt die Poesie, mit Benjamin zu reden, begründete Nachfragen auf den Begriff, die noch nicht bedient werden können, und fordert dazu auf, eine Welt in Besitz zu nehmen, in der das Wolfsgesetz außer Kraft gesetzt ist und das Vergnügen, wie Brecht es formuliert hat, sich nicht mehr auszuweisen braucht. Das ist die Aufgabe, die uns gestellt ist: Ein Anspruch, dem wir nur dann nachkommen können, wenn wir – Möglichkeiten von aufklärerischer Literatur hier und heute bedenkend – uns die gesellschaftliche Rolle vor Augen führen, die wir in diesem Land spielen. Machen wir einander nichts vor: Wir sind keine politische Avantgarde. Wir – die überwältigende Mehrheit der Schreibenden – sind Bürger: privilegiert, weil wir über die Sprachkraft und die Reflexionsfähigkeit verfügen, die bürgerliche Bildung uns gegeben hat, und weil wir, die bürgerlichen Schriftsteller in einer bürgerlichen Gesellschaft, von Kind an gelernt haben, wie man mit Kulturgütern umgehen kann. In der Tat, darauf verstehen wir uns, wir Schriftsteller bürgerlicher Provenienz . . . und es ist wichtig: es ist unabdingbar, daß wir uns darauf verstehen – wichtig für diejenigen nämlich, die bis heute ausgeschlossen sind von dieser Kultur: die Unterprivilegierten, die von uns Solidarität und Hilfe erwarten und darauf vertrauen, daß wir, statt von Überdruß und Langeweile zeugende Autodafés zu veranstalten, ihnen behilflich sind, unter emanzipatorischen Aspekten eine Literatur zu beerben, die von der Bourgeoisie selbst längst verramscht worden ist. Verramscht zugunsten jener kleinen, kaum zwanzig Prozent der Gesamtbevölkerung repräsentierenden Schicht, die, mit Hilfe der von ihnen usurpierten bürgerlichen Ideologie, den proletarisierten achtzig Prozent einreden möchte, sie seien noch Bürger. Nicht um die Verleugnung also, sondern um die Innovation des kulturellen Erbes: um seine Verteidigung zugunsten der Abhängigen handelt es sich – um die demokratische Universalisierung einer Kultur, die, so Brecht, »immerhin die letzte Etappe darstellt, die die Menschheit überhaupt erreicht hat – einer Kultur, in der alles steckt, was jemals erzeugt worden ist«.

Einer Kultur, die ihre Klasse überleben wird – schon jetzt ist die Bourgeoisie längst nicht mehr das gesellschaftliche Subjekt, das sie trägt . . . (Ganz zu schweigen von den Monopolisten, die sich in Ermangelung eigener, ihre Herrschaft legitimierender Gedanken eine Art von obsoleter Lehen-Ideologie zugelegt haben.)

Einer Kultur, deren Methoden und Techniken revolutionär beerbbar sind. Benjamins Traum von der plebejischen Umschmelzung der bürgerlichen Literatur war eine Phantasmagorie: Die Kunst des Sozialismus, man schaue sich um, ist, was die Form angeht, bürgerlich durch und durch; aber das spricht nicht gegen den Sozialismus, sondern allenfalls für eine Kunst – und nicht zuletzt für eine Literatur –, die, so bürgerlich beschränkt sie sich über weite Zeitläufe gab, doch immer wieder – und nicht nur in ihrer sogenannten »heroischen Phase« – über sich selbst hinausgewiesen hat.

In einer Situation, in der das Adjektiv »bürgerlich« mehr und mehr den Charakter einer pejorativen Leerformel annimmt, ist es die Aufgabe der Schriftsteller, die sich als Radikaldemokraten begreifen, mit Nachdruck daran zu erinnern, daß auch die bürgerliche Gesellschaft neben dem Bornierten, das ins Auge fällt, eine utopisch-revolutionäre Komponente enthält: ein Jakobiner-Element, das aus dem Blick geraten ist. Wer diesen Tatbestand leugnet; wer den roten Schimmer in der Trikolore nicht wahrnehmen will; wer bestreitet, daß Paris auf Petersburg verweist, und wer statt dessen eine gerade Linie zwischen der Französischen Revolution und der Machtergreifung des Faschismus zu ziehen versucht; wer unter dem Oberbegriff »bürgerlich« Kant und Schiller, Flick und Krupp wenn nicht in einem, so doch in zwei Atemzügen nennt, der operiert in einem geschichtsfernen Raum. (Nachzulesen bei Ernst Bloch: *Naturrecht und menschliche Würde*. Kapitel: Aporie und Erbe an der Trikolore. Kapitel: Freiheit, Gleichheit, Brüderlichkeit.)

Die Wirklichkeit sieht anders aus. Es hat – auch bei uns! – eine progressive, dem Citoyen-Gedanken verpflichtete Tradition gegeben, deren Vertretern Freiheit mehr als Freiheit der Wirtschaftssubjekte und Gleichheit mehr als die normale Gleichheit vor dem Gesetz war. Es *hat* sie gegeben, die Schriftsteller – und es waren nicht einmal wenige –, die hierzulande unter Freiheit die freie Assoziation der arbeitenden Menschen und unter Gleichheit Gleichheit des Vermögens verstanden. Aber wer kennt sie schon? Ist es wirklich Zufall, daß es ein Amerikaner war, Noam Chomsky, der, am Beispiel Wilhelm von Humboldts, jene antikapitalistische Komponente aufgedeckt hat, die es im Liberalismus, unter anderm, hierzulande auch noch gab?
Dies alles zu bedenken, heißt nicht: Nostalgie und Rückblick in Wehmut. Es heißt im Gegenteil: Formulierung eines Programms. Es heißt: Die Citoyen-Ideologie mit der Bourgeois-Realität zu konfrontieren. Es heißt: Die Trinitätsformel der Französischen Revolution einer Wirklichkeit gegenüberzustellen, in der die wenigen Freien den vielen Gleichen einzureden versuchen, daß man brüderlich miteinander verkehre. Es heißt: Unseren Staat an seinem eigenen Anspruch zu messen und die Frage zu stellen, was ihn berechtigt, sich, bei gebotenem Anlaß, ausgerechnet auf jene Aufklärer bürgerlicher Provenienz zu berufen, deren Maximen seine Praxis Jahr für Jahr mehr widerspricht. *Humboldt und Triumph des Siemenskonzerns, Thomas Mann und Antikommunismus: Das geht nicht zusammen. Das sind Antithesen.* Da sieht sich eine Tradition preisgegeben, eine Vergangenheit an den Pranger gestellt, vor der man sich fürchtet . . . und diese Furcht zu befördern, ist unseres Amtes. Das Amt von Schriftstellern, die, so glaube ich, ihrem politischen Auftrag in dieser Gesellschaft nur dann gerecht werden können, wenn sie jene Versprechungen der großen bürgerlichen Revolution, die liberale Freiheits- und die sozialistische Gleichheitsverheißung, einklagen, die nicht abgegolten, sondern verraten worden sind. (Wobei endlich realisiert werden sollte, daß Freiheit mehr ist als formale Freiheit vor dem Gesetz und daß Gleichheit nicht Gleichmacherei bedeutet, sondern Gleichheit der Chancen: Gleichheit als Prämisse – nicht als Resultat!) Das aber heißt, sich zu einer Sentenz bekennen, die besagt, daß die Demokratie »heute nur noch in der Gestalt des Sozialismus eine moralische Existenz« hat.
Das ist kein Satz von Rosa Luxemburg. Das ist ein Satz von Thomas Mann. Das ist eine Maxime, die heute weit weniger staunenswert

klänge, wenn wir Schriftsteller, statt, als Verbalradikalisten Revolutionäre zu spielen, jene von Thomas und mehr noch von Heinrich Mann artikulierten Thesen fortgeführt hätten, die auf die Erweiterung, Universalisierung und, schließlich, Aufhebung der bürgerlichen Kultur (Aufhebung im Hegelschen Sinne) abzielten.

Hier gilt es anzuknüpfen: *Hier*, wo von republikanisch gesonnenen Schriftstellern, Sympathisanten der Volksfront, mit dem Pathos bürgerlicher Humanität dargestellt wurde, daß eine kapitalistische Demokratie so gut ein Widerspruch in sich selbst sei wie eine sozialistische Republik, in der man die Freiheit von Schrift und Rede nicht duldet. Hier gilt es anzuknüpfen. Hier und nirgendwo anders.

Dies ist, was uns Schriftsteller angeht, nicht die Stunde jener Konvertiten aus den Kreisen der Jeunesse dorée, die, von Denkerstörung gequält, das Proletariat fetischisieren und für plebejische Frische ansehen, was in Wahrheit kleinbürgerlicher Kultur-Abhub ist. (Sie täten besser daran, die Konvertiten, Trotzkis These zu beherzigen: »Der Idealist kann, wenn er sich dem Proletariat zuwendet, einen Reichtum an menschlicher Erfahrung, Wissen, Talent, kurz alle Schätze, die ihm die Menschheit dieses Jahrhunderts anvertraut hat, in die Waagschale werfen.«)

Dies ist nicht die Stunde derer, die ein Sacrificium intellectus hinter sich haben und, als unsichere Kantonisten, niemals bündnis- und aktionsfähig sein werden. Dies ist schon gar nicht die Stunde gewalttätiger Ultras, der Agents provocateurs wider Willen und Helfershelfer der Reaktion. Dies ist, die Hetzkampagne gegen Böll hat's bewiesen, die Stunde der Rebellen im eigenen Lager.

Ihr Realitätssinn, ihre Intelligenz, ihre Moral, ihre Phantasie werden gebraucht.

Die Rede, die am 16. November 1974 auf dem Kongreß des Verbandes deutscher Schriftsteller in Frankfurt/Main gehalten wurde, ist vor allem folgenden Arbeiten verpflichtet: Ernst Bloch, Ästhetik des Vorscheins. Herausgegeben von Gert Ueding, Frankfurt/M 1974. Heinz Brüggemann, Literarische Technik und soziale Revolution, Frankfurt/M 1974. Noam Chomsky, For Reasons of State, New York 1973. Urs Jaeggi, Literatur und Politik, Frankfurt/M 1974. Michael Müller u. a., Autonomie der Kunst, Frankfurt/M 1972. Dieter Richter, Geschichte und Dialektik in der materialistischen Literaturtheorie; in: »Alternative« 82/1972. Ders., Widerspiegeln oder den Spiegel vorhalten?; in: »Alternative«, 94/1972. Bernd Jürgen Warneken, Abriß einer Analyse literarischer Produktion; in: »Das Argument«, 72/1972. Ders., Wie kann sich das Subjekt literarisch entfalten; in: »Das Argument«, 86/1974.

Ehrenrettung eines Kritikers: Sixtus Beckmesser

Ein klarer Fall, könnte man denken: Beckmesser, ein Inbegriff der Sterilität und Pedanterie. Beckmesser, der Regelfuchs und Kretin: Prototyp des Kritikers, der Zensor geworden ist, weil es ihm zum Poeten nicht reichte. Beckmesser, ein Mann, dessen Urteil den Charakter eines Racheakts hat: Ich kann nicht, also hast du auch nicht zu können. Beckmesser, der Schreiber unter den Schustern, Bäckern und Schneidern: ewig über den Büchern, mit Kreide und Stift; vom Leben ausgesperrt; dazu verdammt, die Existenz des Theoretikers zu führen. Die andern haben ihre Handwerksstube: Beckmesser sitzt im Archiv. Die andern wechseln das Metier, morgens Pfriem oder Ahle, abends die Tabulatur: Beckmesser bleibt bei seiner Profession. Die andern walten als Luthersche Hausväter im Familienkreise – niemand ist allein: Der Witwer Sachs hat jedenfalls seinen Gesellen, nur Beckmesser fällt aus der Rolle. Ein Hagestolz unter den Ehemännern und Vätern. Den Frauen ein Gespött, vom Volk verlacht. Beckmesser, der *outcast*. Ein König in seinem »dunklen Bretterhaus« (ein Wort aus Jacob Grimms Schrift *Über den altdeutschen Meistergesang*, einer der Hauptquellen Wagners), ein Gott im Gemerk, ein Versager im Leben. Beckmesser mit seiner Kastratenstimme. Beckmesser, impotent als Mann und Poet. Ein Gescheiterter, dessen Arroganz und Solipsismus auf eine Fülle von Niederlagen, Demütigungen und Phobien verweist. *Beckmesser, keiner besser:* Worte eines Geschlagenen, der zu kompensieren versucht. Beckmesser, der Anti-Held und Un-Charakter. Das preisgegebene Opfer: Gibt es eine Figur in der Weltliteratur, an dem die Interpreten bis zum heutigen Tag mit solcher Wollust ihr Mütchen kühlen wie an diesem Mann? *Kleinbürger* nennt man ihn, einen *Exponenten des Gemeinen*, der *mit unerstickbarer Bosheit den Adel echter Freiheit* verfolge und *in neidischer Verbissenheit* nur sein eigenes Geltungsbedürfnis kenne: ein Sänger ohne Gesang, dessen Motive wie *stechende Insekten* seien, *gierig nach dem Blut edleren Le-*

bens. Von *Heuchelei* ist die Rede, von *Anmaßung* und *Gesinnungslumperei*, und was die Musik angehe, so verdeutliche allein schon das *Gekrabbel von sequenzierenden Sechzehntelfiguren* zur Genüge, wes Geistes Kind der Unhold sei, der sich ihrer bediene.

Kurzum, *wenn* es Wagner darum zu tun war, zur Treibjagd auf einen Mann einzuladen, den er selbst (in einem Brief an den Sänger Rudolf Freny) als einen gallig-bornierten Rezensenten beschrieb, einen Geck von kraftloser Leidenschaft, der, statt zu singen, lächerliche Sprechakzente artikuliere . . . *wenn* Wagner in der Figur des Sixtus Beckmesser alias Hanslich alias Eduard Hanslick den Unmenschen zur Exekution preisgeben wollte, ist's ihm gelungen: Hundert Jahre Beckmesser-Interpretation sind hundert Jahre Beschimpfung.

Eine Fundgrube für Sozialpsychologen: Diese Abkanzelungen eines *lonely woolf*, des Sprechers unter den Sängern, des Schwarzen unter den Hellen, des Juden unter den Christen. »Es hat der Kultur nicht gelingen wollen«, heißt es in Wagners Schrift über *Das Judentum in der Musik*, »die sonderliche Hartnäckigkeit des jüdischen Naturells in bezug auf Eigentümlichkeit der semitischen Aussprechweise durch zweitausendjährigen Verkehr mit europäischen Nationen zu brechen. Als durchaus fremdartig und unangenehm fällt unserem Ohre zunächst ein zischender, schrillender, summender und murksender Lautausdruck der jüdischen Sprechweise auf: eine unserer nationalen Sprache gänzlich uneigentümliche Verwendung und willkürliche Verdrehung der Worte und der Phrasenkonstruktionen gibt diesem Lautausdruck vollends noch den Charakter eines unerträglich verwirrten Geplappers, bei dessen Anhörung unsere Aufmerksamkeit unwillkürlich mehr bei diesem widerlichen Wie, als bei dem darin enthaltenen Was der jüdischen Rede verweilt.« Kein Zweifel: Das ist eine authentische Beckmesser-Interpretation. (Adorno hat die Passage auf Mime bezogen: In der Tat ist der von Wotan dupierte Mime ein alter ego des – von Sachs überlisteten – Beckmesser.) Genauer: Das ist, 1850 geschrieben, eine Deutung, die zehn Jahre später am Beispiel Beckmesser konkretisiert wird. Alles, was Wagner dem Juden zuschreibt, das Grell-Gequälte, Wortverdreherische und Plappermäulige, Wirrheit und schrillen Widersinn, hat Beckmesser zu exemplifizieren. Darum der Leberbaum. Darum Bleisaft und Frucht, die Bleichheit des Krauts und der hanfumfaserte Leib. (Den winkenden Hund nicht zu vergessen.) *Was* der Mann sagt, ist ohne Belang. *Wie* er es sagt: Darauf kommt's an.

Beckmesser, der Jude im Dorn. Wagner hat die Melodie angegeben, die noch 1974 nachgespielt wird. Die Summe der Beckmesser zugedachten Epitheta, von *steril* bis *geil*, ergibt die exakteste Feindbildbeschreibung, die sich, aus deutscher Sicht, denken läßt.

Ein klarer Fall also? Keineswegs, so einfach ist die Sache nicht. Schließlich ist der Mann Stadtschreiber – und »Stadtschreiber«, das ist kein Amt, das ein Wicht vom Schlag des unseligen Skribenten aus Kleists *Zerbrochenem Krug* ausüben könnte. An Licht gemessen ist Hanslich ein Gigant: In den Händen des Stadtschreibers lag, zu einem großen Teil, das Geschick der Stadt; die Beckmesser waren Advokat und Archivar in einer Person, hatten die Register zu führen, Rechtsgeschäfte zu formulieren, den richtigen Duktus für die Erlasse der städtischen Kanzlei zu bestimmen und dafür Sorge zu tragen, daß die Schüler die Regeln der *ars epistolandi* erlernten. Kein Wunder also, daß die Stadtschreiber, in der Personalunion von rector und protonotarius, nicht selten Schulleiter waren, die ihre Zöglinge in der »Tichtkunst« unterrichteten. Kanzlei und Katheder gehörten zusammen, über die *ars notaria* und die *ars dictaminis* verfügte ein und derselbe Beamte. So betrachtet ist Beckmesser ein Bruder des Stadtschreibers und Lehrers Nicolaus von Wyle aus Eßlingen und ein Amtsgenosse jenes großen Johann von Tepl, der nicht nur den *Ackermann aus Böhmen* dichtete, sondern auch ein vortrefflicher Notar war.

Beckmesser, ein »Meister« comme il faut: regelkundig und sehr wohl in der Lage, an der Entwicklung jener deutschen Amts- und Brief-Sprache mitzuwirken, die im sechzehnten Jahrhundert in Nürnberg, Ulm oder Augsburg mit Hilfe der »Formulare und tütsch Rhetorica« kodifiziert wurde.

Ein Pedant? Vielleicht. Aber dann ist auch jener Stadtschreiber pedantisch, der hundert Jahre vor Beckmesser einen Dialog über den Tod als ein nach dem Reglement der Rhetorik eingerichtetes Schulstück ausgab, in dem sich die Hauptelemente der Redekunst präsentierten. Wie beckmesserisch klingt es, wenn dieser Notarius, ganz nach der Art eines frühen Meistersingers, im Vorspruch die Struktur seines Mach-Werks verdeutlicht: »Hier wird ein langer Gegenstand gekürzt, hier ein kurzer gedehnt; hierin sind der Dinge, ja bisweilen sogar eines und desselben Dinges, Lob und Tadel enthalten. Hier findet sich ein gestutzter Satzbau, Ausdruck in der Schwebe, Mehrdeutigkeit zusammen mit Sinngleichheit. Hier strömen Satzstücke, Satzglieder, Satzgefüge in neuem Stil. Hier spielen sie, bald an einer

Stelle verweilend, bald in gereihtem Fortschreiten. Bilderrede tut ihren Dienst . . . Wort- und Satzschmuck walten zusammen mit Redefiguren ihres Amtes.« Kein Zweifel, das ist Geist von Beckmessers Geist; aber der Autor, der hier spricht, heißt Johann Tepl, und das »aus dem Feld der erbaulichen Redekunst« gewonnene Werk ist – *Der Ackermann aus Böhmen*! Man sieht, als Stadtschreiber unter Stadtschreibern, als Regelkünstler unter Regelkünstlern befindet sich Sixtus Beckmesser in illustrer Gesellschaft. Der Anwalt des meistersingerlichen Reglements hat mächtige Helfer; das Gesetz, das er vertritt, ist das Gesetz seiner Zeit; die Nürnberger, die diesem *tüchtigen Meister* im Rate *Stimm' und Gewicht* gaben, werden keine Dummköpfe gewesen sein. Beckmesser, daran gibt's nichts zu deuteln, hat sein Handwerk verstanden. Ein Handwerk, das keineswegs der Kreativität entbehrt und mehr Stolzingsches hat, als mancher aus der Gilde der Beckmesser-Verächter glaubt: Nicht nur der Junker, auch der Meister singt sein »neues« Lied. Dem Ritter-Bekenntnis »Neu ist mein Herz, neu mein Sinn, neu ist mir alles, was ich beginn« entspricht der Meistersinger-Stolz: »Der Dichter, der aus eignem Fleiße zu Wort und Reimen, die er erfand, aus Tönen fügt auch eine neue Weise, der wird als ›Meistersinger‹ erkannt.«

Keine Rede also von Gesetzesfrömmigkeit um jeden Preis und steriler Imitation; auf die Dialektik von vorgegebenem Rahmen und individueller Variation, von Norm und eigenständiger Leistung innerhalb der gesetzten Grenzen kommt es an. Beckmesser, dies will mit Nachdruck betont sein, scheitert nicht, weil er sich zu strikt an sein Reglement hält, sondern er wird lächerlich, weil er es über Bord wirft. Wenn es meisterliches Gebot ist, sich zuerst an die Kunst (ars) und dann ans Genie (natura) zu halten; wenn das Gesetz befiehlt, dem vernünftigen Urteil (iudicium) mehr als der Inspiration (ingenium) zu folgen und der Vorschrift (praeceptum), der Übung (exercitatio) und Nachahmung (imitatio) eher als dem Anhauch des Geistes zu vertrauen, dann verstößt Beckmesser gegen dieses Gesetz – so wie er gegen die Grundlehre der meistersingerlichen Rhetorik verstößt, die da besagt, daß es für einen Künstler nichts Wichtigeres gäbe als »angemessen« zu singen und auf keinen Fall die Umstände aus den Augen zu verlieren. (Wem muß ich gefallen? Wer entscheidet über meine Kunst? Wie steht es mit dem Publikum: hat es Verstand?)

Da er Eva um jeden Preis gewinnen möchte und zu wissen glaubt, daß den Frauen *schlechtes Geflunker mehr als alle Poesie gilt*, wird er sich selbst untreu: Beckmesser, dem niemand, nach Pogners Wort, als Meister Trutz bieten kann . . . Beckmesser, der mit Fug und Recht behaupten darf, er säße nahe bei Sachs, wird im gleichen Augenblick zum Harlekin, wo er sich auf die Eingebung und nicht auf die Regel verläßt: auf den Schuster, auf die neun Musen, auf fremdes Papier, aufs Glück, nur nicht auf seine Kunst. Welch eine Blindheit! Er, der eben noch davor gewarnt hatte, dem Mädchen den Schiedsspruch zu überlassen, erkennt Eva gleich darauf als Richterin an! Er, der gewonnen hätte, wenn die Zunft den Preis bestimmt haben würde, opponiert – zumindest in der Endfassung – nicht, als Sachs mit seinem Vorschlag kommt, das Volk und »das Kind« sollten entscheiden . . . und dies, obwohl der poeta doctus Sixtus Beckmesser doch wissen mußte, was ihn da erwartete! »Ein Mädchenherz und Meisterkunst erglühn nicht stets in gleicher Brunst; der Frauen Sinn, gar unbelehrt, dünkt mich dem Sinn des Volks gleich wert«: Deutlicher konnte dem Merker nicht gesagt werden, welches Los ihm bevorstand – die Entscheidung in der Hand von Menschen, denen Regel und Gesetz unbekannt waren. Ein Urteil nach dem Geschmack der Leute! Sich auf so etwas einzulassen bedeutet, in Beckmessers Fall, Verrat zu begehen: Das Urteil der Unbelehrten anerkennend, zuerst Evas Urteil und dann den Richtspruch des Volks, gibt der Merker die Prinzipien seiner Sangeskunst preis, handelt unangemessen (denn die Gasse ist kein Gemerk, Festwiese und Tabulatur sind verschiedene Dinge; der Eingeschlossene hat anderen Gesetzen zu folgen als der Sänger unter freiem Himmel), wird zum Gespött und verliert sich unter dem Volk. Beckmesser, der im dritten *Meistersinger*-Entwurf immerhin noch ahnt, welche Entwürdigung ihm zugemutet wird (»um ihn . . . zu ärgern, habe Sachs auch das durchgesetzt, daß Bogler's Tochter beim Werbesingen die Ausschlag-Stimme haben sollte, weßhalb er wohlgesetzter Mann sich denn nun bemüßigt sehe, des Nachts auf der Straße den Gecken zu spielen«) . . . dieser Beckmesser läuft in der Endfassung wie ein Narr in seine Vernichtung hinein. Beckmesser, ein Verräter seiner strengen Kunst. Der *große* Beckmesser, der, auf feindliches Terrain gelockt, mit der Würde seines Metiers auch die eigene Würde verliert . . . und dennoch, gegen den Willen seines Schöpfers, der große Beckmesser bleibt: Wortschöpferisch der Zeit voraus, von einer Musik begleitet, die an Kühnheit Stolzings Preislied weit übersteigt. (Bloch und Křenek haben dazu das Nötige gesagt.)

Jawohl, hier emanzipiert sich eine Figur und gewinnt Eigenständigkeit; das Geschöpf empört sich gegen seinen Schöpfer; die Kunstgestalt stellt die Intentionen des Autors in Frage. (Und zeugt damit für dessen Rang.) Mag Beckmesser scheitern – das Prinzip, das er vertritt (und dem er untreu wird), behält seine Gültigkeit. Mag er als Hagestolz, Kretin und Jude erscheinen – das alles mindert seine Würde nicht. Mag er als Freier gedemütigt werden – als Meister bleibt er unangetastet. Wie der Brechtsche *Galilei*, am Schiffbauerdamm als Lump und Verräter geplant, der Konzeption des Stückeschreibers widerspricht, so widerspricht auch der Merker der Wagnerschen Deutung. Und wie könnte das auch anders sein, wo doch dieser Beckmesser, wie zuletzt Adorno betont hat, ein geheimes Selbstporträt des andern Meisters ist: Richard Wagners selbst?

Wagner, der eine Singschule einrichten wollte! Wagner, der Techniker und Form-Pedant! Wagner, der die Akte der *Meistersinger* nach guter Beckmesser-Art in der Form von großen Baren komponiert hat: Stollen, Stollen, Abgesang! Wagner, der – ein glücklicherer Plagiator als die Phantasie-Gestalt – sein Werk aus den heterogensten Elementen zusammengefügt hat, aus Deinhardstein und Jacob Grimm, aus Gervinus und Reger, aus E.T.A. Hoffmann, Kotzebue und Wagenseil – wobei er die indirekte so wenig wie die . . . direkte Ausbeutung scheute. (Ein Vergleich der *Meistersinger* mit Deinhardsteins *Salvator Rosa* zeigt Wagners – gut Lessingsche, Büchnersche, Brechtsche – Unbekümmertheit beim Entlehnen aufs schönste: getreu jener von Kothner aus den Leges Tabulaturae zitierten Devise, die da heißt: »Und wer ein neues Lied gericht', das über vier der Silben nicht eingreift in andrer Meister Weis', dess' Lied erwerb sich Meisterpreis«!)

Unter solchen Zeichen kann keine Rede davon sein, daß in den *Meistersingern* der Triumph des Genies über handwerkliche Biederkeit und gesetzestreues Reglement dargestellt wird. Ganz abgesehen davon, daß auch der Junker sehr wohl höchst zünftig zu singen versteht (»zwei art'ge Stollen faßt er da ein«) und nur darum von Sachs so erfolgreich und schnell instruiert werden kann, da er die Regel-Technik längst beherrscht, verbietet sich die Überbewertung der Stolzingschen Sangesweise schon allein deshalb, weil sie das ökonomische Kalkül der Oper zerstört – ein Kalkül, das in der Hegelschen Aufhebung zweier gleichberechtigter Prinzipien besteht, der meisterlichen Regeltreue, als deren Bewahrer ursprünglich Hans Sachs auftreten sollte (der »ironische« Sachs des ersten Entwurfs), und der allzu willkürlichen, allzu spontanen und darum nicht im Leben zu verankernden, nicht weiterwirkenden und nicht beerbbaren Singkunst des Junkers.

Beide, Beckmesser so gut wie Stolzing, argumentieren verkürzt: Der eine, weil er der Kunst ein zu großes und der Natur ein zu kleines Gewicht gibt, der andere, weil er das Reglement zu Gunsten der Inspiration unterschätzt. Beide scheitern auf dem Felde des Gegners: Beckmesser auf der Wiese, Stolzing im Gemerk. Beide verhalten sich unangemessen: der eine, der ständig zum Griffel, und der andere, der ständig zum Schwert greift. Beide verwechseln Traum und Realität, handeln situationsfremd und, folglich, komisch: Der Bürger kämpft mit ritterlichen Versen, der Ritter kämpft mit dem – Nachtwächter. Beide handeln, beide reden wider das Gebot des ›aptum‹: Beckmesser tönt expressionistisch, Stolzing redet in Landsknechtsmanier: »Drauf zu! Den Lungrer mach' ich kalt!« Beide sind Gefangene ihres Systems, das sie für allverbindlich ansehen: Der Meister im Gemerk glaubt auch in der Gasse triumphieren zu können, der Herr der Burg verwechselt den Zunft-Ort mit einem Turnierplatz. Beide fühlen sich in eine Falle gelockt: Darum möchte der eine fort in die Freiheit und der andere – in sein Gemerk.

In dieser Situation ist es an Sachs, auf die Synthese zu verweisen: die große Versöhnung von Kunst und Natur, der Zunft und dem Volk, dem Gesetz und der Freiheit . . . eine Versöhnung, die sich, sehr konsequent, im »Zentrum«, dem Lutherschen Hauswesen, vollzieht: in der Mitte zwischen der Katharinenkirche, dem Sitz der Zunft, und dem Wiesenplan, dem Tanzplatz des Volkes. Hier verschwistert sich das Lied von morgen mit den Regeln von gestern; hier wird der Eingebung des Augenblicks Dauer versprochen: Dauer in bürgerlicher Tradition. Hier im Lutherschen Hauswesen, erhält, was junkerlich war, die Taufe und wird, abgesegnet von einer *respektablen Gesellschaft*, zum Meister-Gesang im Sinne der Ideologie des Bürgers Sachs, der das Klassenspezifische als allgemein-menschlich und gottgesegnet ausgeben möchte . . . und da, wenn irgendwo, zeigt sich die Grenze der Sachsschen Versöhnung; da wird der große Versöhner der widerstreitenden Kunstprinzipien zum Versöhnler, dem es nur im Gleichnis der Kunst – nicht in der Wirklichkeit! – gelingt, die gesellschaftlichen Antagonismen zu überwinden und die Feudal-Welt des Dichter-Recken mit der Bürger-Welt der Meistersinger in Einklang zu bringen. (Da sieht Beckmesser schärfer: »Neu-Junker-Unkraut tut nicht gut« – aus der Froschperspektive des Gedemütigten wird die Manier des Feudalherrn leichter durchschaut als aus der Optik dessen, der auch, und sei's nur mit dem Schusterhammer, dreinzuschlagen versteht.)

Meistergesang: Das ist, in Hegels Sinne, die These. Tradition und Gesetz. Zunftmäßige Abgeschlossenheit. Junker-Kunst: Die Antithese. Freiheit der Sekunde. Improvisation des Augenblicks. Eine Offenheit, deren Grenze zutag liegt – sie bleibt personengebunden. Verbindung von junkerlicher Emphase und meistersingerlichem Diktat: Die Synthese. Die Kunst des Mannes, der als Handwerker zwischen dem Feudalherrn und dem Intellektuellen vermittelt (besser: zu vermitteln glaubt), zwischen dem einen, der auf der Festwiese sein Manuskript sucht, und dem andern, der, nicht minder komisch, die Hand mit emphatischer Gebärde ans Schwert legt und wild vor sich hin starrt, wenn der Nachtwächter ins Horn stößt. Der Schusterhammer, mit dem sich zugleich »merken« und »dreinschlagen« läßt, als Symbol solcher Synthese. Sachs, der sich sowohl auf Meisterregel als auch auf Gassenhauer versteht, Sachs, der zu improvisieren, aber auch zu lehren weiß (als Meistersinger so gut wie als Schuster): Sachs, der Versöhner, dem die Engel so nah sind wie seine Schuhe, das Vogellied so vertraut wie die Kunstpoesie, steht jenseits von Beckmesser *und* Stolzing: ein Sänger, dessen Weise die strenge Bar-Technik der beiden Opponenten als verschwistert und ergänzbar erweist: Einer bedarf des anderen.

Wenn diese Deutung à la Hegel richtig ist, dann heißt das, daß Beckmesser am Ende keinesfalls verschwinden darf. Mag sich der verliebte Pedant getrost unter den Festgenossen verlieren: Der Meister hat zurückzukehren – geholt von Sachs, der auf ihn zeigt, wenn er den Satz von jenen deutschen Meistern singt, die es zu ehren gilt. Links, vom Zuschauer aus, Stolzing, Sachs in der Mitte und an der Peripherie ganz rechts – sich zögernd nähernd, ermuntert von Sachs – der Stadtschreiber, der am Ende in den Gesang des Volkes mit einstimmt: Dies, denke ich, ist das einzig konsequente Arrangement des Finales. Andernfalls müßte das Stück entweder »Hans Sachs« heißen oder »Junker Stolzings Triumph«. Aber nicht *Die Meistersinger von Nürnberg*.

Der Stadtschreiber hat auf der Bühne zu bleiben: Er wird noch gebraucht.

Der Rhetor Friedrich Nietzsche

Friedrich Nietzsche, ein europäischer Schriftsteller, kam aus einer kleinen deutschen Stadt – einer Stadt, geprägt von Korrektheit, Sittenstrenge und kirchentreuer Gesinnung, von Rechtschaffenheit der Beamten und bürgerlicher Moral. Hier hat er gelebt, Nietzsche, als er ein Kind war. Hierhin ist er zurückgekehrt: ein Geisteskranker, fünfundvierzig Jahre alt, der für die Frauen, die ihn erzogen – für seine Mutter und für Lieschen, die Schwester –, immer das arme Herzenskind und der geliebte kleine Fritz geblieben war. Ein Bürgersohn aus Naumburg, der auf seiner Irrfahrt durch Europa nie den Bannkreis der verhaßten kleinen Stadt zerbrochen hat. Nietzsche, der Provinzler aus Sachsen, war brav.

Ein Pastorensohn, der selber ein Prediger wurde. Was er geschrieben hat, war für die Kanzel bestimmt. Für die Kanzel, für das Katheder. Für das Theater. Auch in der Maske des Narren: als Harlekin kostümiert, blieb Nietzsche der Pfarrer, der zu seiner Gemeinde spricht. Seine Schriften sind Angelhaken oder ausgeworfene Netze. Seine Sprache ist die Sprache des Menschenfischers. Seine Worte haben den Tonfall der Verkündigung. Friedrich Nietzsche: Das ist ein Mann, der nur von sich selbst spricht. Aber immer vom Podest herab. Und immer zu den Gläubigen.

Ein Priester, der, im Stil der Bibel, Gottes Tod verkündete. Ein Schriftsteller, der seine Bücher auf deutsch schrieb, aber Deutschland mit einer Leidenschaft gehaßt hat, die in der Literatur unseres Landes beispiellos ist. An Nietzsche gemessen, war Heinrich Heine ein patriotisch gesonnener Dichter: »Denk ich an Deutschland in der Nacht . . .«, das wäre die letzte Frage gewesen, die den Propheten von Sils Maria um den Schlaf gebracht hätte. Deutschland: das war für ihn Wasser und Quark, Kleinstadtmist und Spießigkeit, Philistergehabe und Bier. Deutschland: das war das Reich, in dem nicht gedacht, sondern geahnt und gerungen wurde, das Reich der Spökenkieker und Tölpel. Ein zurückgebliebenes Land, unberührt von mediterraner Gesittung und französischem Geist, von Form, Esprit und Artistik. Ein Land der Sänger und Trinker, in dem sich das Dumpfe mit dem Schneidigen, das Kleinstädtisch-Rückständige mit dem Borussischen paarte – jener preußischen Dekadenz, die für Nietzsche die stupideste und verkommenste Form des deutschen Geistes repräsentierte.

»Ein guter Deutscher ist kein Deutscher mehr.« – »In Deutschland fehlt es an Geist.« – »Deutschland zeigt sich barbarisch.« – »Deutschland hat keine Kultur«: Dies sind Äußerungen eines Schriftstellers, der als Kleinstädter und Europäer – das Nationale überspringend – eine Existenzform vorgelebt hat, die in unseren Tagen Selbstverständlichkeit geworden ist. Wie der späte Thomas Mann ein Lübecker und Weltbürger war, wie Grass ein Danziger und Kosmopolit, Böll ein Kölner und Europäer ist, so hat auch Nietzsche ein Werk geschrieben, das zugleich auf Naumburg und Europa, auf die kleine Beamtenstadt mit ihrer bourgeoisen Gesittung und ihrem royalistischen Tick und auf das Reich über den Nationen verweist.

Für Deutschland aber ist er niemals ins Feld gezogen. Im Gegenteil, wenn einer der Machtentfaltung des Reiches mißtraut hat, dann ist es Nietzsche gewesen: der Feind Bismarcks und der Anwalt einer Kultur, die, von Eleganz und Urbanität bestimmt, mit preußischer Kommandosprache und mit Chauvinismus nichts zu schaffen hat. Die Einheit der Nation war ihm zu teuer erkauft. Erkauft mit Geistlosigkeit und Verdummung. Mit Vergröberung der Sitten und freiwilligem Ausschluß aus dem Kreis der gebildeten Völker. Mit dem Fremdenhaß einer riesengroßen Provinz, die, in igelartiger Abkapselung, im Nachbarn nur noch den Feind sehen kann, im Franzosen so gut wie im Juden. Das waffenstarrende Reich, geprägt von der Intoleranz der Provinz. Die Totschläger, dies hat Nietzsche geahnt, die Rassisten und Antisemiten kommen aus Nürnberg: Er kannte die Kehrseite des teutonischen Tiefsinns. Tumbheit, die Schwester der Brutalität, war ihm verhaßt.

»Denke und arbeite« hieß die Devise, die Nietzsche – in Schulpforta nach dem gleichen gnadenlosen Reglement wie Lessing in St. Afra erzogen – in einer jener klösterlichen Kasernen zu beherzigen lernte, auf denen man jahrhundertelang die Pauls und Karlchen vom Lande in lateinisch sprechende Caroli et Pauli verwandelte. Hier hat der

Alumnus Nietzsche über griechische Versmaße meditiert und Moses auf hebräisch gelesen. Um vier Uhr früh wurde der Schlafsaal geöffnet, um fünf gebetet, um halb sechs die Kanne mit warmer Milch, dazu eine Semmel, in die Zimmer gebracht, um sechs begann der Unterricht – und dann wurde bis zum Abend gelernt. Sommerferien gab es in Nietzsches Schulpforta lange Zeit nur alle zwei Jahre; die Erholung bestand aus Spaziergängen, Musik und . . . Lektüre. Ein wenig Italienisch, nach des Tages Last und Müh'.

Seltsam zu denken: ein gesunder Nietzsche, nicht infiziert von einer geschlechtskranken Hure, hätte den Bezirk der Bücher und Pulte, der Hörsäle und Bibliotheken mit großer Wahrscheinlichkeit niemals verlassen. Wie Kant die *Kritik der praktischen Vernunft* in einer Königsberger Studierstube entwickelte, wie Marx eine Philosophie, die darauf abzielt, die Theorie in der Praxis aufzuheben, im Britischen Museum durchdachte, so hätte der dritte der drei großen philosophierenden Praktiker seine Philosophie von der Umwertung aller Werte mit einigem Glück im Hörsaal auslegen können. Im Gespräch mit Studenten, und nicht in Hotelzimmern, im Gespräch mit sich selbst.

Daß ihm der Dialog in einer Schule vorenthalten war – ihm, der doch so brav und bürgerlich und korrekt war –, daß er nur mittelbar, durch seine Schriften, wirken durfte, durch dürftige Ersatz-Kollegs, das ist Nietzsches eigentliche Tragik gewesen. Das ist der Grund, warum er Sokrates beneidete – und sogar Bismarck, der wenigstens einen Reichstag hatte, vor dem er seine Gedanken darlegen konnte. Nietzsche: ein Pastor ohne Kanzel. Ein Professor ohne Katheder.

Wie gern wäre er Professor geblieben – ein Widerpart Hegels auf einem philosophischen Lehrstuhl! Wie leidenschaftlich hätte er gezeigt, daß die Eule der Minerva ihren Flug am Morgen beginnt, ehe es tagt, und nicht erst am Abend, wenn schon alles getan ist. Wie viel angemessener wäre ihm die Rolle eines Lehrers als die eines Komödianten gewesen, der um so schriller spricht, je größer seine Einsamkeit ist: die Kirche leer und der Hörsaal verschlossen.

Ein Wahnsinnsbrief, am 5. Januar 1889 an Jacob Burckhardt gerichtet, bringt die Wahrheit ans Licht: »Lieber Herr Professor, zuletzt wäre ich sehr viel lieber Basler Professor als Gott; aber ich habe es nicht gewagt, meinen Privat-Egoismus so weit zu treiben, um seinetwegen die Schaffung der Welt zu unterlassen.«

Lieber Professor als Gott: Kein Wunder, daß Nietzsche die Mißachtung seiner Zunft so sehr getroffen hat – ihn, den der eigene Lehrer »geistreicher Schwiemelei« bezichtigte! Daß Helfer einspringen mußten, um das »Philologengezücht«, wie er es nannte, in Schranken zu halten: die Kollegen, die er als »Maulwürfe« apostrophierte, mit ihren vollen Backentaschen, den blinden Augen und der Freude über die erbeuteten Würmer. Kollegen, von denen Nietzsche für »wissenschaftlich tot« erklärt worden war und die er doch beneidete, wenn er an seine Vorlesung dachte, in der sich, nach den Angriffen der Zunft, ganze vier Studenten einfanden – und von denen entpuppte sich einer noch als Tapezierer, der kaum Griechisch verstand.

Mit Ausnahme dreier Gelehrter – des Philologen Erwin Rohde, des Kirchenhistorikers Franz Overbeck und des großen Jacob Burckhardt – hatte Nietzsche keinen einzigen Partner . . . außer den Toten. Sie waren seine eigentlichen Gefährten. Nietzsches Gespräche waren Bücher-Gespräche. Ein Mann, der keinen Arbeiter, keinen Angestellten, keinen Arzt näher gekannt hat, nur Bücher und Büchermenschen, inszenierte eine Maskerade in der Bibliothek: Nietzsche als Sokrates. Nietzsche als Zarathustra. Nietzsche als Jesus. Nietzsche als Wagner.

Sieht man von einem Engländer ab – er heißt Samuel Johnson, lebte, ein Fürst im Reich des Geistes, um 1750 und wurde dank der minuziösen Beschreibung seines Biographen James Boswell unsterblich –, dann gibt es wahrscheinlich keinen Menschen (aus welchem Jahrhundert auch immer), den wir genauer kennen als Nietzsche. Wir kennen seine Krankheiten und seine Gedanken; seine Hoffnungen und seine Träume; wir kennen seine Stimmungen – aber auch die Temperatur, die an den Orten herrschte, wo er gelebt hat. Das Werk, das er im Januar 1889 hinterließ, als er wahnsinnig wurde, ist das umfassendste Seelen-Tagebuch, die offenherzigste Konfession, das unbarmherzigste Journal (unbarmherzig bis zur Schamlosigkeit), das jemals geführt worden ist.

Von der *Geburt der Tragödie* bis zu den Konvoluten der achtziger Jahre: eine Summe von Selbstauslegungen. Hier wird keine Philosophie entwickelt – hier spricht ein Mensch sich aus: als Ästhet zunächst, dann als Wissenschaftler, endlich als Prophet. Hier redet ein Mann, für den – er hat es selbst gesagt – Probleme der Ernährung, der richtigen Lebensweise, des angemessenen Klimas wichtiger waren als alle Metaphysik. Hier geht es um Krisen und Überwindungen, um Pläne und Enttäuschungen: um jene »leidenschaftliche Seelengeschichte«, einen »Roman mit seinen Krisen und Katastrophen«, den in der Form einer psychologischen Biographie zu formulieren Nietzsches eigentliches Ziel war. Eine vieltausendseitige Selbstanalyse, mit deren Hilfe Nietzsche Kant und Schopenhauer überwinden wollte: der Seelenkünstler die Denker.

Als ein Artist, der sich, nervös und sensibel, ständig verändert, hat Nietzsche kein System entwickelt, sondern »Bruchstücke einer großen Konfession« wiedergegeben. Darum gibt es nichts Festes in diesem Werk, kein »so und nicht anders«; darum wird nur ausgelegt und gespiegelt, das Ausgelegte, kaum daß es gesagt ist, schon widerrufen, das Widerrufene abermals in Frage gestellt . . . und so fort und so fort. Ein kleiner Diätfehler, ein Föhneinbruch, ein Ofen im Winter: und schon war alles ganz anders. Aber warum es anders war und mit welchen Sensorien hier Nerven auf Reize, Saugnäpfe der Seele auf Impulse von außen reagierten – das wollte dargestellt sein. Deshalb die Meditationen über das Bekömmliche (was tut mir gut, was schadet mir?), deshalb die Diätpläne – Thomas Mann hat sie im *Faustus* zitiert –, deshalb die gefälschten Rezepte: Der Syphilitiker, von rasendem Kopfschmerz gepeinigt, verschreibt sich Brechweinstein. Und dann die Klimatabellen, von einem Kranken geführt, dessen Philosophie die Stimmungen, die sie kompensieren sollte, in Wahrheit bestätigt: »Ständige Anfälle. Montag schlecht. Dienstag den Anfall. Mittwoch schlecht. Donnerstag und Freitag neuer sehr heftiger, gar nicht enden wollender Anfall. Heute caputt und müde.«

So ging das Jahr für Jahr: ein Kaffeelöffel Karlsbader Salz, zwei Zwiebäcke, ein wenig Milchkaffee, lange Spaziergänge, sieben bis acht Stunden am Tag, dann das Kauern in der Dämmerung, irgendwo in einem möblierten Zimmer, kein Ofen im Winter – keine Menschen. Nietzsche sah sie nicht: es gibt kein einziges Porträt in seinem Werk, das plastisch und glaubwürdig ist – es gibt nur Selbstporträts. Was er sah – hinter sich schnell bewegenden Schleiern –, ist die Landschaft gewesen . . . und selbst die hatte für ihn nur Reiz- und Echo-Charakter. Nietzsches Leben: das ist Sils – trockene Luft und Vernunft, das Licht über der Hochebene und südlicher Wind. Sils und Nizza, Genua, Venedig, Turin. Nietzsches Leben: das sind kleine Zimmer, Bauernhäuser und Pensionen, die Berge, Schnee und Buchten am Meer. Ein einsamer Mann, der die Natur mit einer Leidenschaft beschrieben hat, als käme es darauf an, sie gewogen zu machen und sich ihrer Gunst zu versichern.

Keiner – auch Stifter nicht – kommt Nietzsche gleich, dort, wo es gilt, einen Nachsommertag zu skizzieren, einen Morgen im Herbst, den Mittag, sechstausend Fuß über dem Meer, oder den Abend im Winter. Wenn er es – Formkünstler und Artist, der er war – irgendwo zur Meisterschaft gebracht hat, dann in der Schilderung landschaftlicher Valeurs und Contrevaleurs, in der Beschreibung der Luft, des Klimas, der Lichtspiegelung und in der Übertragung der Atmosphäre von der Natur ins Spirituelle. »Sublim« wird sie genannt, »geistig«, »leidenschaftlich«, aber auch »gefährlich« und »brutal«. Sobald es um Landschaftsfarben ging, das Ocker eines Bauernhauses in Sils, das Braunrot der Turiner Avenuen oder Nizzas leuchtendes Silbergrau, wurde – erschütternd zu sehen – der blinde Mann plötzlich sehend, wurden dem Einsamen, den Kinder stützen mußten, die Augen geöffnet, die sonst nur die Leere gewahrten um ihn herum . . . ihn, der sich als ausgestoßen empfand, unfähig zu lieben, ständig auf der Flucht vor sich selbst und den Gedanken, die ihn verfolgten.

Ein Gelehrter auf Reisen, gezwungen, die lächerlichste Existenz zu führen, die es für einen Menschen gibt, der wirken, reden und lehren und predigen möchte – eine Literatenexistenz: »Wo soll ich nur hin? Wo leben? Ich habe niemanden, der ›ja‹ und ›nein‹ mit mir gemeinsam hat. Wie alles davonläuft! Wie alles auseinanderläuft! Wie still das Leben wird! Kein Mensch, der mich kennte weit und breit! Und man ist noch nicht einmal alt! Nur Philosoph! Nur abseits! Nur kompromittierend abseits!«

War es ein Wunder, bei alledem, daß er, um ein solches Leben ertragen zu können, am Ende, mit einer wahrhaft verwegenen Volte, angebetet hat, was ihm versagt war: ein Artist, den niemand beklatschte? Prophet in einer Zelle – diesen Gedanken zu Ende zu denken hätte Selbstmord bedeutet. Was tat also Nietzsche? Er folgte seiner Passion: Er spielte Theater. Theater vor einer fiktiven Gemeinde. Theater noch hinter Gittern. Von Schmerzen zermartert, sang er das Hohelied der Gesundheit. Unfähig, auch nur einen Tag ohne Diät zu leben – ein Hypochonder, der ständig von seinen Hämorrhoiden, Ganzwaschungen und Karlsbader Wässerchen sprach –, entwarf er eine Ärzte-Moral, die in der Sentenz gipfelte: »Kümmere dich um die Gesunden. Denk immer daran, daß du dem aufsteigenden Leben gegenüber verantwortlich bist. Der Kranke ist ohnehin nur ein Parasit der Gesellschaft.«

Derselbe Nietzsche, der im Grunde ein geheimer Idylliker war – Adalbert Stifter verwandter als den Cäsaren –, derselbe Nietzsche, dessen letzte bewußte Geste die Umarmung eines zerpeitschten Tiernackens war, derselbe Nietzsche hat jenes große Glück gefeiert, das die Moral nur deshalb gelten läßt, weil auch sie, als ein heilsamer Zwang, der Steigerung des Lebens dient. Des Lebens, das wie die Natur sei, wie Berge, Wolken und Seen: sinnlos, folgenlos und . . . schön.

In der Sprache der Philosophie nennt sich das: Zurücknahme der abendländischen Metaphysik, Negierung aller Transzendenz, Leugnung des Dualismus von Wirklichkeit und Idee. Man kann es auch einen Theatercoup nennen. Kaum hat Nietzsche die Welt für sinnfrei, blind und zufällig erklärt, da wird er auch schon wieder zum Schwärmer und Idealisten, setzt neue Werte an die Stelle der alten . . . und Platonismus und Metaphysik nehmen ihren Platz wieder ein. Das ist Geisterbeschwörung: Ein Idealist kostet das Vergnügen, Hochverrat am Geist begangen zu haben, und bleibt doch, wer er ist. Zarathustra: das ist der Schrei eines ins Engadin verschlagenen Schwärmers.

Wie weit holt Nietzsche immer aus – *Umwertung aller Werte! Gott ist tot! Herrenmoral!* Und wie verräterisch ist dieses Pathos, das nicht leiser wird, wenn es um Abendfarben und Bergluft geht. Das Ecce fehlt nie. (Schaut her! Das Geheimnis! Die Welt!) Es fehlt nicht in der Literatur, nicht in der Musik . . . in jenen Nietzsche-Kompositionen, die beweisen, wie leicht Artistik zur Schmierenkunst wird.

Man könnte auch von »Geschmacklosigkeit« reden, von »Schwulst« und »theatralischem Pathos« . . . von jener Deklamatorik, die Nietzsches Stilideal so wenig entsprach: Eine gute Diktion hat – sagte er – klar und körnig zu sein, knapp und präzis, von lateinischer Prägnanz. Und wenn nicht lateinisch, dann – dies ist die zweite Möglichkeit – amüsant und urban, plaudernd und beiläufig: so wie Voltaire geschrieben hat. (Oder Fontane, den Nietzsche nicht kannte.) Und wenn auch nicht französisch, dann – aber nur in Ausnahmefällen – herzbewegend und voll Leidenschaft . . . doch auch das Pathos muß leicht und tänzerisch wirken.

Kein Zweifel, daß Nietzsche sein Stilideal im Frühwerk zu realisieren verstand: Wenn er erzählt – das Vorbild hieß Laurence Sterne –, wenn er es einmal über sich bringt, witzig zu sein, wenn er sich als einen Stallknecht beschreibt oder von der Odyssee eines Ausgehanzugs berichtet, befolgt der Praktiker die Regeln, die ihm, über die Schulter hinweg, der Theoretiker gibt. Nietzsches Parabeln und Satiren, seine besten Aphorismen: synthetische Konzentrate, geschrieben im römischen Geist, pointiert und von verweisender Kraft, rükken ihn, als Prosaisten, an die Seite der Bismarck, Clausewitz und Fontane. Die Explorationen in den Bezirken der Seele – kalte Analysen von Depressionen, Rauschzuständen, jäher Erhellung und dauernder Angst – nehmen Anamnesen vorweg, wie Freud sie zu schreiben gelehrt hat. Nietzsches Sentenzen kommt, vor allem in der Philosophie des Vormittags, die Überzeugungskraft des Sprichworts zu: Hier wird Psychagogie mit Hilfe von Maximen getrieben.

Dieser Mann hatte die Gabe, in vielen Zungen reden zu können – reden, wohlgemerkt, nicht schreiben. Seine Prosa will gesprochen sein, sein Stil ist rhetorisch. Aber seine Gabe war auch seine Gefahr. Die Gefahr eines Virtuosen, der – einmal diesen, einmal jenen Stil wählend – am Ende, wenn die Form Selbstzweck wird, nur noch posiert: »Ist das nicht schön gesagt?« »Wer kann das außer mir?« »Wie das klingt, was?«

Dies ist das eine: Ein Stilkünstler wird zum Kopisten. Das andere: Je älter Nietzsche wird, desto schriller tönt seine Rede. Die Worte hören auf, die Dinge zu decken, und das Unisono der Proklamation verweist am Ende nur noch auf sich selbst. Da wird geschrien und kommandiert; Bramarbas hält Hof, und Harlekin, ein Fratzenschneider im Hermelin, spielt »Lieber Gott«: »Ich erweise hiermit dem Kaiser der Deutschen die höchste Ehre, die ihm widerfahren kann – ich überreiche ihm das erste Exemplar des Werks, in dem das Schicksal der Menschheit sich entscheidet. Ein Augenblick tiefster Selbstbesinnung hebt hiermit an – die Folgen werden ungeheuer . . . sie werden furchtbar sein.« Geschrieben im Herbst 1888, spät also. Aber wenn das Wahnsinn ist, was sich hier in einem imperialen Stil artikuliert, mit rauschenden Floskeln – eine Parodie, die sich für Verkündigung hält –, dann ist auch der Zarathustra schon vom Wahnsinn gezeichnet: »Der soll mir immer der beste Hirt heißen, der sein Schaf auf die grünste Au führt.« Der Versuch, den biblisch-schlichten Psalm durch Superlative zu übertreffen, spricht für sich selbst. Die Gegen-Bibel klingt nach Größenwahn und Ernst von Wildenbruch.

Im gleichen Augenblick, als Nietzsche aufhörte, den Spuren der Meister zu folgen, Lessing oder den französischen Moralisten: als ausgerechnet er, der immer die Wichtigkeit von Etikette, Schule und Konvention betont hatte, sich seinen eigenen Stil zusammenklitterte – grotesk und grimassierend hat Thomas Mann ihn genannt –, da hörte er auf, ein Künstler zu sein, und wurde zum Propheten und Polemiker; aber die Prophetie war sentimental, und die Polemik, eher laut als treffend, war eine Polemik des Knüppels, nicht des Floretts. In Ketten zu tanzen (ein Ausdruck von ihm): das hat er verstanden. Ohne Ketten aber ist er ein Possenreißer gewesen: grell und bombastisch . . . wie seine Zeit, die Epoche der Décadence, deren Ausdruck er war. »Vielleicht«, so Nietzsche, »bin ich ein Hanswurst, und trotzdem redet die Wahrheit aus mir.« Ja, das stimmt.

Ist es ein Zufall, daß Nietzsche, der Décadent, sich gerade mit jener Stadt identifizierte, die in der Literatur als Symbol der Dekadenz erscheint? Venedig – die einzige Stadt, von der er gesagt hat, daß er sie liebe! »Venedig – ein geweihter Ort für mein Gefühl.«

Venedig: die versteinerte Zweideutigkeit. Eine Stadt an der Grenze: halb Orient, halb Okzident, von Leben wimmelnd und museal, Kunststadt und Basar, großartig und kitschig zugleich, die Stadt Richard Wagners. »Wenn ich ein anderes Wort für Musik suche«, hat Nietzsche gesagt, »so finde ich immer nur das Wort Venedig.« Die Stadt versinkt; aber man tut so als ob; verwechselt den Schein mit dem Sein, das Theater mit dem Leben; drapiert sich mit vergangenem Glanz; leugnet, den Blick auf eine Geschichte gerichtet, die groß und strahlend war, das klägliche Heute.

Venedig – Nietzsches Stadt: Hier fand er sich selbst. Diese Welt war seine Welt. Janusgesichtig. Flitterhaft. Schillernd. Majestätischer Pomp neben makabrem Spott.

Venedig – ein einziges großes Zitat. Das war es, was Nietzsche an dieser Stadt fasziniert hat: Ihre Künstlichkeit, die sie zum Inbegriff jenes Zeitalters der Dekadenz machte, deren Wesen die Vertauschbarkeit ist. Nur der Schein zählt, die lockende Oberfläche, der werbende Reiz. Was etwas ist, hat keine Bedeutung. Welche Rolle es spielt: darauf kommt's an. Welchen Eindruck es macht. Wie es sich präsentiert. Venedig: eine Maske aus Mörtel und Gold. Hier trafen sich die beiden großen »Theatrokraten«, Nietzsche und Wagner, die Nervenkünstler und Romantiker, die Rhetoren und Schauspieler. Hier war der geheime Ort ihrer Versöhnung. Was Nietzsche Wagner vorwarf: Histrionen-Gaukelei, Kitsch und sentimentale Seelenerregung: das alles traf auch auf ihn selber zu.

Er, Friedrich Nietzsche, war der Zauberer, der es fertigbrachte, sich als einen Propheten auszugeben, in dessen Händen das Schicksal kommender Jahrhunderte läge – und diese Prophetie in Räumen anzusiedeln, die, wie Venedig, einem Museum gleichen. Der Verkündiger des kommenden Menschen war in Wahrheit ein Schriftsteller, der in der Vergangenheit lebte. Seine scheinbar so jugendlichen Helden sind Greise – Zarathustra ist älter als Jesus, und der erste Mensch, dem er begegnet ist – ein Toter. Die Lokalitäten, in denen Nietzsche seine Träume ansiedelt, sind Zonen, bedeckt von der Patina der Geschichte; selbst seine Wüste ist mit Alexandrinern bevölkert. Tand und Flitter, Kulissenzauber eines Nihilisten, der von Palästen träumt. Häßliche Menschen, Leichen und Peitschen, Seiltänzer und Huren, dazwischen der einsame Träger des Nichts: die Scheinwelt eines Artisten, der – fern aller Realität – zu Recht von sich gesagt hat, er hätte über kein Problem so tief nachgedacht wie über das Problem der Schauspielerei.

Während Kant und Hegel, Goethe und Heine die Zeit kannten, in der sie lebten, und von der Französischen Revolution oder dem preußischen Hof, von Amerika oder dem republikanischen Geist Impulse erwarteten, die ihre Epoche bestimmten . . . während sie Zeitgenossen waren, im Austausch mit Gleichgesinnten und Gegnern, hat Nietzsche, allein mit sich selbst, in einem Niemandsland gelebt, einem Schattenreich: blind nicht nur im physischen Sinne. Kein Marx ist ihm jemals begegnet. Die Art und Weise, wie er den Sozialismus beschreibt – »Tyrannei der Dummen«, »Das Herdentier wird zum Herrn«, »Eine hoffnungslos säuerliche Sache« –, zeugt von purer Ignoranz. Nietzsche – dies muß gesagt sein – wußte nicht, wovon er sprach.

Der Fall scheint also einfach zu sein: Nietzsche, der in der Leitfigur der blonden Bestie dem kapitalistischen Totschläger in gleicher Weise ein Alibi schenkt wie dem imperialistischen Räuber, dieser Nietzsche ist ein Lakai der herrschenden Klasse: ein Mann, der die vom Geist der Vernunft getragene Philosophie bürgerlicher Aufklärung ins Irrationale verkehrt. Der Antichrist von einst scheint heute, unter marxistischen Zeichen, zum Antihumanisten geworden zu sein – einem Ideologen, dessen Lehre vom großen Einzelmenschen die auf Wahrung privater Vorrechte abzielende Ideologie der Bourgeoisie auf den Begriff bringt.

Aber so einfach ist das nicht. Man kann Nietzsche auch anders lesen.

Man kann in ihm auch den großen Entzauberer des bürgerlichen Besitzglaubens sehen, den Kritiker der kapitalistischen Gesellschaft, für die Profit alles ist und allgemeiner Nutzen nicht das Geringste bedeutet: Nietzsche, der die Kultur gegen ihre Ausverkäufer verteidigt. Nein, so einfach ist das wahrlich nicht. Marxisten wie Ernst Bloch, Henri Lefèbvre und die Vertreter des Praxis-Kreises in Jugoslawien haben deshalb zu Recht auf die materialistischen Elemente im Werk Nietzsches verwiesen, auf die Beschwörung der Leiblichkeit, dieses »Meine Brüder, bleibt der Erde treu«, auf die Vision eines unverstellten, unverdinglichten Menschseins, das mit dem Namen des Dionysos verbunden ist, auf die Utopie eines Lebens, das diesen Namen verdient . . . eines Lebens, in dem es keine Entfremdung mehr gibt – vor allem keine Distanz zwischen Denken und Tun.

Ein zweideutiger Mann. Das ist nicht negativ gemeint. Die Doppelschichtigkeit seines Denkens ist auch Ausdruck einer Gesellschaftsneurose; auch, aber nicht nur. An individueller Problematik bleibt, weiß Gott, genug bei diesem Beschwörer der Zukunft, der ein Anwalt des Ancien régime gewesen ist.

Wie bezeichnend: seine letzte Maske – und zugleich die älteste! Friedrich Nietzsche, ein vornehmer Herr aus Sachsen, spaziert durch eine aristokratische Stadt namens Turin, gibt sich als Herr von Welt und paßt sich einer Atmosphäre an, die exklusiv und feudal ist, sehr militärisch – wie Nietzsche betont –, Sitz des Generalstabs und zahlreicher Fürsten. Kurz, »eine Sache ersten Ranges . . .«, gerade richtig für einen Mann, der, im allgemeinen korrekt bis zur Pedanterie, die Hochstapelei zu seiner zweiten Natur gemacht hatte. Als Verwandlungskünstler à la Felix Krull ist er nur zu gern der Legende gefolgt und hat die Nietzschesche Pastorensippe in ein polnisches Adelsgeschlecht umfiguriert: Dies, dachte er, stünde ihm zu, so gut wie der Diener, den er sich wünschte, als er noch jung war, er, der Chevalier aus dem großen Jahrhundert. Und so saß er dann in den Cafés, beobachtete Menschen, erkannte sie aber nicht, sah vielmehr nur die großen Schatten in ihrem Rücken, die Gesichter der Toten, die sich im Antlitz der Lebendigen spiegelten: uralte Formationen, Ablagerungen der Geschichte, von denen er sich faszinieren ließ, während das Treiben um ihn herum nur dazu dienlich war, Assoziationsketten in Bewegung zu setzen, die ihn fort aus der Gegenwart trugen zu neuen Ufern, wie er glaubte, doch in Wirklichkeit immer weiter zurück. Ein einsamer Mann, der sein Leben unter alten Damen, reisenden Engländern und pensionierten Beamten in Hotelhallen verbracht hatte. Ein Gelehrter aus Naumburg, der bei Gelegenheit den Wunsch äußerte, es wäre schön, wenn er eine Frau hätte: die könne dann den Pensionsgästen sagen, welche Zelebrität da am Nachbartisch speise.

1888. Es gab Dampflokomotiven und Wolkenkratzer, es gab die Krankenversicherungspflicht und eine Belegschaft von 21 000 Menschen bei Krupp, es gab den Benzschen Benzinmotor, es gab Ibsen, Hauptmann und Cézanne. Nietzsche aber, der einst damit geprahlt hatte, in einer Welt zu leben, die weit von den Niederungen entfernt sei, in denen es um »Politik, Bismarck, Sozialismus und Christentum« ging, merkte von alledem nichts mehr – er bezog noch nicht einmal eine bewußte Gegenposition. Er nahm es einfach nicht zur Kenntnis, daß es Großstädte und Revolutionen, Streiks und Klassenkämpfe gab. In seinem Hoftheater, in dem er zugleich der Regisseur und der Beleuchter, der Schauspieler und der Zuschauer war, war all das nicht existent. Es hatte draußen zu bleiben. Gewerkschaft: was ist das? Industrielle Kultur: die gemeinste Form, die es gibt! Deutschland: ein Land der Barbaren.

Dieser Mann, allein mit seinen Wänden, seinen Büchern und sich selbst, dieser seinen Herzschlag beobachtende, seine Gedanken zergliedernde und seine Träume notierende Psychologe hatte die Zeit, in der er lebte, schon lange verlassen, als er, im Januar 1889, auf einem Turiner Platz zusammenbrach. Der Wahnsinn traf einen Mann, der nur noch mit sich, aber nicht mehr bei sich war. Nietzsche, ein Prophet, der Reden mit Tun verwechselte: *Parler c'est agir* hieß die Devise. Nietzsche, ein Pfarrer und Komödiant, ein Artist, der als Künstler tief gefallen ist – aber nur, weil er so hoch stand und ein Virtuose ohnegleichen war: schillernd, maskenreich und wirkungsträchtig, Erbe Montaignes und wilhelminischer Rhetor, Psychologe und Rhapsode in einer Person. Dieser Friedrich Nietzsche wurde durch den Wahnsinn bis zur Kenntlichkeit entstellt. Und mit ihm seine Zeit.

Der letzte Bürger: Thomas Mann

Am 18. März 1932, wenige Tage vor Goethes hundertstem Todestag, lauschte in der Preußischen Akademie der Künste eine illustre Festversammlung den Worten eines Redners, der, nach knapper Skizzierung eines *intimen* und eines *großartigen* Goethe-Porträts, seinem Publikum vorschlug, weder das eine noch das andere Bild zu akzeptieren, sondern, eine dritte Möglichkeit wählend, den zu feiernden Dichter als Repräsentanten einer Epoche zu begreifen, der bürgerlichen, die vom fünfzehnten Jahrhundert bis zur Wende des neunzehnten reiche und in Goethe ihren Höhepunkt fände: »Den dicht vor der Mitte des achtzehnten Jahrhunderts Geborenen« – so der Redner – »trug sein vitaler Antrieb noch ein Menschenalter ins neunzehnte hinein, und obgleich die Wurzeln seiner Kultur noch im achtzehnten liegen, hat er geistig und seelisch vom neunzehnten vieles mitumfaßt, nicht nur auf eine seherisch ankündigende Weise . . . sondern auch unmittelbar dichterisch, etwa in den ›Wahlverwandtschaften‹, deren innere Menschlichkeit . . . in neue Seelenlagen, dunklere und tiefere Gedanken- und Gefühlswelten hinüberleitet.« Der Leser stockt. Wie? Goethe: Ein Repräsentant der bürgerlichen Epoche? Ausgerechnet er, der doch in Wirklichkeit eher ein Anwalt des Ancien régime als ein Advokat des Bürgertums war: im Gestern, der Duodezwelt von Weimar, und im Morgen, dem amerikanischen Zukunftsreich, beheimatet, das Heute hingegen, die bürgerliche Epoche, mißachtend: Ein Sozial-Aristokrat, aber kein Citoyen? Wird hier, fragt sich der Leser, tatsächlich von Goethe gesprochen, der sehr realen Exzellenz mit seinen verwegen-utopischen Träumen, oder schlüpft nicht der Redner – ein Schriftsteller mit Namen Thomas Mann – in Goethes Rolle, um von sich selbst als einem Repräsentanten des bürgerlichen Zeitalters zu sprechen? Muß man nicht nur die Jahrhunderte vertauschen, aus dem achtzehnten ein neunzehntes und aus dem neunzehnten ein zwanzigstes machen, um zu erfahren, wer hier zumindest *mit*gemeint ist? Mitgemeint, wenn von der Fähigkeit zum Wirtschaften und von der Lebensbürgerlichkeit, von Ordnungsliebe und Pädagogik, der Verbindung zwischen Realismus und Antizipation die Rede ist?

Kein Zweifel, das Bild ist ein Selbstbild; der Laudator spricht von seiner eigenen Person ... und das nicht nur während der Feierstunde vom 18. März 1932. Einerlei, ob Thomas Mann nun Schopenhauers oder Wagners, Freuds oder Nietzsches Manen beschwor: Immer sind »Er« und »Ich«, Objekt und Subjekt vertauschbar – das gilt für die großen Essays und rednerischen Evokationen, und das gilt erst recht für das poetische Werk. Mag Gustav von Aschenbach, im *Tod in Venedig*, Vornamen und äußeren Habitus mit Mahler teilen, dem Komponisten: seine Werke sind von Thomas Mann – *geplant* wie der *Maja*-Roman oder die Novelle *Ein Elender; ausgeführt* wie jene Bücher, von denen es heißt: »Blickte man hinein in diese erzählte Welt, sah man: Die elegante Selbstbeherrschung, die bis zum letzten Augenblick eine innere Unterhöhlung, den biologischen Verfall vor den Augen der Welt verbirgt ... die liebenswürdige Haltung im leeren und strengen Dienst der Form; das falsche gefährliche Leben, die rasch entnervende Sehnsucht und Kunst des geborenen Betrügers.« Wieder, wie in der Goethe-Ansprache, wird, was ureigen ist, einem anderen untergeschoben: Gustav von Aschenbach, und nicht Thomas Mann, hat die *Buddenbrooks* geschrieben (mit dem selbstbeherrschten Elegant ist natürlich Thomas gemeint); Gustav von Aschenbach, nicht Thomas Mann, hat das Märchen von der *Königlichen Hoheit* verfaßt (der Prinz, der sich im leeren Dienst der Form verzehrt, heißt Klaus Heinrich), Gustav von Aschenbach schließlich hat auch die Hochstapler-Geschichte erfunden: der Betrüger, mit seiner entnervenden Sehnsucht, ist der Sohn eines Sektfabrikanten namens Engelbert Krull.

Fast scheint es, als sei hier Proteus selber am Werk. Thomas Mann ist Goethe – *Lotte in Weimar* sollte, nach den Worten des Autors, ein Element von »Selbstzüchtigung und Selbstverspottung« enthalten – und er ist, als »Künstler par excellence«, auch Richard Wagner. Er ist Nietzsche: ein Artist, der sich auf vexatorische Künste, Imitationen und Parodien versteht, und er ist, als Entdeckungskünstler und Psychologe, Freuds alter ego. Er ist Aschenbach, und er ist Zeitblom: Serenus Zeitblom, der, nach eigenem Bekenntnis, anno 14 den »Rhetor-Bourgeois« und politisierenden Literaten westlicher Prägung mit Hohn und Spott übergoß – genau wie Thomas Mann in den *Betrachtungen eines Unpolitischen*.

Aber das Spiel geht noch weiter. Nicht nur der Zauberkünstler selbst, auch seine Familie, seine Freunde, die Orte, die er bewohnt hat, ja selbst Gebrauchsgegenstände, vom Meublement bis zum Kücheninventar, werden literarisiert. Leben verwandelt sich in Kunst. Realien gewinnen, im Gleichnis der Poesie, den Charakter eines Zitats. Der Walnußbaum vorm väterlichen Haus, ein Springbrunnen, ein Pudding-Rezept, die Briefe an die Braut, ein Krankheitsbericht, der Selbstmord der Schwester: Nichts gibt es, das nicht in der einen oder anderen Form zitiert und – manchmal direkt, manchmal kunstvoll verfremdet – ins Werk einmontiert worden wäre.

Und nun stelle man sich vor, ein anderer hätte dergleichen versucht: stelle sich vor, Ibsen hätte das berühmte Manuskript, das in *Hedda Gabler* eine so verhängnisvolle Rolle spielt, mit apokryphen Ibsenschen Sätzen versehen – Thesen womöglich, die den trunkenen Eilert Lövsborg in einen Milchbruder seines Autors verwandeln. Oder man male sich aus, Wilhelm Meister würde in der *Theatralischen Sendung* Sätze des jungen Goethe zitieren: Den *Clavigo* zum Beispiel und *Die Mitschuldigen*. Oder Hofmannsthal! Ein Hofmannsthal, der in seinem Essay über den Prinzen Eugen Österreichs großen Feldherrn mit Attributen aus der Welt jener jüdischen Familie Hofmann versieht, deren Mitglieder später die Edlen von Hofmannsthal wurden? Läßt sich Peinlicheres denken, als das Private auf eine so prätentiöse Weise zu historisieren? *Prätentiös:* darauf kommt's an. Die Autobiographie, die sich als solche zu erkennen gibt – von E.T.A. Hoffmanns *Kreisleriana* bis hin zu Mörikes *Maler Nolten* –, hat nichts Degoutantes. Auch die auf *perfekte* Verschlüsselung zu geschriebene Konfession – so wie sie Proust gelungen ist – entbehrt des Makabren. Die *halbe* Verfremdung dagegen – dies: zugleich Goethe und Thomas Mann; zugleich Serenus Zeitblom und der Autor der *Betrachtungen*, zugleich Imma Spoelmann aus der *Königlichen Hoheit* und Katia Pringsheim aus München – dieses Verbergen, das ineins damit Enthüllen ist: ein solches Spiel, dessen Ziel es ist, den Leser das Versteckte finden zu lassen . . . ein solches Vexierspiel muß, sollte man denken, schon dank seiner Augenblinzelei notwendig etwas Zweideutiges haben: Na, wie ist's? Habt ihr's erkannt? Das Wort »Rhetor-Bourgeois« in seinem Zitatcharakter begriffen? Das Wechselspiel zwischen Gustav und Thomas, die Montage von Serenus Mann und

Thomas Zeitblom richtig verstanden? Habt ihr durchschaut, Kenner der Genealogie des Hauses Mann, was der Name Klaus Heinrich bedeutet?

In der Tat, heißt ein solches Spiel zu treiben nicht die eigene Position, mit ihren Privatissima, für ungeheuer wichtig, jede andere dagegen für beliebig zu halten? Es gab einen Schriftsteller, der diese Frage bejaht hat – und das war Heinrich Mann. Er hat in einem großen und bewegenden Dokument, dem gewaltigen Briefentwurf vom 17. Januar 1918, dem Bruder vorgeworfen, er, Thomas, beziehe alles und jedes nur auf sich selbst, verhalte sich respektlos gegenüber dem Fremden und sei unfähig, ein anderes Leben in seiner Eigenart zu begreifen: »Aber die Stunde kommt«, schließt der Brief, »ich will es hoffen, in der Du Menschen erblickst, nicht Schatten, und dann auch mich.« Nun, der Brief wurde nicht abgeschickt; es ist zu vermuten, daß Thomas Mann niemals erfuhr, mit welcher Schärfe ihm hier ausgerechnet der nächste Vertraute das Recht absprach, usurpatorisch über Lebensbereiche verfügen zu wollen, die ihm nicht gehörten, und wie apodiktisch der Bruder sich dagegen verwahrte, auf Kosten anderer Aneignungspolitik zu betreiben, intime Erfahrungen Objektivationen zu nennen und dem privaten Erlebnis den Charakter eines Ereignisses zu geben, das angeblich verbindlich und gleichnishaft sei: exemplarisch wie der Bruderkrieg im eigenen Haus, den Thomas Mann so weit stilisierte, daß er schließlich zum Symbol wurde – zum Spiegelbild einer zerstrittenen Nation. Ein Brief an Ernst Bertram, geschrieben am 25. November 1916, beweist, wie konsequent der Autor der *Betrachtungen* Widersprüche der Zeit am Beispiel privater Querelen zu erhellen versuchte: »Es ist nicht Größenwahn, wenn ich das Verhängnis längst in meinem Bruder und mir personifiziert sehe.«

Und Thomas Mann hatte recht. Es *war* nicht Größenwahn, wenn er Privates zum Exempel erhob. Es *war* nicht Anmaßung, die eigene Problematik mit der Problematik einer Epoche zu identifizieren. Es *war* nicht Hybris, die Seelengeschichte des Bürgertums in der Familiengeschichte der Buddenbrooks widerzuspiegeln und darauf zu vertrauen, daß das Kleine mit dem Großen deckungsgleich sei. Es *war* nicht Dreistigkeit, sich selbst, in allen Verwandlungen, immer als den Einen zu sehen – den großen Repräsentanten, den Vorsteller und Vergegenwärtiger, den Darbieter und Wiederholer einer Zeit, von der man zu wissen glaubte, sie habe sich erfüllt: kurz vor ihrem

Ende von einem Kronzeugen auf den Begriff gebracht, der es als seine höchste Pflicht ansah, ihr, in Hegels Sinn, bei ihrer Aufhebung, ihrem Ende, ihrem »kleinen Übertritt« und ihrer Metamorphose behilflich zu sein – behilflich, wie es in der Goethe-Ansprache von 1932 heißt, »in Nöten und Krisen des Übergangs den Weg in neue Welten, neue Ordnungen des Innen und Außen zu finden«.
Dieser Mann war eins mit seiner Zeit. Darum – nur darum! – entbehrt seine Entschlossenheit, das Eigene für bedeutsam, spiegeltreu und repräsentativ zu erklären, der Überheblichkeit. Darum konnte er sich die Weigerung leisten, zwischen »privat« und »öffentlich«, »peripher« und »bedeutsam« zu unterscheiden – eine Weigerung, die jeden anderen lächerlich gemacht haben würde. Darum hatte es nichts von Keckheit, als er, fünfzig Jahre nach der Beendigung der *Buddenbrooks* den Satz des kleinen Hanno rekapitulierte: »Ich dachte, es käme nichts mehr.« Er hat recht behalten – auch darin. In einer Welt der Beckett-, Kafka- und Brecht-Epigonen gibt es heute keinen Schriftsteller, der sich, unter thematischen oder stilistischen Aspekten, in die Nachfolge des *Zauberberg*-Autors einreihen ließe. Die Gründe dafür liegen auf der Hand: Es läßt sich beweisen, warum es bei Thomas Mann nicht nur einen, sondern zwei große Schlußstriche gibt – den einen, den der kleine Hanno ins Familienbuch zieht, und den anderen, den sein Erfinder in der Literaturgeschichte markiert hat. Zu allererst in der *deutschen*: das Adjektiv will betont sein. Ungeachtet aller Weltbürgerlichkeit war Thomas Mann einer der wenigen großen Autoren in unserem Land, für die das Thema »Deutschland und die Deutschen« wirklich ein Problem gewesen ist . . . und diese wenigen sind, paradox genug, teils in wörtlichem, teils in übertragenem Sinn Emigranten gewesen: Marx, Heine, Nietzsche, Thomas Mann. Die exaktesten Aussagen über Deutschland, seine Ideologie, sein Wesen und seine Misere wurden in London, Paris, Basel und Kalifornien formuliert – von außen, von Positionen aus, die es, ökonomisch und sozial entwickelter, ermöglichten, die eigentümliche Dialektik zwischen politischer Ohnmacht und verwegenen Konzeptionen im Reich des Geistes ins Blickfeld zu rücken, in deren Zeichen sich die bürgerliche Kultur in Deutschland entfaltete – eine Kultur, die in Thomas Mann ihren Abschluß und Höhepunkt fand. Er war der letzte Poet, den man als einen *deutschen Schriftsteller* bezeichnen kann . . . so deutsch, daß er die Endzeit der Kunst mit der Endzeit Deutschlands identifizierte und, nach Serenus Zeitblom, *häusliche na-*

tionale Erfahrungen im Weltmaßstab verallgemeinerte. Und eben das macht seine Fremdheit aus und erklärt, warum er in der jungen und mittleren Generation echolos blieb. Unter all den Kölnern, Danzigern und Wasserburgern, die sich einerseits als Regionalisten und andererseits als Weltbürger verstehen, nimmt sich der deutsche Poet, mit seiner deutschen Thematik und seiner deutschen Geschichtsschreibung fast wie ein Denkmal einer längst vergangenen Epoche aus. (*And my ending is despair:* »Ich wünsche mir oft unseren Kegelabend in Tegernsee bei Bruno Frank zurück«, heißt es in einem Brief, November 1945, an Fritz Strich, »der ist nun tot, und Werfel ist tot . . . und es wird einsam. Geselligkeit gibt es genug, aber kaum noch einen, mit dem man recht reden kann, wenigstens auf deutsch.«)

Ein großer fremder Mann: nah noch – denjenigen zugewandt, die die Literatur der fünfziger Jahre bestimmten, Ilse Aichinger zum Beispiel oder Hans Werner Richter (»man muß doch sehen, was die grünen Nachkommenden so anstellen«), aber mit den »Wurzeln seiner Kultur« dem Jahrhundert Goethes verhaftet. Ein Artist, dessen Lehrmeister ausschließlich deutsche Schriftsteller gewesen sind. Auch das macht ihn, im Zeichen der One-world-Kommunikation, den Jungen fremd. Heute lernen die deutschen Dramatiker bei Harold Pinter. Romanciers gehen in Hemingways oder Salingers Schule. Lyriker profitieren von Neruda und Ungaretti. Anders Thomas Mann mit seinen Magistern: den Meistern aus Deutschland. Mochte der *Buddenbrooks*-Autor seinem Freunde Grautoff noch so entschieden den Satz in die Feder diktieren: »Seine Meister habe der Verfasser, wenn schon von Meistern die Rede sein müsse, freilich nicht in Deutschland«: Die Lehrmeister kamen dennoch aus seiner Heimat, hießen nicht Turgenjew und Dickens, ja, noch nicht einmal Kielland, Hamsun und Lie, sondern Schopenhauer, Wagner, Nietzsche, Fontane.

Schopenhauer zunächst. Von ihm hat er gelernt, die Realität einem Grundprinzip zu unterwerfen, der philosophischen Fragestellung – Wille und Vorstellung –, die jenes Zwei-Ebenen-Spiel ermöglicht, auf das sich Thomas Mann wie kaum ein zweiter verstand. Seine Ostsee – Reinhard Baumgart hat recht – riecht nach Algen und Pessimismus zugleich.

Und dann Richard Wagner: der zweite Magister. Er hat Thomas Mann die Kunst gelehrt, wie man Materialien, den Riesenstoff einer

Tetralogie vom Range der *Buddenbrooks* oder des *Rings*, organisiert und ihnen mit Hilfe von Ordnungs-Elementen Transparenz verleiht: wie man Beziehungen herstellt, Durchblicke ermöglicht und, durch Wiederholung der Topen, in knappen Formeln auf Entsprechungen verweist. (Die Leitmotive haben bei Thomas Mann den Charakter von *synthetischen Konzentraten*. Wenn Hermes auftritt, weiß der Leser sogleich: Hier geht es um Handel und Wandel, um freundliche Vermittlung, schalkhaften Abtausch, erotisches Spiel, doch auch um Wechsel von Tag und Nacht. Hermes geleitet die Toten.) Für uns eine geläufige Technik – das wiederholende, Konnexionen schaffende Zitat ... befremdlich aber zu der Zeit, als Thomas Mann Wagners Technik literaturfähig machte: »Dieser mißtrauische Intellektuelle« schrieb, kaum war die *Königliche Hoheit* erschienen, ein Kritiker, »sucht sich den Leser in Distanz zu halten, indem er ihm scheinbar Eselsbrücken bietet. Dazu gehört die boshafte, übrigens leider häßliche Manier, jede Figur bei jedem Wiederauftreten ihre stereotypen Attribute vorzeigen zu lassen, damit der Leser sagt: Aha, das ist er! Mit solchen schlechten Scherzen weiß Mann den Leser bald zu locken, bald zu dupieren, ja, er geht so weit, ein überaus kindliches, ja kindisches Spiel mit Masken und Namen zu treiben, von der Art ältester und übelster Lustspiele ... Wenn man eine von Manns unglaublich liebevollen Naturbeobachtungen gelesen hat, begreift man vorübergehend nicht, wie der selbe Mann seine Kunst so mißbrauchen kann.« Geschrieben 1910. Verfasser: Hermann Hesse. (Und dieser Kritiker war noch einer der wohlwollendsten. Andere haben weit Gehässigeres formuliert. Unter den ersten Schriftstellern des Landes hatte Thomas Mann kaum einen Freund – aber Feinde in Hülle und Fülle: Kerr, Musil und Brecht allen voran. Der eine »Thomas Bodenbruch« parodierend, der zweite den Großschriftsteller verhöhnend, am schärfsten der dritte: »Als Thomas Mann vorigen Sonntag« – eine Tagebucheintragung Bert Brechts – »die Hände im Schoß zurückgelehnt, sagte: ›Ja, eine halbe Million muß getötet werden in Deutschland‹, da klang das ganz und gar bestialisch. Der Stehkragen sprach.«) So betrachtet waren Thomas Manns eigentliche Freunde, genau wie für Nietzsche – die Toten. Sie, die Meister aus Deutschland, sind seine engsten Vertrauten gewesen: Schopenhauer, Kleist, Wagner und dann Friedrich Nietzsche – Nietzsche, von dem er die Kunst lernte, Begriffliches in plastischer Form wiederzugeben und dem Abstrakten und Prinzipiellen mit den

Mitteln einer anschaulichen Beschreibungstechnik beizukommen, die weder die Komik des Epigrammatischen noch lyrische Emphase verschmähte. (Ich wage zu behaupten, Thomas Mann hätte ohne Nietzsche die Streitgespräche zwischen Naphta und Settembrini nicht zu schreiben vermocht.)
Und schließlich Fontane: »Unser aller Vater«, wie sein Nachfahr ihn etikettierte. Er war, unter den vier Lehrern, der bedeutsamste. Er hat Thomas Mann jene Stilmittel übergeben, die unter der Kategorie »Ironie« zu subsumieren sind: Das »Paradoxe« in Dubslavs Manier, aber auch die Technik des scheinbar naturalistischen, in Wahrheit stilisierten Dialogs, der Mündlichkeit vortäuscht, aber sich tatsächlich weit von Umgangssprachlichkeit entfernt – ein Dialog, der Realität zitiert und sie gleichsam mit Anführungszeichen umgibt. (Es wäre eine lohnende Aufgabe, die Dialogführung Thomas Manns – das gestische Sprechen – mit der Gesprächsanordnung Fontanes zu vergleichen und das Mannsche Dialog-Arrangement der Fontaneschen Inszenierung von Gesprächseinheiten gegenüberzustellen, um derart, am Detail, zu beweisen, wie viel der Junge vom Alten gelernt hat – in welcher Weise er zum Beispiel in den *Buddenbrooks* das in *Frau Jenny Treibel* vorgegebene Modell variiert: Die Gastgeber in Erwartung der Gäste. Das Ankunfts-Zeremoniell. Wie man eintrifft. Wie die Begrüßung verläuft. Dann das Hauptgespräch bei der Tafel. Die Toasts, das Parlando im Zentrum und an der Peripherie. Dann das Hinübergehen in den Nebenraum: die Herren unter sich. Schließlich das Nachgespräch. Die Gäste sind aufgebrochen. Die Gastgeber ziehen Bilanz. Und dann die Landpartien – Treibels im Grünen; Herr Permaneder kehrt in Lübeck ein. Die Übereinstimmungen bieten sich an. Das Thema »Fontane und Thomas Mann« wartet noch auf seinen Bearbeiter.)
Ehret eure deutschen Meister, heißt die Devise: Die großen essayistischen Bemühungen Thomas Manns beweisen, wie konsequent sich der Autor bei seinen Studien auf jenen Kulturraum beschränkt hat, der ihm vertraut war. Kaum ein Wort über Balzac, über Thackeray und Flaubert. Immer nur Goethe und Schiller, Lessing, Schopenhauer, Wagner und Nietzsche. Und dann Tolstoi, gewiß... aber wenn man genauer hinschaut, dann zeigt sich sehr schnell, daß »Tolstoi« nur eine Chiffre für Goethe ist und »Dostojewski« als Pseudonym für Schiller fungiert und daß die am Beispiel der großen Russen entwickelte Antithese zwischen dem Plastiker und dem Analyti-

ker, dem Naturkind und dem kritischen Geist nichts weiter als eine späte, in die Gegenwart übertragene Wiederholung des Schillerschen Gegensatzes von naiver und sentimentalischer Dichtung ist. So betrachtet, erweist sich Thomas Mann – er selbst hat es immer wieder betont – als ein Fährtenleser, der, im Akt der Wiederholung und Transposition, einen vorgebahnten Weg verfolgt . . . wobei es bezeichnend ist, daß diejenigen, deren Spur er da folgt, sich ihrerseits aufs Fährtenlesen verstehen: Wagner auf Schopenhauers, Nietzsche auf Goethes Spur. Die Unzeitgemäßen dagegen – diejenigen also, die, gleichsam aus dem Nichts kommend: Beginner, ihrer Zeit voraus, auf Möglichkeiten verwiesen, die erst später eingelöst wurden, hat Thomas Mann im Dunkel gelassen. Kein Wort über Büchner . . . auch über Heine übrigens nur Beiläufiges. Aber das hat einen anderen Grund: Der Parodist läßt sich nicht parodieren. Das gilt für Heine – und das gilt, selbstverständlich, auch für Thomas Mann selbst. Das erklärt abermals, warum er erbenlos geblieben ist: Man kann die bürgerliche Autobiographie zwar in eine Hochstaplergeschichte umfunktionieren, Goethe in Felix verwandeln, Wilhelm in Castorp, aber eine Parodie der Parodie würde zum puren Aberwitz führen. Kein Zufall also, daß Grass in der *Blechtrommel* an eine noch nicht erledigte Tradition angeknüpft hat – den pikarischen Schelmenroman, wie er am Anfang war.

Thomas Mann: Das ist ein deutscher Schriftsteller – ein *Ausbund von Deutschheit* (so hat er Goethe genannt), »ein Kind und Urenkelkind deutsch-bürgerlicher Kultur«, dessen Werk mit der Beschreibung einer sehr realen kleinen deutschen Stadt begann und mit der Evokation einer kleinen deutschen Stadt zu Ende ging, die eine Kunststadt war: »Nach einer langen Irrfahrt im Raum und in der Zeit ist sein Verfasser auf anderem Weg in einer Spirale zu seinem Ausgangspunkt zurückgekehrt«, heißt es 1950, in einer Rede vor den Studierenden der Sorbonne, »zur altdeutschen Stadt und zum musikalischen Pessimismus der ›Buddenbrooks‹. Aber während jenes Jugendwerk das Produkt eines bürgerlichen Zeitalters war, das sich noch in das Gewand der Sicherheit von vor fünfzig Jahren kleidete, ist der ›Doktor Faustus‹ aus den Wirren und Leiden geboren, die hinfort das Geschick Europas waren.« Von Lübeck nach Kaisersaschern: das ist ein Weg, der in einem Deutschland begann, das, als ein präsentes, realistisch dargestellt werden konnte, und in einem Deutschland endete, das, vergangen, nur noch mit Hilfe des histori-

schen Zitats beschreibbar war: im Spiegel des Nietzscheschen Naumburgs und des Goetheschen Weimar.
Die Tradition war zerrissen. Nach 1930, nach *Mario und der Zauberer*, gab es für Thomas Mann lediglich ein Deutschland, das Geschichte war . . . ein Land, das, da es keine Realität mehr besaß, nur noch auf symbolische Weise: gleichnisartig zu erfassen war. Man denke an die *Betrogene*: Da ist zwar von Düsseldorf und Schloß Benrath die Rede, aber in Wahrheit spielt das Stück in einem Niemandsland, in dem allein die Symbole, ein ausgedörrter Eichenbaum, der plötzlich wieder blüht, und ein schwarzer Schwan Realitätscharakter besitzen. Die Realität selbst dagegen hat sich verflüchtigt und wird durch keine noch so exakte Benennung zurückgeholt: Wie bezeichnend, daß Thomas Mann in der *Betrogenen* den Stadtnamen nennt (aber die Topographie bleibt imaginär), während er in den *Buddenbrooks* kein einziges Mal von Lübeck spricht (auch im *Tod in Venedig* heißt Gustav Aschenbachs Geburtsort lediglich: L., eine schlesische Kreisstadt) . . . und dennoch strotzt die Szenerie von Realität. Damals, nach 1900, war der bürgerliche Realist deutscher Herkunft wortwörtlich auf der Höhe der Zeit . . . und auch in der Republik von Weimar blieb er seinen »geliebten Ebenbildern« allenfalls um eine Nasenlänge voraus – die Geschichte *Zauberberg*, 1924 ediert, endet mit dem Beginn des ersten großen Krieges: eine Realität, die realistisch dargestellt werden konnte. Anno 50 hingegen, als die *Betrogene* erschien, war für den nach Kalifornien emigrierten Schriftsteller das Düsseldorf der zwanziger Jahre in eine nahezu biblische Ferne gerückt. Darum der Wechsel des Tonfalls.
»Ich dachte, es käme nichts mehr«: Das ist, so betrachtet, das Bekenntnis eines Schriftstellers, der sehr genau wußte, daß es nach ihm nie mehr möglich sein werde, von »Deutschland« im Präsens zu sprechen. Er war der letzte. Der letzte Deutsche und – dies ist der zweite Punkt – der letzte, der stolz darauf war, ein Bürger zu sein, ja, für den »Leben« und »Bürgersein« Synonyma waren. Der Essay über Adelbert Chamisso macht deutlich, daß nach der Interpretation Thomas Manns nicht nur die Adjektive *realistisch* und *bürgerlich* austauschbar sind – deutsch, bürgerlich, realistisch: Der Ring hat sich geschlossen –, sondern daß es der im Schatten symbolisierten bürgerlichen Mitgift bedarf, um den Menschen seßhaft zu machen: »Der Schatten«, so Thomas Mann, »ist im ›Peter Schlemihl‹ zum Symbol aller bürgerlichen Solidität und menschlichen Zugehörigkeit gewor-

den. Er ist mit dem Gelde zusammengenannt, als das, was man zu verehren habe, wenn man unter Menschen leben wolle, und dessen man sich nur zu entschlagen vermöge, wenn man ausschließlich sich und seinem besseren Selbst zu leben gewillt sei.«

In der Tat, das klingt eher nach dem alten Johann M. Buddenbrook mit seinem von keiner Denkerstörung getrübten Kaufmannsbewußtsein als nach dem musizierenden Hanno . . . aber es ist ein Ton, der, 1911 angeschlagen, im Werk Thomas Manns niemals verklingt: Einerlei, ob er nun Goethes Lebensbürgerlichkeit preist und, gut lutherisch, den Weimarer Minister als Hausvater und Geschäftsmann apostrophiert, ob er über ein von Unangefochtenheit und bürgerlichem Selbstbewußtsein zeugendes Wort wie »Freihandel der Begriffe und Gefühle« meditiert, in Schiller den großen Organisator und Berechner hochfahrender Kalkulationen beschwört oder Joseph, den Ernährer, in einen Vorfahren des Präsidenten Roosevelt verwandelt – einen biblischen Bankier, der seinen Ägyptern beweist, daß der New Deal segensreich sei. Von den *Buddenbrooks* bis hin zu den letzten Essays ist Thomas Mann nicht müde geworden, bürgerliche, sich in Meistertum und Citoyen-Stolz manifestierende Haltung von jener bourgeoisen Skrupellosigkeit abzuheben, die sich für ihn – ungeachtet aller Bewunderung – schon früh mit dem Namen des Sozial-Renegaten Richard Wagner verband.

Hier bürgerliches Meistertum, dort bourgeoise Niedertracht; hier die Buddenbrooks und dort die Hageströms; hier solider Wohlstand, dort Geschäftemacherei: Der Binnen-Unterschied blieb in diesem großen Kompendium der bürgerlichen Gesellschaft auch dann noch erhalten – der Schiller-Essay beweist es –, als der eigentliche, die Epoche bestimmende Gegensatz für Thomas Mann schon längst die Kontroverse zwischen Kapitalismus und Sozialismus geworden war.

»Kapitalismus«, »Sozialismus«: Jawohl, hier werden die Dinge beim Namen genannt. Thomas Mann, es wird Zeit das zu realisieren, hat nicht nur die bürgerliche Gesellschaft in exemplarischer Weise beschrieben – in Werken, die, von heute aus gesehen, den Charakter von Fallstudien haben –, er hat sie auch auf den Begriff gebracht. Hermes, der Gott von Handel und Wandel, ist nicht ohne Grund sein Hausgott gewesen. Dieser Schriftsteller hat mehr als alle anderen deutschen Autoren in unserem Jahrhundert – Brecht eingeschlossen – von den Sozialwissenschaften und jener Nationalökonomie verstanden, die er bereits zur *Buddenbrooks*-Zeit eine »moralische

Wissenschaft« nannte, weil sie, von Armut und Reichtum handelnd, die soziale Frage aufrolle. Wie kenntnisreich er auf dem Gebiet der politischen Ökonomie war, zeigen schon die Nachschriften der Kollegs, die der Volontär Thomas Mann bei Haushofer in München besuchte; das zeigen die hellsichtigen Analysen am Ende der Weimarer Zeit, über das Entsprechungsspiel zwischen einer imperialistischen, den Interessen der regierenden Schicht dienenden Politik und einer von Luthertum und Romantik geprägten bürgerlichen Kompensations-Ideologie: dem Junker das *hic et nunc* überlassen und dafür die schönsten Träume im Himmel geträumt; und das zeigen erst recht die Auseinandersetzungen mit dem Nationalsozialismus, der, als Faschismus, für Thomas Mann ein Instrument des Bürgertums war – dazu bestimmt, die drohende soziale Revolution zu verhindern. Je älter der Schriftsteller wurde, desto entschiedener formulierte er seine radikal-demokratischen Thesen, sprach von der »schuldbeladenen Machtkombination zwischen Junkern, Militär und Großindustrie«, verwahrte sich gegen die Identifikation von Faschismus und Kommunismus – eine Identifikation unter dem Oberbegriff »totalitär«, die über der Erscheinungsform die inhaltlichen Unterschiede vergäße, und erklärte wieder und wieder, daß er sich eine Zukunftswelt ohne kommunistische Züge nicht vorstellen könne – nur in der Form des Sozialismus, so sein Diktum, habe die Demokratie noch eine moralische Berechtigung, und er wisse, was es bedeute, so etwas zu sagen: »Kommunistische – was sage ich, irgendwelche sozialistischen Sympathien auch nur durchschimmern zu lassen, das bedeutet heute in Europa schlechthin das Martyrium; es bedeutet die Entfesselung eines Hasses, einer Totschlagelust und Verfolgungswut, von der Sie sich schwerlich eine Vorstellung machen.«

Der Kreis ist ausgemessen. Angesichts der Kooperation von Besitzbürgertum und Faschismus beginnt der Citoyen Thomas Mann immer deutlicher zu erkennen, daß die Forderungen der bürgerlichen Epoche: die Verheißungen der Französischen Revolution noch immer darauf warteten, verwirklicht zu werden, daß es also darauf ankäme, endlich von Robespierre zu Babeuf weiterzugehen, um derart den bürgerlichen Aspekt der Freiheit (einer Freiheit, die, unter dem Regime der Bourgeoisie, nur die Freiheit der Besitzbürger gewesen sei) mit dem sozialen Aspekt der Gleichheit zu vereinigen und, eine Konnexion zwischen Paris und Petersburg herstellend, westlichen Humanismus und östlichen Sozialismus miteinander kommunizieren zu lassen. »Ich äußere erschreckend linke Dinge«, schreibt Thomas Mann im Exil – und in der Tat, dieser Altersradikalismus läßt sich nur mit jener revolutionären Entschiedenheit vergleichen, die Theodor Fontane an den Tag legte, als er sich, 1896, in einem Brief an William Morris, zumindest in Gedanken mit den Arbeitern solidarisierte, denen allein die Zukunft gehöre: »Alles ist viel echter, wahrer, lebensvoller.« Fontane-Nachfolge aber, Altersradikalität, bedeutet – Thomas Mann hat darauf, höchst indirekt freilich, in seinem Werther-Essay verwiesen – Fontane-Nachfolge bedeutet zugleich, sich, in paradoxer Weise, auf Goethe zurückzubeziehen. Während der jugendliche Revolutionär, der Verfasser des *Werther* und der Gretchen-Tragödie, zum konservativen Olympier wurde, wandelte sich der Apologet des sozialen deutschen Kaisertums, Thomas Mann, zum Radikaldemokraten . . . bürgerlicher Provenienz, wohlgemerkt, denn der Traum vom kommenden Reich, in dem die Freiheit sich in der Gleichheit, die Gleichheit in der Freiheit aufhöbe, dem Reich jenseits des bürgerlichen Individualismus, in dem auch der Kunst eine neue Rolle zukommen werde: Er blieb ein Goethe-Traum, den hier einer den Wanderjahren nachträumte – und was die Aufhebung der Partialinteressen in der Unität des Allgemeinen angeht, so läßt sich nachweisen, daß bei diesen Gedanken eher *Die Welt als Wille und Vorstellung* denn das *Kapital* den Taufpaten spielte: Das »überbürgerliche Erlebnis« stammt von Schopenhauer, nicht von Marx. Und dennoch ist nicht zu bezweifeln, daß es im deutschen Sprachraum keinen Schriftsteller gibt, der, in Essay und poetischem Werk, die bürgerliche Gesellschaft, ihre Genese, ihre Antagonismen, ihren Entbürgerlichungs-Prozeß und ihre Transposition ins Soziale so exemplarisch dargestellt hat wie Thomas Mann – wobei, was die Erkenntnisfähigkeit betrifft, im Frühwerk der Romancier dem Essayisten, im Alterswerk der Kritiker dem Poeten voraus war. Aber wie immer das Verhältnis auch sein mag, eins ist gewiß: Es wird nie wieder einen Schriftsteller geben, der Leiden und Größe des Bürgertums so ins Bild setzen, so auf den Begriff bringen wird wie Thomas Mann.

»Ich dachte, es käme nichts mehr«: Ja, das stimmt. »Ich bin historisch«, hat Thomas Mann schon früh von sich gesagt. Der letzte Patriot ist auch der letzte Bürger gewesen. Ein Bürger vom Schlag Heinrich Heines . . . an die Zukunft des Sozialismus glaubend und doch von Angst erfüllt, diese Zukunft könne identisch sein mit der

Vernichtung der Kunst – besorgt, daß Marxens Diktum, es werde eine Zeit kommen, in der der Mensch nach dem Gesetz der Schönheit formiere, sich als Ideologie herausstellen könnte. (Die Beziehungen liegen wiederum auf der Hand. Ich bitte Sie, Thomas Manns kritische Auseinandersetzung mit dem Kommunismus – *das Gewissen ist beim Politbüro abzugeben* – der Vorrede an die Seite zu stellen, die Heine der *Lutetia* gewidmet hat: Die Angst vor dem Proletariat, mit seiner vermeintlichen Mißachtung der Romantik und Poesie! Und trotzdem: Der Zauber des Kommunismus!)

Der letzte Patriot: Das ist das erste. Der letzte Bürger: Das ist das andere. Der letzte Universalschriftsteller: Das ist das dritte. Jawohl, Thomas Mann war der letzte, dem es mit jenem stilistischen Mittel, das, wie kein zweites, Universalität garantiert, mit dem Mittel der Ironie gelang – »Ironie«, heißt es bei Friedrich Schlegel, »ist die Stimmung, welche alles übersieht und sich über alles Bedingte unendlich erhebt« . . . der letzte Universalschriftsteller, sage ich, dem es gelang – gelang, weil er, wie sein Geschöpf Felix Krull, *universell von Veranlagung war und alle Möglichkeiten der Welt in sich hegte* –, die Epoche, die er repräsentierte, derart zu erhellen, daß die geschilderten Details in ihrem Bezugsverhältnis und ihrer Funktion im Rahmen des Allgemeinen anschaulich wurden.

Thomas Mann ist der letzte gewesen, der – mit Beda Allemann zu sprechen, dem ich hier folge – darauf vertraut hat, daß es auch in unserer Epoche noch immer so viele unbezweifelbare Gemeinsamkeiten, so viele unangetastete Konventionen gäbe, so viele verbindliche Erfahrungen, Kenntnisse, praktische und spirituelle Übereinstimmungen und so viele Normen, auf die – wenn nicht jedermann: so doch die Majorität jederzeit zu rekurrieren in der Lage sei . . . so viele Gesetze und Tabus, daß es möglich sein müsse, Anspielungen als Anspielungen und Parodien als Parodien erkennbar zu machen. Das heißt, daß für ihn zumindest jenes Minimum an allgemeiner Bildung noch garantiert war, ohne das es keine Ironie geben kann: Wenn der Tod seinen Schrecken verloren hat, ist es sinnlos, ihn komisch zu schildern. Unangemessenheit setzt, um als Stilprinzip wirksam zu werden, eine gesellschaftliche Verständigung darüber voraus, was »angemessen« bedeutet. Konkret: Sobald der Leser nicht mehr weiß, daß es einmal eine Höllenfahrt gegeben hat, verliert das Thomas Mannsche Zentralmotiv der Katabasis, des Abstiegs ins Totenreich, schon deshalb seine Funktion, weil es nicht mehr als verfremdende

Wiederholung erkannt wird. Dann fällt der Schatten fort, der das Meisterchen Castorp in eine »gewichtige Rückbeziehung« zu Wilhelm, seinem Vorbild, setzt. Oder noch konkreter: Wenn die Stilkonventionen aufgehört haben, Konventionen zu sein, und es jedermann gestattet ist, gerade so zu schreiben und zu reden, wie er will, dann hört die Manier auf, witzig zu sein, mit der Felix Krull, höchst altvorderlich, in bestem Bismarck-Stil, seine Memoiren artikuliert. Dann ist die Reflexion nicht mehr komisch, die der weinende Hans Castorp, den chemischen Gehalt seiner Tränen betreffend, vor Joachim Ziemssens Totenbett anstellt: »Er wußte, es sei auch etwas Muzin und Eiweiß darin.«

In einer Welt, wo Kreons Sekretäre den Fall Antigone erledigen, einer Welt ohne normative Struktur und damit ohne Fallhöhe, gibt es keine Ironie. Wo alles wesensgleich ist und damit auf nichts als auf sich selber verweist, ist jenem Bezugs-, Verweis- und Kontrastspiel der Boden entzogen, das den poetischen und essayistischen Versuchen Thomas Manns ihren eigentlichen Reiz verleiht . . . jenen dialektischen Künsten, die Franz Kafka meinte, als er von dem *nutzbringenden Verliebtsein in das Gegensätzliche* sprach, das den *Tonio Kröger* charakterisiere.

Und in der Tat, *wenn man bedenkt*, daß es nur die Ironie war, die Thomas Mann davor bewahrte, jenem Tonfall Theodor Storms zu verfallen, der, zum Beispiel, das eher sentimentale Abschiedsgespräch zwischen Thomas Buddenbrook und seiner herzlieben Anna bestimmt – »Er küßte sie auf die Lippen und die Augen. ›Adieu, meine liebe gute kleine Anna‹«: Fontane, in *Irrungen, Wirrungen*, war da nüchterner . . . *wenn man, weiter, bedenkt*, wie turmhoch, dem Niveau nach, die ironischen Debatten im *Zauberberg* über den allzu direkten, unvermittelt schrillen Bekenntnissen in den *Betrachtungen* stehen – von den Radioreden an die deutschen Hörer zu schweigen: Sobald Thomas Mann auf Ironie und Vermittlung verzichtet und, statt in biblischer Sprache oder im Lutherdeutsch, auf Thomas Mannisch zu schelten anfängt, wird er gar zu leicht plump – versteigt sich am Ende dazu, diejenigen, die dreizehn Jahre lang von ihrer Führung geduzt wurden, seinerseits mit »ihr« und »euch« anzureden: als wäre damals nicht alles darauf angekommen, den Adressaten zunächst einmal die Würde eines Partners wiederzugeben . . . *wenn man drittens bedenkt*, daß Thomas Mann nur ein einziges Mal einen polemischen Essay über einen »Gegner« geschrieben hat (und auch der war indirekt), weil er nämlich sehr genau wußte, daß seine Ironie ihn beim Agitieren verließ – eine Ironie, die, auf Verständnis angelegt, auch noch im schlimmsten Feind den »Bruder« sah . . . *wenn man zum vierten bedenkt*, daß für Thomas Mann, diesen Beziehungskünstler, der es fertigbrachte, zugleich Lenin und Hofmannsthal, Brüning und Gorki zu loben und einen Jesuiten mit einem Kommunisten zu paaren, Ironie deshalb das einzige, Kunst verbürgende Lebenselixier war, weil sein Werk auf Vermittlung hin angelegt war, auf erasmianische Dialektik und nicht auf Einseitigkeit und eine Rhetorik, die den Kontrahenten zermalmt: darum sein Bekenntnis zu Deutschland als dem Land des Ausgleichs und der versöhnenden Mitte; darum seine Liebe für Hermes, den Verbinder der Sphären; darum seine Empörung, als sich ein Kritiker, Hans Mayer, erkühnte, ihn den Ungeliebten zu nennen: ausgerechnet ihn; darum aber auch seine Entschlossenheit, selbst die abscheulichsten Thesen, die Beschwörung des Krieges als des großen Reinigers etwa, unter der Optik einer am Ende denn doch noch erreichten Synthese zu sehen: nichts wird zurückgenommen, alles ist sinnvoll: »Die Betrachtungen stehen ganz richtig in meinem Werk«; darum das hochgemute Vertrauen, es müsse doch, zum Teufel, möglich sein, das frühe Axiom: *Die Politikferne der deutschen Kultur macht ihre Größe aus: Wagner hatte ganz recht, als er den politischen Menschen widerlich nannte* – mit der späteren Maxime in Übereinklang zu bringen: *Das deutsche Verhängnis beruht auf der Trennung von Marx und Hölderlin, von Politik und Metaphysik;* darum, um der coincidentia oppositorum willen, der Ausfall der Worte »Ich widerrufe«, darum aber auch die mangelnde definitorische Schärfe in diesem Werk und die Fülle schwankender Begriffe; darum die Vorliebe für den kombinatorischen Witz und die verwegenen Synopsen in einer überschaubaren Welt . . . *wenn man all das bedenkt*, dann wird man sagen müssen: Es war gut, daß ihm erspart geblieben ist, in einer Welt leben zu müssen, die mit Ironie, der großen Mittlerin, nicht mehr erschließbar ist. (Er hat es übrigens geahnt, daß er – da die Ironie ihr Substrat verloren hatte – im Alter ohne Werkzeug war: mittel-los geradezu. Die Lustlosigkeit, die ihn bei dem Gedanken befiel, den *Krull* eines Tages vielleicht doch noch beenden zu müssen, liegt, wir können dessen sicher sein, nicht zuletzt in der Erfahrung begründet – sie akzentuiert schon den *Faustus* –, daß mit Auschwitz auch jene letzten Konventionen ad absurdum geführt wurden, deren Existenz die *conditio sine qua non* für die Entfaltungsmöglichkeit der Ironie dieses Universalkünstlers war.

»Ich dachte, es käme nichts mehr«: Jawohl, der Satz trifft zu – auf den Patrioten, den Bürger und den Stilisten Thomas Mann. (Ich kenne in der deutschen Literatur der Gegenwart kein einziges Buch, von dem sich sagen ließe – dies ist, was den Stil betrifft, Geist vom Geiste Thomas Manns.)

Ein Abschied also? Abschied von einem Schriftsteller, dessen Kunst mit der Epoche vergangen ist, die er repräsentierte – ein Klassiker, ein Unzeitgemäßer? Ich glaube nicht.

Stellen wir uns am Ende eine Sekunde lang vor: Es hätte Thomas Mann nicht gegeben. *Buddenbrooks* und *Faustus* seien ungeschriebene Bücher. Was wäre dann? Die deutsche Literatur: um einen großen Schriftsteller ärmer. Gewiß. Doch das ist nicht alles. Wichtiger scheint mir zu sein: Hätten Thomas Mann und die Kompatrioten aus den Tagen der Emigration nicht gelebt . . . unser historisches Bewußtsein wäre ein anderes. Nach der Usurpation durch die Nationalsozialisten hätte Deutschlands bürgerliche Kultur nur ihre bourgeois-präfaschistische und nicht ihre freiheitlich-citoyenhafte Seite gezeigt. Der rote Schimmer wäre verborgen geblieben. Es gäbe keine Kontinuität. Das Vermächtnis der Aufklärung bliebe uneingelöst. Der Auftrag bürgerlicher Rebellen: vergessen. Marx würde in Lessings, Lessing in Luthers Jahrhundert gehören: alles gleich gestrig, alles gleich fern.

Es ist nicht zuletzt das Verdienst Thomas Manns – das Verdienst des Patrioten, Bürgers und Universalkünstlers, der die Vergangenheit der Gegenwart wortwörtlich angetragen hat, daß die Jüngeren in unserem Lande gegen die Gefahr gefeit sind, der Geschichtslosigkeit zu verfallen. Er hat den Schlemihlen gezeigt: Es ist nützlich, um einer Zukunft willen, daß ihr euch umdreht.

Kann man Größeres von einem Schriftsteller sagen? Ich denke, nein.

Plädoyer für einen Pluralismus der Wissenschaft

Plädoyer für einen Pluralismus der Wissenschaft... das heißt zunächst (Überlegungen folgend, die Margherita von Brentano angestellt hat): Appell an die Wissenschaft verwaltenden Instanzen: »Wahrt gegenüber allen Methoden und Lehrmeinungen szientifischer Art strenge Neutralität, sorgt dafür, daß sich *alle* wissenschaftlichen Konzeptionen frei entfalten können, daß *alle* – nicht nur die herrschende: scheinbar neutrale, in Wahrheit parteiische – vom Zwang befreit werden, sich ständig legitimieren zu müssen. *Alle*, die positivistische mit ihrer expansiven Neutralitäts-Ideologie in gleicher Weise wie die marxistische Theorie oder die Dogmatik der katholischen Kirche!« (Es wird um Konsequenz ersucht: Wenn es im Gründungsaufruf des »Bundes Freiheit der Wissenschaft« heißt, daß Wissenschaft nur existieren könne, solange kein Dogma im voraus festlege, was das Gute und das Böse sei, so zielt diese Invektive – und das sollte sie auch – zunächst auf den Marxismus, trifft aber zugleich – und das sollte sie wohl weniger – die Theologie: Ich fürchte, der Fortbestand zumindest der katholisch-theologischen Fakultäten wäre ernsthaft gefährdet, in diesem Land, wenn kein Dogma mehr bestimmen darf, was gut und böse ist.)
Plädoyer für einen Pluralismus der Wissenschaft heißt: In der wissenschaftstheoretischen Auseinandersetzung werden von außen her keine Prioritäten gesetzt . . . derart, daß sich die eine Methode – toleriert zwar, aber doch als abweichend verstanden – vor einer anderen rechtfertigen muß . . . einer anderen, die als Maßstab dient, mit dessen Hilfe sich die mehr oder minder große Abweichung von der vorgegebenen Norm feststellen läßt.
Plädoyer für den Pluralismus der Wissenschaft bedeutet damit: der Antragsteller insistiert darauf, daß an den Universitäten unserer Republik die Behauptung realisiert wird, die vor 100 Jahren, im Oktober 1877, der Rektor der Friedrich-Wilhelms-Universität, es war

Hermann Helmholtz, über die Lehrfreiheit an den Hochschulen des deutschen Reiches aufstellte: »In diesem Augenblick können auf deutschen Universitäten die extremsten Konsequenzen materialistischer Metaphysik, die kühnsten Spekulationen auf dem Boden von Darwins Evolutionstheorie ebenso ungehindert wie die extremste Vergötterung päpstlicher Autorität vorgetragen werden.«

Lassen wir den Papst und Darwin einmal beiseite . . . wie steht es in einem Augenblick um die freie Entfaltung der materialistischen Metaphysik marxistischer Provenienz, da der Kultusminister des Landes Baden-Württemberg in einem Brief an die »Hochschullehrer, Lehrer, Verleger und im Kulturbereich Tätigen« eine Beziehung zwischen dem von linksextremen Gruppen bedrohten Leben der Kinder und jenen »marxistischen Ideologen und Wissenschaftlern« herstellt, die, nach Wilhelm Hahn, »über Jahrzehnte den Studenten ihre realitätsfernen Theorien, die sich gegen unseren Staat und unsere Gesellschaft richten, mit viel Geist und Rhetorik verkündeten«?

In der Tat, meine Damen und Herren, das Plädoyer für den Pluralismus der Wissenschaft, das ich Ihnen vorzutragen habe, gilt – wie das Stuttgarter Schreiben vom 2. Juni 1972 beweist – Mandanten, deren Recht, als Bürger unter den Bürgern ihre Meinung vertreten zu dürfen, zunehmend bedroht ist. Es gilt den linken Hochschullehrern – eine verschwindende Minorität, wie man weiß: aber Hahn und die Seinen sprechen davon, daß an unseren Universitäten »einseitig und in großem Umfang Theorien verkündet werden, die auf eine Unterminierung unseres Staats und unserer Gesellschaft abzielen«; es gilt den Lehrern und Verlegern, es gilt aber auch jenen Politikern, die, wie die Vertreter der derzeitigen Bundesregierung, eine Amnestie für Demonstrationstäter durchsetzten, die angeblich, nach Hahn, »dazu beigetragen hat, politische Gewalttaten als Kavaliersdelikte zu beurteilen, die sogar positiv bewertbar seien«.

Meine Damen und Herren, als wir in unserem Kongreßappell darauf verwiesen, daß Disziplinierungsmaßnahmen, die sich heute in erster Linie gegen sogenannte Extremisten richten, morgen schon unbotmäßige Gewerkschaftler und Sozialdemokraten, Journalisten, die auf die Materialisation der Sozialgebote unseres Grundgesetzes pochen, oder Lehrer treffen können, die den Gedanken der Verschwisterung von Demokratie und Sozialismus vertreten, weil sie glauben, daß nur auf diese Weise die bürgerlichen Freiheiten, nunmehr Freiheiten für alle, realisiert werden können ... als wir den Kreis der potentiell Bedrohten so weit zogen, da hat man uns vorgeworfen, wir malten schwarz, wo nur grau sei, und unterschätzten das Ausmaß jenes liberalen Freiraums, der doch immerhin geblieben sei. Da hatte man vergessen, daß bereits vor Jahren, angeklagt mit anderen demokratischen Wissenschaftlern, ein Mann wie Ossip Flechtheim – zeitlebens ein Anwalt des Friedens, der sozialen Gerechtigkeit und der Gewaltlosigkeit – von Gerhard Stoltenberg als Verführer der Jugend hingestellt wurde ... jetzt aber sind es nicht allein die ›realitätsfernen Theoretiker‹, die – dennoch – mit der Realität Baader-Meinhof identifiziert werden: im Zeichen des großen Ketzergerichts stehen fortschrittliche Politiker neben Theologen, beide bezichtigt der Verletzung demokratischer Spielregeln, Vertreter der Massenmedien finden sich Seit an Seit mit den Regenten der sozialliberalen Koalition, deren Gesetzestätigkeit es zuzuschreiben sei, daß die »Grenze zwischen Recht und Unrecht für viele in der jungen Generation fließend geworden sei«. Professoren, Politiker, Theologen, Verleger, Publizisten, alle rot, alle als Sympathisanten in einem Atemzug mit Terroristen genannt: Wenn das keine Volksfront ist, die in diesem Brief vorgestellt und angeklagt wird, dann weiß ich nicht, was eine Volksfront ist. Hier springt die Katze aus dem Sack – eine Katze, die die Tollwut hat: Schluß mit der Toleranz gegenüber den Linken, heißt die Devise.

Ein Plädoyer für den Pluralismus der Wissenschaft zu halten, bedeutet also auch, darauf zu verweisen, daß man endlich aufhören möge, jene auf die Beförderung allgemeiner Emanzipation bedachten Menschen in diesem Land zu verketzern, die mit Fug betonen, daß unsere Rechtsordnung nicht identisch mit einer bestimmten, um jeden Preis zu verteidigenden Wirtschaftsform ist und das Grundgesetz nicht auf eine Realisierung im Sinne des Kapitalismus hin angelegt wurde. Es ist also, von der Sache her, keineswegs zwingend, daß – Sie gestatten eine Spekulation – ein Wissenschaftler ausgebuht werden muß, der auf einem Kongreß des »Bundes Freiheit der Wissenschaft« die These vertritt: »Das kapitalistische Wirtschaftssystem ist den staatlichen und sozialen Lebensinteressen des deutschen Volkes nicht gerecht geworden.« Es könnte durchaus sein, daß ein Journalist, der, von Löwenthal und Strauß und Springer mit Hohnlachen verfolgt, kein sogenannter Radikaler ist, obwohl er den folgenden Satz formuliert und sich zu ihm bekennt: »Inhalt einer sozialen und wirtschaftlichen Neuordnung von Grund auf kann nicht mehr das kapitalistische Gewinn- und Machtstreben, sondern nur das Wohlergehen unseres Volkes sein.«

Kein Zweifel, meine Damen und Herren, daß der Kongreßredner und der Journalist, die ich mir in meinem Gedankenspiel auszudenken versuchte, sprächen sie tatsächlich so, heute, in der *Welt* und im ZDF-Magazin, in den Ministerien der Herren Maier und Hahn, im *Bayernkurier* und in den Kreisen des BDI als – wie heißt es doch? – Ideologen, Radikale, Dogmatiker, Heilslehrer und Utopisten hingestellt würden . . . und dies, obwohl sie doch nur Sätze vortragen würden, die allesamt im Ahlener Wirtschaftsprogramm der CDU zu finden sind. Publiziert vor 25 Jahren und heute, in weiten Kreisen, nur noch verstehbar als ein revolutionärer Traktat: so weit hat sich, von herrschenden Interessen bestimmt: dienlich den Machtansprüchen einer winzigen Minorität, die Bundesrepublik zur Rechten hinbewegt. Was vor Jahren noch als eine eher liberale Maxime galt – Hermann Hellers Sentenz, daß zwangsläufig Formen des autoritären Regimes wieder hergestellt würden, wenn es nicht gelänge, den liberalen Rechtsstaat zu einem sozialen zu entwickeln und derart Demokratie sozial zu realisieren. . . Thesen dieser Art erscheinen heute als Elemente einer politischen Strategie, die diesen Staat vernichten will. So weit sind wir gekommen, in diesem Land: liberale Parolen gelten als rot, das Ahlener Programm erscheint wie eine sozialistische Fibel, Anwälte der Gewaltlosigkeit, von Flechtheim bis Böll, stehen am Pranger, als ob sie – und nicht die body-counter von Vietnam – Ziehväter jener Terroristen wären, die das Gebot der Solidarität mit den Deklassierten aufkündigten, als sie zu ihren Gewalttaten schritten.

Böll: ein Radikaler! Als ob das verurteilenswert wäre: radikal zu sein! Als ob »radikal« nicht ein Ehren-Wort der Aufklärer war und mit dem Begriff »Radikaler« sich Bürger ausgezeichnet sahen, die dem Übel an die Wurzel gingen, statt nur Symptome zu heilen. »Daher muß eigentlich ein jeder, welcher die Unvollkommenheit eines gegebenen Zustands erkennt und auf Heilung derselben denkt, ein Radikaler sein«: ein Zitat aus *Brockhaus' Conversationslexikon* von 1836, ein Satz aus einem Artikel, der, von bürgerlichem Freisinn zeugend, radikale Reform mit der Veränderung auf verfassungsmäßigem Weg identifiziert. So sprach man einst . . . und wenn man heute anders spricht und glaubt, sich von den Linken zu trennen, dann trennt man sich in Wahrheit von den fortschrittlichen Elementen bürgerlicher Überlieferung, zerschneidet den Faden, der zum Freiheitsdenken der Aufklärung führt, weil man fürchtet – und dies zu Recht –, daß in der sozialen Demokratie für alle verwirklicht werden könnte, was die liberale Einzelnen versprach.

So betrachtet, ist die Attacke gegen den Radikalismus – bei der nicht mehr gefragt wird, zu welchem Ziel und mit welchen Mitteln denn die Gesellschaft radikal verändert werden soll – eine Attacke gegen jene humanistische Tradition der Wissenschaft, die es, so bescheiden sie sich ausnimmt, in diesem Lande denn doch auch gegeben hat. Nicht nur Karl Marx hat, um der Veränderung aller Verhältnisse willen, in denen der Mensch ein elendes, erniedrigtes und beleidigtes Wesen ist, die Devise »Proletarier aller Länder vereinigt euch« geprägt . . . es gab – ein Beispiel, das für hundert andere steht – auch einen Arzt, der von den Behörden nach Schlesien beordert wurde, um dort nach den Ursachen der Typhus-Epidemie zu fahnden. Er fuhr hin, dieser Arzt, sah sich um und erklärte nach seiner Rückkehr, nur die »Association der Besitzlosen« könne bewirken, daß die Menschen aufhörten, bloße Maschinen anderer zu sein: Einzig die »Association der besitzlosen Arbeit mit dem Capital« sei das Mittel, um den sozialen Zustand zu bessern. »Capital und Arbeit«, schrieb dieser Mann, »müssen mindestens gleichberechtigt sein, und es darf nicht mehr die lebendige Kraft dem toten Capital unterwürfig sein.« Geschrieben im Jahre 1849; geschrieben von einem bürgerlichen Reformer, der heute als radikaler Heilslehrer und Utopist denunziert würde: sein Wort in Hahns und Maiers Ohr! Rudolf Virchows Wort ins Ohr aller derjenigen, die in gewerkschaftlicher Organisation, im Entwurf von Mitbestimmungsmodellen und – als Voraussetzung dazu – in der Beförderung humaner Radikalität einen Vorstoß gegen angeblich unverzichtbare Spielregeln sehen, die heute wie damals im Raum der Wissenschaft Respektierung beanspruchen müßten. Mögen die Virchow und Mommsen – der alte Achtundvierziger –, die Gervinus und Humboldt Ausnahmen gewesen sein, die die Regel bestätigen: daß sich eine scheinbar unpolitische, auf Wertsetzungen verzichtende Wissenschaft der Kontrolle über das von ihr Verlangte begibt und so gerade wegen ihres unpolitischen Selbstverständnisses mühelos politisiert werden kann . . . sie haben Zeichen gesetzt, die progressiven Wissenschaftler in der heroischen Phase des Bürgertums, und es ist Sache der wahrhaft Liberalen und Sozialisten in die-

sem Land, ein Erbe fortzusetzen, das die Konservativen verrieten: Rudolf Virchow, zu seiner Zeit wegen »Reformvorschlägen und politischer Betätigung« des Amtes enthoben, stünde – im Zeichen des Stuttgarter Schreibens vom 2. Juni 1972 – auch heute am Pranger . . . und was für ihn gilt, gilt – abermals, stellvertretend, ein Beispiel – in gleicher Weise für einen Wissenschaftler wie Einstein . . . Einstein, der erklärte, der Erste Weltkrieg sei angestiftet worden von »der herrschenden Klasse in Deutschland«, Einstein, der in seinem Traktat *Warum Sozialismus?* die Verkümmerung des Einzelmenschen als schlimmstes Übel der kapitalistischen Profitwirtschaft bezeichnete. Einstein, der Radikale (hätte man ihn nach solchen Thesen bedenkenlos zum Beamten ernannt?), Einstein, der Utopist und Ideologe, ein Radikaler und Heilslehrer . . . oder wie immer, auf die Urheber zurückprallend, die Schimpfworte lauten . . . die zum Teil übrigens kontradiktorisch sind. Der Springer-Presse und dem ZDF-Magazin sei die Lektüre von Karl Mannheims *Ideologie und Utopie* anempfohlen – man kann's auch bei Werner Hofmann nachlesen. Ideologisches Denken ist Denken der herrschenden Gruppen, utopisches dagegen Denken der Unterdrückten, denen es auf die Umformung der gegebenen Gesellschaft ankommt. Utopist oder Ideologe: eins von beiden geht nur, und was das Schmähwort »Heilslehrer« angeht, so frage ich mich, ob denn ein Heilslehrer wirklich schlechter als ein Unheilslehrer ist, wenn es um jenes Wohl und Wehe der Gesellschaft geht, dessen Veränderung zum Guten hin der Pluralismus der Wissenschaft, wie er hier verstanden wird, befördern hilft.
Plädoyer für einen Pluralismus der Wissenschaft . . . das meint aber vor allem, nun in einer anderen Bedeutung des Worts: Vertretung einer Wissenschaft, die, statt sich selbst genug zu sein, der Sozietät zugewandt ist, der sie dient und die sie in Frage stellt, indem sie die bestehende Gesellschaft, vorgriffsartig und vergleichsweise, an einer als möglich vorgestellten humaneren und sozialeren Ordnung der Zukunft mißt: »Dem Egoism«, schreibt Kant in der *Anthropologie*, »kann nur der Pluralism entgegengesetzt werden . . . d. i. die Denkungsart, sich nicht als die ganze Welt in seinem Selbst befassend, sondern als einen bloßen Weltbürger zu betrachten und zu verhalten.« Pluralismus heißt also, auf die Wissenschaft bezogen, die Privatheit eines nur sich selbst verantwortlichen Metiers zu leugnen und, mit Kant, »das Dasein anderer, mit mir in Gemeinschaft stehender Wesen« zu realisieren . . . und es nicht nur zu realisieren,

sondern, Wirklichkeit und Möglichkeit miteinander vergleichend (wer, wenn nicht der Wissenschaftler, könnte das?), dazu beizutragen, daß die Produktivkräfte, die ein menschenwürdiges Leben für alle gewährleisten könnten, nicht länger durch soziale Verhältnisse gedrosselt werden, die, wo Reichtum möglich wäre, das Elend belassen. »Können wir uns der Menge verweigern«, heißt es in Brechts *Galilei*, »und doch Wissenschaftler bleiben? . . . Ich halte dafür, daß das einzige Ziel der Wissenschaft darin besteht, die Mühseligkeit der menschlichen Existenz zu erleichtern. Wenn Wissenschaftler, eingeschüchtert durch selbstsüchtige Machthaber, sich damit begnügen, Wissen um des Wissens willen aufzuhäufen, kann die Wissenschaft zum Krüppel gemacht werden und neue Maschinen mögen nur Drangsale bedeuten.« Ich denke, man kann, in der Sprache der Poesie, nicht exakter umschreiben, was, in der Diktion des philosophierenden Jakobiners aus Königsberg, Pluralism bedeutet. Pluralismus der Wissenschaft meint, im Kantschen Sinne: allgemeine objektive Bedürfnisse über partikulare Interessen zu stellen und die Verfügungsgewalt des abstrakten Individuums in der Freiheit der solidarisch Produzierenden aufzuheben. Das heißt konkret: Eine Wissenschaft, die unter »Praxis-Bezug« und »gesellschaftlicher Relevanz« versteht, die Universität müßte zunächst einmal auftragsfähig für die herrschende Schicht in dieser Gesellschaft sein, ohne zu bedenken, daß sie damit jene Schicht preisgeben könnte, deren Existenz, mit Werner Hofmann zu reden, den objektiven Möglichkeiten der Gesellschaft am meisten widerspricht . . . eine solche unkritische Wissenschaft sollte auf den von Brecht geforderten hippokratischen Eid für alle Wissenschaftler lieber verzichten . . . es würde ein Meineid daraus.

Den Schwur ablegen, ihr Wissen zum Wohle der Menschheit anzuwenden, kann allein eine Wissenschaft, die zum ersten ihre Autonomie – die Autonomie einer demokratischen Institution selbstverständlich – zu verteidigen versteht, weil sie weiß, daß sie der Gesellschaft nur als deren kritischer Widerpart und nicht als ein fungibles Element dienen kann, das, beschränkt auf pure Funktionalität, von den jeweils dominierenden Interessen nach Belieben zu manipulieren ist.

Den hippokratischen Eid ablegen kann zum zweiten nur eine demokratisch orientierte Wissenschaft, die sich, radikal unterschieden von den nach staatlichem Eingriff verlangenden Freiheitsbund-Sprechern, allen Plänen zu widersetzen weiß, die eine erweiterte Hochschul-Kompetenz der Länder, bis hin zur Fachaufsicht, fordern. (Man schaue nach Konstanz: Da ist nicht mehr die Rede von Ruhe und Ordnung: eine Ordnung, die nicht meine Ordnung ist, sagt der Minister, ist überhaupt keine Ordnung.) Wie hellseherisch muten in diesem Augenblick die Schleiermacherschen Gedanken über die Universitäten im deutschen Sinne an, die mit aller Schärfe den Interessenskonflikt zwischen der Wissenschaft und einem Staat analysieren, der allein an der raschen Verwertbarkeit realer Kenntnisse interessiert ist. Die Diagnose stimmt – mutatis mutandis selbstverständlich – heute wie damals. Nicht »das Geschlecht erfinderischer Zwerge«, so Brecht, »die für alles gemietet werden können«, sondern nur jene demokratischen Wissenschaftler können den Eid schwören, die Begriffe wie »gut« und »böse« zwar als gesellschaftlich veränderbare, kritisch zu hinterfragende Kategorien ansehen . . . aber eben doch als Größen, der sich jede Wissenschaft verpflichtet weiß und die nicht – per se – ins Reich der Dogmatik gehören.

Ein Plädoyer für den Pluralismus der Wissenschaft als einer wissenschaftspolitischen Forderung: Chancengleichheit für *alle* Lehrmeinungen – hat auch zu betonen, daß sich die Wertigkeit einer Theorie danach bemißt, in welcher Weise sie zur Beförderung des weltbürgerlichen Pluralism in einer nicht mehr von Klassenantagonismen bestimmten Gesellschaft beiträgt.

Diese Aufgabe ist uns allen gestellt: Wir haben darauf zu bestehen, daß die Forderung, die Rudolf Virchow vor 130 Jahren aufstellte: volle und unumschränkte Demokratie, gleiches Recht für jedermann, realisiert wird; wir haben uns dagegen zu wehren, daß die inzwischen auch von der Jungen Union als Reaktionäre gebranntmarkten Vertreter vom »Bund Freiheit der Wissenschaft« und ihre Interessenswahrer in Ministerien, Parteien, Massenmedien und Wirtschaft sich auf eine bürgerliche Wissenschaft berufen, deren progressive Vertreter es nicht verdient haben, als Eideshelfer für die Sache der Reaktion herhalten zu müssen: Ein Boot, in dem zugleich ein Platz für Maier und Gervinus ist, gibt es nicht. Virchow und Einstein waren radikal und sind es heute noch . . . radikal wie anno 72 die Thesen des Ahlener Programms und die Sozialartikel jenes Grundgesetzes sind, das, an der Verfassungswirklichkeit gemessen, längst revolutionären Charakter gewonnen hat.

Dies alles gilt es zu verteidigen: wir stehen mit dem Rücken zur

Wand; wenn wir uns nicht zusammenschließen, Marxisten, Radikaldemokraten und Liberale: wenn wir uns auch in Zukunft nur in den Verlautbarungen der Hahns vereint wissen wollen und nicht, auf breiter Basis, gewerkschaftlich-solidarisch handeln, dann könnte nicht nur die Wissenschaft, in dieser Republik, ihre Freiheit verlieren.

Wider die Isolation

Am 13. Juni des Jahres 1583 wurde an der Universität Tübingen der Hochschullehrer Apian, ein Mathematiker, auf landesherrlichen Befehl seines Amtes enthoben, weil er, als Gegner der Orthodoxie, sich geweigert hatte, jene Konkordienformel zu unterschreiben, die in den lutherischen Territorialkirchen die sogenannte »reine Lehre« absichern sollte. Die Dogmatiker triumphierten, Macht und Intoleranz setzten sich durch, Apian, der »calvinistischen Manier« verdächtigt, wurde beurlaubt.

Einhundertzwanzig Jahre später, am 25. Juni 1708, wurde, an der gleichen Universität, ein vierzehnjähriger Stipendiat mit Namen Wilhelm Eyrich relegiert, weil er sich während eines Gewitters zu dem Ausspruch hatte hinreißen lassen: »Gott« – so die protokollierte Zeugenaussage – »hat Sauerkraut und Buttermilch gegessen, daher rumpelt sein Bauch also.« Die Orthodoxie pochte auf ihre Rechte; der Student wurde, weil er »entsetzliche Gotteslästerungen unter höhnischem Gelächter ausgestoßen habe«, mit Schimpf und Schande entlassen – wäre er älter gewesen, man hätte ihm noch ganz anders die Leviten gelesen. »Wann Inquisit 18 Jahre alt wäre«, erklärte der Dekan, »gehöre ihm der Kopf vor die Füße.« Soweit Fall Nummer zwei.

Einhundertfünfzig Jahre darauf, als die Studenten, schwarz-rot-goldene Mützen tragend, eine akademische Leichenfeier in eine politische Demonstration umfunktioniert hatten, im November 1852, argumentierte das Württembergische Ministerium des Kirchen- und Schulwesens, in einem an die Academische Disziplinar-Commission gerichteten Schreiben, in folgender Weise: »Insofern eine . . . (politische Demonstration) schon an sich als tadelnswerth erscheint, indem es der zum Lernen berufenen Jugend nicht zustehen kann, sich als politische Körperschaft zu gerieren und als solche an offenbaren Partei-Aktionen sich zu betheiligen«, überdies aber auch zu befürchten steht, daß die demokratische Verbindung »von neuem die Verfolgung politischer, in ihrem Endziel auf den gewaltsamen Umsturz des Bestehenden abzweckender Bestrebungen« betreibe, »so darf die oberste Aufsichtsbehörde nicht zögern einzuschreiten.« Dies Fall Nummer drei.

Siebzig Jahre später, am 18. Februar 1926, wurde, wiederum an der Universität Tübingen, der Student Werner Klimpt für die Dauer von zwei Jahren relegiert, weil er, in »bewußter Mißachtung« eines Rektorats-Erlasses, den kommunistischen Reichstagsabgeordneten Dr. Rosenberg gebeten hatte, in Tübingen einen Vortrag zu halten: Das war ungefähr zur gleichen Zeit, als der Professor der Nationalökonomie Adolf Wilbrandt, ein gemäßigter Sozialdemokrat, auf Betreiben des Rektoramts einen Verweis erhielt, weil er an einer Versammlung teilgenommen hatte, in deren Zentrum eine Ansprache jenes Heidelberger Privatdozenten Emil Gumbel stand, der, ein überzeugter Republikaner und Pazifist, auf Grund seiner Erklärung, die Soldaten seien im Weltkrieg auf dem Feld der Unehre gefallen, in den Kreisen der konservativen Akademiker-Majorität als vogelfrei galt: Der Mann sei mißliebig, ließ das Tübinger Rektoramt wissen, die von den Gewerkschaften mitgetragene Veranstaltung bedeute eine Provokation, *jeder* Vortrag Gumbels, der Mann möge reden, worüber er wolle, sei als *unerwünscht* und *verhängnisvoll* zu betrachten. Kein Wunder also, daß militante Studentengruppen die Gelegenheit nutzten, um nicht nur dem Redner, sondern auch den Gewerkschaften und – vor allem! – dem einzigen linksliberalen Wissenschaftler der Universität zu bedeuten, wer Herr im Hause war und wer nicht. Adolf Wilbrandt stand auf verlorenem Posten: »Die Pflicht der Gerechtigkeit« – so ein Brief an den Rektor – »gegen einen vielleicht verkannten, vielleicht mißverstandenen Kollegen steht mir höher als die Rücksicht auf eine doch leider erfahrungsgemäß nicht unfehlbare akademische Gemeinschaft. Würde ich die letztere voranstellen, so liefe ich Gefahr, jemanden die Wiederherstellung seiner von der akademischen Gemeinschaft verunglimpften Ehre unmöglich zu machen, sobald die akademische Gemeinschaft sich geschlossen gegen ihn stellt. Die letzte Verpflichtung würde eine mittelalterliche sein.« Geschrieben vor einundfünfzig Jahren, am 16. Juli 1925. Gültig geblieben bis zum heutigen Tag: gültig im Jahre 1938, als ein Student der Rechtswissenschaft namens Kurt Schmid relegiert wurde, weil er sich geweigert hatte, ein Protesttelegramm der nationalsozialistischen Studentenschaft an den Bischof von Rottenburg zu billigen. Gültig im Jahre 1976, als, im Zeichen der Berufsverbote, neben zwei Tutoren auch dem Krankenpflegerschüler Thomas Lange – er hatte für die DKP zum Tübinger Gemeinderat kandidiert und ist Vorsitzender eines gewerkschaftlichen Kreisjugendausschusses – die Beschäftigung aufgekündigt wurde – lapidar und ohne Angabe von Gründen.

Fürwahr, das nenne ich mir eine Bilanz! Ob »Gotteslästerer«, ob »Demokrat«, ob »Calvinist«, ob »Friedensfreund«, ob »Kommunist«: Wer opponiert, wer anders denkt, wer, einer Minorität zugehörig, auf der falschen Seite steht, wird relegiert, gesellschaftlich verfemt, seines Amtes enthoben: Im sechzehnten Jahrhundert so gut wie in unseren Tagen. Das Resümee ist düster; keine Rede von wachsender Toleranz, von Aufklärung in Nathans Sinne – Goezes Nachfolger haben das Zepter wieder fest in der Hand: »Tut nichts, der Jude wird verbrannt«, heißt die Devise; Metternich ist heimgekehrt: Als, um 1830, im Württembergischen bürgerliche Demokraten gegen das feudale Regiment zu opponieren begannen, da wurde am habsburgischen Hofe erkannt, daß es bei dieser Auseinandersetzung in Wahrheit um einen Streit zwischen den *Habenden* und *Habenwollenden* ginge, einen Streit, der sich – so Metternich – am wohltätigsten durch eine *gediegene Universitätsreform* beseitigen ließe . . . beseitigen im Sinne der Habenden, wie sich versteht: durch eine Reform, die die von Metternich beklagte *Entfremdung der Hohen Schulen von ihrer ursprünglichen und einzig wohlthätigen Bestimmung* beende, dem Lande gehorsame Diener zu schenken. Fort also mit jenen Professoren, hieß die Devise, die die Studenten als Werkzeug ihrer *abentheuerlichen politischen Pläne* mißbrauchten, fort mit den radikalen Elementen, auf deren Konto die Gebrechen des Universitätswesens gingen. Wie sich die Zeichen gleichen! Wie der Geist der Metternichschen Reaktion anno 76 in jenen Verlautbarungen von Stuttgart und München fröhliche Urständ' feiert, deren Diktion bis ins Detail hinein dem stilus Serenissimi folgt: *Ich habe verboten, es erscheint mir nicht ratsam, ich sehe keine Veranlassung, der Herr Minister hat so entschieden.*

Die Bilanz, nochmals, ist trist . . . und sie wird noch trister, wenn man bedenkt, daß bis ins neunzehnte Jahrhundert hinein die Verdammung des Ketzers, des lutherischen Irrlehrers, des Papisten, des Demokraten, des Jakobiners mit dem Blick auf das Seelenheil des Inkriminierten erfolgte – um andere vor Verführung, aber auch um den

Delinquenten selbst vor Elend und Schimpf zu bewahren. Ein Rest von Humanität immerhin – verglichen mit jenen Urteilen aus unseren Tagen, in denen, wie der Fall Offergeld zeigt (und nicht nur er), der Abweichler mit einer »Inquisition« konfrontiert wird, die, radikal säkularisiert, den – aus ihrer Sicht – Irrenden in einen Gesetzesbrecher verwandelt. Wie weit also sind wir – selbst unter diesem Aspekt! – hinter der Aufklärung und den Anfängen jener bürgerlichen Emanzipationsbewegung zurück, die es in unserem Lande denn doch auch gegeben hat . . . eine Tatsache, die zu betonen in einem Augenblick wichtiger denn je ist, wo, im Zeichen von Restauration und Nostalgie, die These von der *deutschen Misere* die allgemeine Lethargie, statt ihr Paroli zu bieten, eher noch verstärkt. *Was sollen wir tun?* heißt es dann, wir, die wir nie ein revolutionäres Bürgertum hatten (sondern nur, wie Fontane das genannt hat, eine durch und durch »verassessorte und verreserveoffizierte« Bourgeoisie): wir – ein Volk ohne selbstbewußte, nicht nur wirtschaftlich, sondern auch politisch emanzipierte Bürger; wir – mit unserer ewigen Verspätung, unserer ungeliebten revolutionären Tradition, unseren Schatten-Sozialisten, unseren allenfalls bei Feierstunden aus dem Museum geholten Achtundvierzigern und unseren noch immer unentdeckten citoyens? Nichts ist gefährlicher als dies: Nichts führt leichter als die These von der deutschen Misere zum Eskapismus. Wer so redet und – in einem Moment, wo alles – aber auch alles! – auf die Verteidigung der in der Französischen Revolution errungenen bürgerlichen Schutzrechte ankommt, einen Begriff wie »bürgerlich« seiner konkreten Dialektik beraubt; wer vergißt, daß die bürgerliche Gesellschaft – zumindest tendenziell – auch in unserem Land eine utopisch-revolutionäre Komponente besessen hat; wer den auch diesseits des Rheins erkennbaren roten Schimmer der Trikolore nicht wahrnehmen will, der begibt sich ins politische Abseits und lebt in einem geschichtsfernen Raum. »Deutsche Misere«: Das ist zu einfach. »Deutsche Misere«: Da kommt nicht in den Blick, daß es auch bei uns, unter den citoyens, eine Verschwisterung von liberté und égalité, in Babeufs Manier, gegeben hat . . . und diese Tradition gilt es fortzusetzen – nicht nur von denjenigen unter uns, die sich, wie ich, als citoyens und Radikaldemokraten verstehen. Hier, bei den radikalen Bürgern, gilt es neu zu beginnen und darauf zu verweisen, daß ein staatliches Regiment, das sich der Berufsverbote bedient, sogenannte »Radikale« verteufelt und damit die Verminderung von Kritikfreude und

Meinungsfreiheit befördert, sich in einen eklatanten Widerspruch zu jenen Postulaten der bürgerlichen Aufklärung setzt, auf die es sich – bei anderen Gelegenheiten – so gern beruft.

Demgegenüber – ich habe es im November auf dem Frankfurter Schriftsteller-Kongreß gesagt, ich muß es hier wiederholen – gilt es von uns, den Republikanern in diesem Land, zu betonen: Thomas Mann und Antikommunismus (Antikommunismus als bundesrepublikanische Zentral-Ideologie im Sinn Alfred Grossers), Einstein und Metternichsche Reaktion, Virchow und der Totengräber-Slogan »Freiheit oder Sozialismus«: Das paßt nicht zusammen. Da wird eine Tradition preisgegeben, nein, an den Pranger gestellt, ohne die es eine Kultur in unserem Lande nicht gäbe. (Die in der Gewerkschaft versammelten Lehrer wissen, was sie tun, wenn sie, im Zeichen dieser aufklärerischen Tradition hierzulande, den Neo-McCarthyismus zu konterkarieren versuchen. Sie wissen aber auch: Der Kampf gegen die Berufsverbote ist unteilbar. Darum nennen sie das Berufsverbot gegen Wolf Biermann genauso beim Namen wie die ungeheuerliche Behandlung der Prager Reformer oder die Disziplinierung der Praxis-Gruppe in Jugoslawien.)

Ich spreche von unserer Geschichte und nenne Beispiele, um erstens zu belegen, welcher Art die Tradition ist, der die Praxis der Berufsverbote folgt, und um zweitens zu demonstrieren, daß es auch eine andere Tradition gegeben hat, hierzulande – eine Tradition, deren Fortsetzung allein uns in diesem Augenblick vor der Gefahr bewahren kann, daß wir uns nicht nur, im internationalen Maßstab, von den europäischen Demokratien, sondern auch, im nationalen, von unserer Geschichte und der in ihr enthaltenen, Demokratisierung fördernden Tendenz lossagen.

Auf historisch bedingte Widersprüche in unserer Gesellschaft verweisend, müssen wir uns gleichsam als »Spiegelhalter« begreifen; als »Spiegelhalter«, die, gestützt auf Argumente und Belege, darauf verweisen, mit welcher Rapidität sich der Isolierungs-Prozeß – identisch mit einem Rechts-Trend ohne Beispiel – vollzieht: Was anno 46 eine CDU-Parole war – man höre und staune: »Der Kapitalismus ist zusammengebrochen. Wir sind die Letzten, die ihm eine Träne nachweinen. Die Zukunft wird sozialistische Züge tragen« –, fungiert heute, in der Schulklasse geäußert, als Beleg sogenannter radikaler Gesinnung . . . und das um so plausibler, als auch Gewerkschaftler und Sozialdemokraten Sätze wie diese allenfalls noch hinter vorgehaltener Hand artikulieren – womit auch sie sich nicht nur gegenüber den Sozialisten in anderen Ländern, sondern auch gegenüber ihrer Tradition isolieren: in einem Akt der Väter-Verbrennung, der beispiellos ist und zur Folge hat, daß Proklamationen von Bebel, Wilhelm Liebknecht oder Schumacher, mit ihren Reizworten (die, im übertragenen Sinn, tatsächlich Reiz-Worte sind) und ihren emanzipatorischen Parolen, heute wie Losungen von anderen Sternen erscheinen, während sich umgekehrt die Entscheidungen kaiserlicher Instanzen anno 76 wie sozial-liberal abgesegnete Verwaltungserlasse ausnehmen: »Durch den Beitritt zur sozialdemokratischen Partei hat der Angeschuldigte sich nicht nur des Vertrauens unwürdig gemacht, die sein Beruf erfordert, sondern auch die Pflichten seines Amtes verletzt, das von ihm das Eintreten für die bestehende Rechtsordnung verlangt, mit deren Wahrung die Ziele der Sozialdemokratie in Widerspruch stehen«: So die Entscheidung eines preußischen Oberverwaltungsgerichts vom Jahre 1907 – eine Entscheidung, die sich auf jene im »Allgemeinen Landrecht für die preußischen Staaten« von 1794 formulierte »besondere Treuepflicht der Beamten« beruft, auf der, fritzisch und obrigkeitsstaatlich, auch heute noch unsere Rechtssprechung ruht: Das haben, in ihren Verfahren, nicht nur die Mitglieder der DKP, sondern vor allem auch, unter dem Begriff »Kommunisten« verketzert, jene Gewerkschaftler erfahren, die, als Nicht-Kommunisten, mit Thomas Mann im Antikommunismus die Grundtorheit unserer Epoche erblickten.

Der Radikalen-Erlaß hat seine Geschichte – eine Geschichte, die den Charakter einer makabren Moritat hat: Da gibt es, 1933 erlassen, das Gesetz zur Wiederherstellung des Berufsbeamtentums mit seinem vierzig Jahre überspringenden Paragraphen 2a (»Zu entlassen sind auch Beamte, die sich in Zukunft im marxistischen, kommunistischen oder sozialdemokratischen Sinne betätigen«), da gibt es den Erlaß Wilhelms II. zur Bekämpfung sozialistischer und kommunistischer Ideen mit seinem auch heute noch wirkungsvollen Befehl: »Die Belehrung über die Verderblichkeit der Sozialdemokratie hat in den höheren Schulen, ohne in eine nähere Erörterung der sozialistischen Ideen einzutreten, an der Hand gesunden Menschenverstandes zu erfolgen.«

Und da gibt es schließlich die Urteile des preußischen Oberverwaltungsgerichts aus der Kaiserzeit, die sich auf die Identität der Begriffe »sozialdemokratisch« und »staatsfeindlich« stützten und es folglich, zum Beispiel, für recht erachten konnten, daß man einen Bürgermeister aus dem einzigen Grund zu einer Geldstrafe verdonnerte, weil er es gewagt hatte, einen sozialdemokratisch tätigen Uhrmachermeister als Beisitzer bei einer unteren Verwaltungsbehörde in Vorschlag zu bringen. Ein Sozi kann kein Beamter sein, hieß die Devise, Linke waren Verfassungsfeinde . . . und sind es noch heute!

Der Radikalen-Erlaß, darauf kommt's an, richtet sich nicht nur gegen lebende Kommunisten, sondern, wenn sozialdemokratische Minister ihn ausführen, gegen die großen Toten in den eigenen Reihen. Oder glaubt man vielleicht, daß (würde der Erlaß exakt befolgt) ein Mann Beamter werden kann, der ein solches Programm formuliert hat: »Der Staat soll aus einem auf Klassenherrschaft beruhenden Staat in einen Volksstaat verwandelt werden. In diesem Staate soll die Gesamtheit . . . die genossenschaftliche Produktion an Stelle der einzelnen Privatunternehmer treten lassen. Um den Volksstaat zu bekommen, dazu muß die Herrschaft der privilegierten Klassen und Personen gebrochen werden. . . Der Verlauf dieser Entwicklung hängt von dem Widerstande ab, den die Bewegung an ihren Gegnern findet. Das Eine steht fest: Je heftiger der Widerstand, um so gewalttätiger die Herbeiführung des neuen Zustandes. Mit Sprengen von Rosenwasser wird die Frage auf keinen Fall gelöst.«

Drechslermeister Ferdinand August Bebel aus Köln: ein Beamter in Nordrhein-Westfalen? Bebel, der, anders als wir, die Möglichkeit eines gewaltsamen Umsturzes nicht ausschloß? Bebel, als Lehrer an einer Gewerbeschule seiner Heimatstadt? Kein Gedanke daran! Und Bebel stünde nicht allein, sondern wäre umgeben von Tausenden alter Genossen aus den Kreisen der kaiserlichen Sozialdemokratie.

In der Tat, wir müssen wieder lernen, geschichtlich zu denken, Vergangenes und Gegenwärtiges, Fortschrittlich-Latentes und Rückschrittlich-Potentes einander gegenüberzustellen . . . und das sehr konkret. Wir müssen zum Beispiel den Feudal-Charakter eines Adjektivs wie »geneigt« durchschauen: »Wenn die Gewinn-Aussicht zu gering ist«, das hören wir täglich, »werden die Unternehmer nicht geneigt sein zu investieren, und dann ist es um die Arbeitsplätze geschehen.« Was würde wohl geschehen – eine Brechtsche Verfremdung –, wenn die Gewerkschaftler den Begriff übernähmen und auf einmal erklärten: »Wir sind nicht geneigt, unser Hirn und unsere Muskeln zu investieren«?

Geschichtlich zu denken, das heißt zu erkennen, daß jetzt der Augenblick gekommen ist, da in unserem Land die Verbindung endgültig abzureißen droht, die, zur Zeit von Schumacher und Karl Arnold, noch zwischen Tagespolitik (und deren Ideologie) und dem – in einem humanen Sozialismus aufhebbaren – Programm von 1848 bestand.
Geschichtlich begründet, vernünftig zu denken, das heißt zu realisieren: Nicht derjenige, der mit dem großen Staatsrechtslehrer der Weimarer Zeit Hermann Heller die These vertritt: Entweder wird der liberale Rechtsstaat in einen sozialen verwandelt oder man verzichtet eines Tages um der Erhaltung wirtschaftlich privilegierter Gruppen auf Rechtsstaat und Demokratie: nicht der Radikaldemokrat, der mit Beharrlichkeit und Konsequenz darauf besteht, das in der bürgerlichen Revolution Versprochene einzuklagen – einzuklagen für jedermann –, sondern jener Anwalt eines autoritären Dogmatismus ist der Widersacher der Demokratie, der die im libertären Sozialismus erkämpfte Devise »Freiheit ist die Freiheit der Andersdenkenden« rückgängig machen will und »Freiheit« mit der Freiheit des Feudalherrn identifiziert, zu tun und zu lassen, was ihm beliebt.
Auf wessen Kosten dies, wenn das so weiter geht, geschehen wird, das lehrt die Geschichte des Radikalen-Erlasses und seiner Folgen.
Folge eins: Eine totale Isolation in Westeuropa.
Folge zwei: Wiederherstellung des ancien régime.
Folge drei: Die Preisgabe jener von Hegel beschriebenen geschichtlichen Idealität, deren Formel heißt: Die Freiheit des Individuums mit der Freiheit der Sozietät, die Freiheit des Allgemeinwesens mit der Freiheit des Subjekts zu identifizieren.
Folge vier: Die Preisgabe aller Errungenschaften der Zeit Lessings und Diderots: von der Toleranz bis hin zum Ausgang aus der Unmündigkeit.
Hier geht es – dies zeigt schon der eine Fall Staeck – nicht um einen Willkürakt, der folgenlos bliebe: Hier geht es um den Versuch – den blindwütigen, mit dem Preis absoluter Vereinsamung in Raum und Zeit erkauften Versuch –, *die Aufklärung rückgängig zu machen*.
Diesen Tatbestand beim Namen zu nennen, ist die erste Voraussetzung, um einen solchen Versuch zu verhindern . . . und zwar mit Erfolg.

Praeceptor Germaniae: Axel Caesar Springer

Indem er wirklich ist, was er zu sein meint, täuscht er schon.
Peter Brückner

Noch wissen es erst wenige, bald aber werden es Millionen sein, denen, in einem Akt jäher Erhellung, die Erfahrung zuteil wird: In unseren Tagen wurde eine neue Bibel geschrieben. Sie heißt *Von Berlin aus gesehen* und trägt den Untertitel *Zeugnisse eines engagierten Deutschen.* Der sie geschrieben und durch Briefe, Reden und Bekenntnisse ergänzt hat, ist Axel Springer. Springer, der Prophet und Messias. Springer, der Retter aus Deutschland. Springer, ein Apostel der Freiheit. Der gute, der demütige, der fromme, der väterliche, der bescheidene Springer – ein Beauftragter Gottes in gottferner Zeit. Erwählt unter dem Volk. Springer: der einzig Gerechte inmitten der Christen, die keine Christen mehr sind. Springer, das Symbol: Licht kämpft mit Finsternis; das Gute steht auf, um dem Bösen Paroli zu bieten; das Kind des Lichts versperrt Beelzebub den Weg.

Zeugnisse eines engagierten Deutschen: Dokumente eines Leidenswegs. Der Klageschrei des Lammes, das man in einen Wolfskäfig sperrte. Wie sanft ist seine Stimme, und wie rein sein Gemüt!

Der als Ausbeuter, kalter Krieger und Meister der Verteufelung verketzerte Mann ist in Wahrheit ein zarter und inniger Mensch. Ein Mystiker und Verteidiger jenes *memento mori*, *das leider in Vergessenheit gerät.* Ein Poet geradezu. Ein Lyriker, der seine Reden gern, im Eichendorff- oder Mörike-Ton, mit einer Naturbeschreibung beginnt: »Alle Jahre, wenn die Nächte länger werden und morgens Nebelschwaden dies Land verhüllen, wenn Laub sich färbt, stehe ich hier oben in diesem schönen Theater.« So poetisch tönt es, dem Genius loci entsprechend, in Lindau – vom nahen Meersburg grüßt, geschwisterlich, die Droste herüber. Aber auch im Ruhrgebiet, im Land der rauchenden Schlote, bringt Springer die Harfe zum Klingen: eines Neubaus gedenkend, der sich unaufdringlich in die Landschaft *schmiegt.* Selbst der Stein gewinnt eine Seele, wenn ihn der Konzernherr besingt – Springer, der Meister aus Deutschland, dessen zarte Rede plötzlich markig und kernig und lutherisch-altvorderlich wird: schlicht und rauh, sobald es der Ernst der Lage gebietet. »Lieber Hans«, schreibt er dem sterbenden Zehrer, »morgen ist wieder ein Sonntag.« Da »möchte ich Ihnen . . . sagen, daß ich mich . . . freue auf Ihre versteckte Herzlichkeit und auch darauf, in Ihre guten Augen zu sehen.« Nimmt es da wunder, daß Springer es sich verbittet, die »heile Welt« zu verspotten? Seine Welt *ist* heil: Er leidet, wenn er, im beschaulichen Mölln, nach einem Gang zur Nicolai-Kirche, die alten Giebel der mittelalterlichen Häuser durch »Fernsehantennen, Fernsehantennen und noch einmal Fernsehantennen« verschandelt sieht – und darum ruft er, das Lob der Provinzpresse singend, seinen Mitarbeitern immer wieder zu: »Kommen Sie auf die einfachen Dinge zurück! Lokales nach vorn!«

Zu einer Zeit, da außer den Altphilologen niemand wußte, was das eigentlich sei: *Nostalgie*, hat Springer schon, kommende Moden antizipierend, das Hohelied der kleinen Welt, des versunkenen Glücks, der Idylle von gestern, der Spitzwegschen Dachstuben und Raabeschen Gäßchen gesungen: Er, der sich selbst gern als einen *Spezialisten des Herzens* bezeichnet – wohl wissend, daß der Überschwang des Gefühls der Steuerung durch die Verstandeskraft bedarf. »Gefühl und Verstand«, schreibt er, mit wahrhaft philosophischer Präzision, an einen Berliner Sozialdemokraten, »schließen sich auch in der Politik nicht aus, sehr geehrter Herr Mattik. Oft bedingen diese beiden Quellen menschlicher Erkenntnisfähigkeit einander.«

In der Tat, das ist die Sprache eines Mannes, der das Leben kennt. Axel Springer, der Denker. Axel Springer, der Dichter. Ist es ein Zufall, daß er – zumal in jenen feierlichen Augenblicken, wo ihn die Ergriffenheit übermannt (und sie übermannt ihn nicht selten) – *bei jemandem ein überhöhendes Leben nimmt, der des Wortes* – noch! – *mächtiger ist als er selbst:* bei einer Gertrud von Le Fort, einem Reinhold Schneider oder einem Ernst Moritz Arndt, bei Walther Rathenau und Franz Werfel? Daß er »Land, mein Land, du meine Liebe« singt oder die Verse intoniert: »Mir bräche doch in Scherben, des vollen Bechers Prunkgerät, ich müßte dennoch, dennoch sterben, wenn Deutschland untergeht«, daß er, der Spezialist des Herzens, mit Hilfe eben dieses Organs, in Arndtscher Weise Deutschlands Einigkeit umfaßt? Kein Zweifel, daß Springers Lieblingsgedichte einen »Deutschen Hausschatz« besonderer Art bilden würden. Kein Zweifel aber auch, daß Springer selbst ein Dichter ist. Ein Dichter,

wohlgemerkt, kein Literat. Denn der Literat schreibt gefällig. Springer dagegen raunt und ringt. Seine Rede geht stockend: »Ich muß Ihnen etwas über Deutschland erzählen. Ich muß es tun, weil ich mir Sorgen mache.« Man sieht, hier ist die Diktion noch bodenständig, hier sind die Bilder noch heimatgeprägt. »Ich stamme aus Schleswig-Holstein«, hat er einmal gesagt, »dem schönen Land zwischen den Meeren« – aus Altona nämlich; und entsprechend sind auch seine Metaphern. *Seefahrt voran* heißt die Devise: *Wer Kurs hält, meidet die Riffe. Die Arbeiter haben Marx über Bord gekippt. Einer muß die Richtung bestimmen. Das ist in der Politik nicht anders als auf hoher See. Das Hochhaus am Checkpoint Charly erfüllt seine Aufgabe als Leuchtturm. Wer heute als Unternehmer plant und baut, muß sich vorkommen wie ein Kapitän, der sein Schiff auf die Fahrt ins Ungewisse steuert und befürchten muß, daß man ihm jenseits der 30-Meilen-Zone das Kapitäns-Patent abnimmt.*
Diese Sprache ist geprägt vom Geist der christlichen Seefahrt: In Altona kennt man die Bibel. Kein Wunder also, daß Springer, wenn ihn der Geist überkommt, mit der Zunge des Propheten zu reden beginnt; daß er *Wehe* ruft und noch einmal *Wehe*, so oft er der Blinden gedenkt, die vor dem Teufel die Augen verschließen; daß er die von den Sowjets gewährte Verkehrserleichterung ein *Linsengericht* nennt, das Brandt und die Seinen gegen das *Erstgeborenenrecht* der deutschen Einheit eingetauscht hätten; daß er mit biblischem Pathos: prophetisch redend, jenes Zeichen des Bösen beschwört, das nur die Kinder des Lichts, nicht aber die Söhne der Finsternis sehen: »Der Himmel«, ruft er aus, »ist schwarz. Und was der Kanzler und seine Freunde für Morgenröte halten, ist die Farbe des Fahnentuchs sowjetischer Imperialgewalt, die ganz Europa bedroht.« Wie Martin Luther sich einst über den großen Geist des Teufels wunderte, dessen Macht es zu verdanken sei, daß faustdicke Blindheit selbst die Gelehrten ergriffe, so wundert sich, Luthers Diktum zitierend, auch Axel Springer über die Narren, die Roten und Schwarzen, die mit Beelzebub schön tun und – längst infiziert von seinem Geist – die Herrschaft des Bösen befördern: »Das von dem sozialdemokratischen deutschen Bundeskanzler und dem kommunistischen polnischen Ministerpräsidenten unterzeichnete Abkommen ist eine Schützenhilfe für das Warschauer Regime. . .«
In solcher Lage schlägt die Stunde der Moral. Die Stunde Springers schlägt. Wie fromm der Mann ist! (Höchstes Ziel seines *christlichen Zeitungshauses*, schreibt er, sei es, das »Gute im Menschen« zu schil-

dern.) Wie pietätvoll! Als gehorsamer Sohn legt er die Einweihungsfeier für sein neues Verlagshaus auf den Geburtstag der Mutter, der Goethe-Leserin Ottilie Springer. Als verantwortungsbewußter Vater erteilt er seinem Sohn Unterricht in Fragen der Ethik . . . und zwar coram publico! Wie einst die französischen Könige in Versailles vor den Augen des Volkes dinierten, so zelebriert Axel Springer Familien-Eintracht im Haus und Familien-Eintracht im Betrieb vor den Augen einer ganzen Nation und ruft den Menschen zu: *Seid nett zueinander!* So nett wie Axel zu Ottilie ist! Axel senior zu Axel junior! Springer zu Zehrer! Springer zu Ullstein! Springer zu seinen Metteuren! So nett wie der Luthersche Hausvater zu den Gütern ist, die Gott ihm anvertraut hat: seiner Frau, seinen Kindern, dem Gesinde und dem Vieh.
Wie empfindsam ist dieser Mann! Mit welchem Mitgefühl betrachtet er, von der Chefetage aus, die Menschen unter sich: wie sie die *Öde des Streifens deutscher Teilung* zu passieren versuchen! Und wie bekümmert gedenkt er der Frau, die vor seinen Augen auf einen Autokühler geriet: *Ich verlor die Lust am Essen, danach.*
Kurzum, dieser Axel Springer ist ein Moralist von altem Schrot und Korn. Ein Leistungsethiker. Ein Puritaner, der nicht müde wird, sich zu einer moralischen Haltung zu bekennen – und zwar zu einer *gesunden*. Ein deutscher Protestant, der Dieter Fortes Luther-Drama ein *blasphemisches Stück* nennt, sich gegen den Fußballgeist der Zeit empört und besonders gern die Art und Weise attackiert, in der Liebe heute in Haß, Sexualität und Obszönität verwandelt wird! (Wie muß er leiden, welch ein Angang wird es für ihn sein, Boulevardzeitungen à la *Bild* lesen zu müssen . . . ihn, der die Amerikaner immer wieder von der Bedeutung der *eternal values* für das menschliche Leben zu überzeugen versucht! Ihn, der mit nimmermüdem Elan die These vertritt, daß nur die Rückbesinnung auf das Eigentliche: auf die Religion also, den Frieden in der Welt garantiert.)
Axel Springer ist ein Christ. Ein deutscher Christ, der sein Vaterland liebt, weil es von Gott stammt. So hat es ihn der Mann gelehrt, aus dessen Hand er die Stafette übernommen hat: Hans Zehrer. So lehrt er es selbst – er, der *Gottsucher und Patriot* – und verkündet in seinen Blättern jenes christliche Gebot, das uns befiehlt, den Nächsten zu lieben. Den Nächsten, wie sich versteht – nicht etwa den Feind! Und auch nicht den *Nächsten*, sondern *den* Nächsten – will heißen, den Springerschen Nächsten: den Mann aus Rostock (und

nicht etwa aus Leningrad), die Frau aus Ost-Berlin (und nicht etwa aus Moabit). Der Nächste – das ist der Deutsche, der unter der Fremdherrschaft seufzt: Ihn möchte Springer befreien. Nicht mit Gewalt natürlich: Springer verabscheut Gewalt. Gewalt üben die andern, nicht er. Er ist Idealist (kein Pragmatiker, wie ihm zu Unrecht vorgeworfen wird) und verabscheut als solcher nicht nur die Macht, zu der er, wie er gern erläutert, *kein Verhältnis hat*, sondern auch jene Entideologisierung unseres politischen Lebens, die zu einer Verarmung geistiger Auseinandersetzungen führe. So betrachtet, ist Springer alles andere als ein Realpolitiker – »Realität«, erklärte er einem seiner Angestellten, Matthias Walden, gegenüber, »das Wort bringt mich um« –, sondern im Gegenteil ein Visionär und Utopist: Ein Mann, der angetreten ist, um die These – *teuflisch* nennt er sie – zu widerlegen, die da besagt, daß Gott gestorben sei. Zu widerlegen durch die Befreiung der Brüder und Schwestern im Osten. Zu widerlegen durch die Wiederherstellung jener deutschen Einheit, die gottgewollt ist: festgelegt vom *Herrn der Geschichte* (dessen Gedanken Springer kennt) und in Frage gestellt vom Teufel (dessen Gedanken Springer ebenfalls kennt).

Diesem Ziel allein – der Rettung des Vaterlands um der Rettung des göttlichen Heilsplans willen – dient das Springersche Imperium: Darum das Ringen um die Genesung des deutschen Wesens, das *Welt* und *Bild* tagtäglich bezeugen; darum – und zwar mit *Gottes Hilfe* – die Gründung des Berliner Hauses: an einer Stelle, wo, getrennt durch die Mauer, Licht und Finsternis einander begegnen. So kämpft Springer, mit jeder Zeile, für Gott. *Bild*: ein Instrument der Theodizee! *Die Welt*: ein Blatt, das Seiner Rechtfertigung dient! Wer, wenn nicht Springer, könnte Ihm helfen, seinen Heilsplan zu realisieren – in einem Augenblick, da die Kirche (»an der ich«, so der getreue Sohn, »mit Liebe und Respekt hänge«) in kläglicher Weise, ungetreu ihrer göttlichen Sendung, versagt? Nicht nur die Regierung, auch die Kirche hat, für Springer, ihren Auftrag verraten: Sitte und Seele der Menschen zu retten. Statt die Botschaft von Jesus zu verkündigen, verkündigt sie die Botschaft von Marx. Statt die Gedanken der Menschen auf den Himmel zu richten, *mischt sie sich in die Widersprüche der täglichen Auseinandersetzung ein* und wird zur politischen Kirche: *unbekümmert um das, was einmal im Jenseits sein wird.* Statt der Seelsorge für die Majorität der *einfachen Leute* widmet sie sich dem Teufelsdienst für rebellische Minoritäten: »Der unvoreingenommene Leser . . . muß den Eindruck gewinnen«, schreibt der Gottessucher Springer in einer Auseinandersetzung mit der *politischen Kannegießerei* von Harvey Cox und Dorothee Sölle, »als sei die intellektuelle Akrobatik gewisser theologischer Disziplinen die tägliche Erbauungslektüre seelsorgender Pastoren und Pfarrer.« In einer Situation wie dieser, in der die *Kirche* mehr und mehr dem *pausbäckigen humanistischen Optimismus und der überheblichen Perfekt-Philosophie der Aufklärung* zu verfallen droht – Lessing näher als Goeze! –, sind es, nach Springer, *Laien* wie die Astronauten, die im Weltraum die Weihnachtsgeschichte verlesen, und *Laien* wie jener Herr eines *christlichen Zeitungshauses*, die das von der Kirche verratene Seelsorgeamt verwalten und den Menschen beweisen, daß die Fragen des Glaubens wichtiger sind als die politischen Fragen.

Unter solchen Aspekten wird Springer zum Sachwalter Gottes auf Erden: berufen, seinen Dienst an Heiliger Stätte zu tun – in Berlin. An einen Platz gestellt, der ihm als Inbegriff der Moralität erscheint: *Berlin lebt nicht vom Brot allein*. Berlin, das andere Jerusalem: mit seiner Klagemauer im Herzen der Stadt, mit den bösen Sowjet-Arabern im Osten und den guten Deutsch-Juden im Westen! Berlin-Jerusalem, die fromme Stadt: dem Jehova des Alten Bundes so lieb wie jenem protestantischen Vater im Himmel, der nach Springer *hier den größten Anhang hat.* »Fürchte dich nicht«, zitiert der Verleger den neunten und zehnten Vers des achtzehnten Kapitels aus der Apostelgeschichte des Lukas, »fürchte dich nicht, sondern rede, und schweige nicht, denn ich bin mit dir, und niemand soll sich unterstehen, dir zu schaden; denn ich habe ein großes Volk in dieser Stadt.« Kein Zweifel, das ist ein Auftrag . . . und Axel Springer hat die Botschaft verstanden, hat den Ruf aufgenommen, ihn zur Devise seines Handelns gemacht: *Fürchte dich nicht, sondern rede* . . . und hat schließlich, von Gottes Wohlgefallen begleitet, den Lohn für seinen Gehorsam empfangen: Als die Studenten mit erhobenem Kreuz in die Kochstraße stürzten, schützte ihn das große Volk in dieser Stadt. Das Haus an der Grenze – einmal *haarscharf*, ein anderes Mal *millimeterdicht* an die Mauer gebaut – ist der Tempel, von dessen Zinnen Gottes frommer Sohn, der Erwählte des Herrn, die Zeiten und die Länder überschaut. Von hier aus geht sein Auge über die Wüste an der Klagemauer und die Steine von Berjusalem. Von hier aus erkennt er, beginnend in Moskau, über Warschau führend und in Ost-Berlin endend, die neue *antisemitische* (also: antichristliche) *Achse*. Hier hält er die Fahne der Freiheit hoch über dem Haupt. Hier schützt er Demokratie und Religion. Seine Kalkulation ist einfach. Sie lautet: *Die Sowjets haben im Gedächtnis behalten, was Lenin einst formulierte: »Wer Berlin hat, hat Deutschland, und wer Deutschland hat, hat Europa.«* Vor Berlin aber steht Springer. Also ist der Satz zu ergänzen: Wer Springer hat, hat Berlin, wer Berlin hat, hat Deutschland, wer Deutschland hat, hat die Welt. Folglich steht Springer für die Welt. Solange sein Satz gilt: *Hier werden wir bleiben, ich und mein Haus*, hat die Freiheit noch eine Chance, ist Gottes Heilsplan noch nicht verloren. Und darum ist es konsequent, wenn Springer immer wieder erklärt: Da *er* die Inkarnation der freiheitlichen Ordnung sei, richteten sich die Angriffe gegen ihn in Wahrheit gegen die Demokratie. Darum ist es logisch, daß er sich als auserwählt begreift: im Einklang mit dem *Herrn der Geschichte*, dessen Willen er vollzieht und dem zuliebe er das Kreuz auf sich nimmt – seine Lebensgeschichte, wie er sie erzählt: geprägt durch qualvolle Träume um Deutschland, ist eine wahre Passion! Darum hat es seinen Sinn, daß Springer die von ihm vorangetriebene Mission als einen gottgewollten Auftrag begreift – als einen Dienst an Deutschland, der identisch mit einem Gottesdienst ist. Eingeweiht von Hans Zehrer, seinem Täufer, dessen Lehre der größere Nachfahr sich in jedem Augenblick verpflichtet weiß – *Hans, im Grunde haben Sie mich nach Berlin geführt, dorthin, wo man Deutschland am meisten spürt* –, tut Springer sein Werk im Dienste des Herrn: Ein Heiliger und Erlöser, der den *Heiligen und Erlösern* auf der anderen Seite ihren *luziferischen Charakter* vorwirft und die Kommunisten, in einem Akt der Teufelsaustreibung, als Dämonen bezeichnet. »Für mich«, so Axel Springer, »ist das Gute, das überall in der Welt vorhanden ist, der Nachweis für die Gegenwart Gottes und das Böse in der Welt der Hinweis auf die Existenz des Teufels.«

Nein, das ist nicht übertrieben: In diesem *christlichen Zeitungshaus* glaubt man noch an den Satan. Hier werden noch heute, tagtäglich, Tintenfässer nach dem altbösen Feind, dem roten Luzifer, geworfen, wenn sein Bild auf der Mauer erscheint. Hier weiß man, wer die Guten sind. Hier kennt man die Schlechten.

Die Guten: Die schweigende Mehrheit. Das Volk. Die Heimatvertriebenen, in deren Lage sich Springer, kraft der ihm eigenen Gedankenlese-Kunst, hineinversetzt: »Ich habe mir immer wieder vorgestellt, wie es wäre, wenn man mich aus meiner Heimat vertrieben hätte und ich gezwungen worden wäre, mir etwa im nicht vertrau-

ten Breslau oder Königsberg ... eine neue Existenz aufzubauen.«
Die Guten: Das sind die Journalisten, die es vor – wie sagt der Christ? – *Anfechtungen* zu schützen gilt. Die Guten: Das sind jene Durchschnitts-Abgeordneten, die sich keinem imperativen Mandat beugen wollen. »Man versetze sich«, schreibt Axel Springer in einer seiner empfindsamen *human-interest-stories,* »in die Lage eines Durchschnittsabgeordneten, der strikt bei seiner Überzeugung bleiben will, auch wenn sie gegen die Räson seiner Partei verstößt, und der seinen Beruf aufgegeben oder zumindest eine lange Zeit nicht ausgeübt hatte.« Und der Dichter fährt fort: Der Mann »hat inzwischen Verpflichtungen auf sich genommen, die Raten für das Reihenhaus, die Erziehung der Kinder, die Mitsorge für die alten Eltern, die schwere Operation der Frau und vieles andere mehr. . . Ich weiß um die Not solcher Männer im Gewissenskonflikt, die mir oft abends auf den Straßen oder sonntags im Grunewald die Hand drücken und sagen: ›Axel Springer, bleiben wenigstens Sie bei der Stange.‹ Es sind tieftraurige, zutiefst verzweifelte Menschen.«
Wie anders – im Gegensatz zu diesen Guten, deren Lasten Springer teilt, deren Joch er auf sich nimmt: ein Helfer der Mühseligen und Beladenen, der Fremdbestimmten und Entfremdeten allüberall! – wie anders die Bösen! Die Söhne der Finsternis. Beelzebubs Brut. Die Bösen: Das sind, zusammengefaßt unter dem Oberbegriff *Totalitarismus,* die Braunen und Roten. (Inhaltliche Unterschiede tun nichts zur Sache.) Die Bösen: Das sind die Regierenden auf der anderen Seite. (Nicht das Volk, wohlgemerkt. Das Volk ist immer gut.) Die Bösen: Das sind *die als Wissenschaftler getarnten politischen Handlanger.* Während Springer Liebe predigt, predigen sie, *die Apostel der Reform*, Haß und Gewalt. Die Bösen: Das sind die Räte, die *unserer* politischen Ordnung, die selbstverständlich identisch mit dem kapitalistischen Wirtschaftssystem ist: der freien Marktwirtschaft also, den Garaus machen wollen. Die Bösen: Das sind »liberale« Professoren, »sozialistische« »Idealisten«, »progressive« Intellektuelle und »fortschrittliche« Industrielle (*fortschrittlich* in Anführungszeichen: d. h. Unternehmer, die zum Frieden mit dem Osten auffordern).
Die Bösen: Das sind die *Ideologen, Fanatiker und Mitläufer* . . . all jene, die nicht begreifen wollen, daß es *linksradikale Gewalt* war, die einst unser Vaterland in zwei Teile zerschnitt. (Die Amerikaner, Engländer und Franzosen wollten, im Gegensatz zu den Russen, anno 45 bekanntlich ein einiges Reich.)

Die Bösen: Das sind die Gewerkschaften, denen Springer sein biblisches *Wehe* zuruft: Wehe, wenn die Funktionäre die ökonomische Macht im Staat an sich reißen! Wehe, wenn nach der Universität auch noch die Wirtschaft durch die Demokratisierung zum Erliegen kommt!

Die Bösen schließlich und vor allem: Das sind jene, die, gelenkt und bezahlt von Luzifers Inkarnation, dem Staat in Anführungszeichen, in den sechziger Jahren die Ulbricht-Parole *Enteignet Springer* aufgriffen (*darüber wird eines Tages noch öffentlich zu sprechen sein*): Kommunisten, radikale Studenten und . . . *Konkurrenten des Monopolismus!* (An dieser Stelle zeigt sich, am Rande vermerkt, mit aller Deutlichkeit, wie falsch es ist, Springer der Lüge zu zeihen. In Wirklichkeit sagt er immer die Wahrheit. So auch hier, wo er die Widersacher an den Pranger stellt, die, eine Wirtschaftsstufe zurück, noch an Konkurrenz glauben, während es in Wahrheit nur noch Monopole à la Springer gibt.)

Mit einem Wort, die Bösen: Das sind die Feinde jenes Zeitungsverlegers, der, an der Spree so gut wie am Jordan, jene wahre Freiheit und jenen rechten Glauben verteidigt, die sich beide in seiner Person und seinem Werk symbolisieren. Gottlob, daß sich das Böse nicht zu tarnen versteht! Gottlob, daß es Merkmale gibt: ein Signalement, das die Widersacher entlarvt: *Frechheit*, *Mangel an Takt*, *Freude an der Entwürdigung des Gegners*, *methodische Geschmacklosigkeit*, *Penetranz*, *Unfähigkeit zuzuhören* . . . Wer spürte bei dieser Aufzählung nicht die Sensibilität des Poeten? Die Verletzlichkeit des Mönchs? Mangel an Takt! Freude an der Entwürdigung des Gegners! Penetranz! Wie fern ist all das dem Anwalt des christlichen Liebesgebots, der Fairness und Moral – dem *Herrn* eines Zeitungshauses, der sich selbst wiederholt als *Christen und Protestanten* etikettiert und sein Leben unter die Devise »Für Gott und Volk« gestellt hat: Springer, der nicht anders als Friedrich der Große, Hans Zehrer und Ernst Lemmer *sein Land für wichtiger nimmt als sich selbst*; Springer, der mit Vorliebe von *zutiefst überzeugt* und *heilige Pflicht* und *ich hab' mich ergeben* spricht, sobald es ums Vaterland geht, und der einen Wutausbruch bekommt, wenn er des *ungeheuerlichen* Wortes von jenen zwei Staaten deutscher Nation gedenkt, die Kanzler Brandt einst in Erfurt erwähnte.

Für Gott und Volk – und beiden gleich dienstbar! Gott treu zu sein – Gott, der Springers Werk geheiligt hat – das heißt: Die Theodizee zu befördern, den Heilsplan zu realisieren und jenen Kräften Paroli zu

bieten, deren *Himmelssturz* sie in ihrem eigentlichen Wesen, als Dämonen, enthüllt. Dem Volk die Treue zu halten – dem Volk, das Springers Werk mit Hilfe eines täglichen Votums, durch die Abstimmung am Kiosk, als gut und deutsch und richtig anerkennt –, das heißt: Diesem Volk ein Vater und Führer zu sein.
Aber wie soll das geschehen? Wie kann ein Verleger, der, nach eigenem Bekenntnis, Geschichte nicht bestimmen, sondern nur ein *Zeichen setzen* kann ... wie kann der in Zeitungen, die gleichfalls Politik *nicht machen*, sondern *nur begleiten* können, den Volkssinn zum Besseren wenden? Die Antwort muß lauten: Indem er den Millionen, die sich, werktags und sonntags, in einem Akt der souveränen Entscheidung zu ihm bekennen, die Köstlichkeit jener Freiheit verdeutlicht, deren Garant er ist. Denn seine Gewerbefreiheit ist identisch mit der in Artikel fünf des Grundgesetzes verheißenen Freiheit der Presse, und diese Pressefreiheit wiederum ist, als demokratisches Grundrecht, die Voraussetzung für die Freiheit schlechthin. Das aber bedeutet, daß die Größe des Imperiums Springer und die Größe der Freiheit in unserem Volk identisch und die Begriffe *Springer-Monopol* und *Freiheits-Maximum* Synonyma sind. Wo wäre sie, die *liberté* des Bürgertums, wenn sie nicht ein starker unabhängiger Verleger seit Jahr und Tag, in Wort und Schrift, exemplarisch realisierte? Und hätte es, fragte Springer mit Nachdruck, eine Kontrolle des Staates durch die Gesellschaft gegeben, wenn nicht die Courage der *Washington Post*, der die Denunziation der Watergate-Affäre zu verdanken ist, in diesem Lande durch den Mut jener Gazetten übertrumpft worden wäre, die es wagten, die Ost-Verträge vor der Unterzeichnung zu veröffentlichen?
Unter solchen Aspekten ist es fürwahr zu verstehen, daß dieser Einzige sich sein Konzept – besser: seine Konzeption – nicht durch Außenstehende verderben lassen mag ... am allerwenigsten durch jene Funktionäre, die mit Hilfe der paritätischen Mitbestimmung ihre politischen Forderungen durchsetzen wollen – und sich dabei auf die Gleichberechtigung von Kapital und Arbeit berufen. Aber das ist, wie der Verleger mit der ihm eigenen philosophischen Klarheit betont, *kein Argument, sondern eine These, die man akzeptieren oder verwerfen kann*.
Nun, Springer verwirft sie, und zwar mit Aplomb, und er hat seine Gründe dafür: Er weiß nämlich, daß die Funktionäre in Wahrheit gar nicht dem Wohl und Wehe der Arbeiter dienen, sondern allein – *das*

wird von den Gewerkschaften auch gar nicht bestritten – um politischer Macht willen handeln. Und darum reden auch nur die Funktionäre und nicht die Betroffenen selbst von paritätischer Mitbestimmung in den Betrieben: Denn die Arbeitnehmer wissen ganz genau, warum sie denen so wenig vertrauen, die doch angeblich ihre, der Arbeiter, Interessen vertreten! Sie wissen: *Die* denken nur an den eigenen Vorteil, Springer aber denkt an das Ganze. *Die* reden von Sozialismus; Springer aber ist sozial. Springer ist gütig – kein Manchester-Kapitalist, sondern ein Vertreter jener *conditio humana*, die nach seinen Worten *vor keinem Arbeitsgericht eingeklagt werden kann*. Und darum darf er auch – auf Ludwig Erhard und ... Karl Marx rekurrierend – die These vertreten: »Wenn mündige Bürger ... einem Unternehmen ihre Arbeitskraft zur Verfügung stellen« (man beachte, wie human hier der Konzernherr die brutale Marxsche These vom »Verkauf der Arbeitskraft« variiert), »so darf dies ... nicht die Konsequenz haben, daß der Unternehmer bei der Ausübung der Gewerbefreiheit ... die Einmischung der Arbeitnehmer oder gar« (*gar*! Ein Fußtritt für den DGB!) »ihrer Berufsvertretungen dulden müßte.« Was, schließlich, wissen die schon von den Sorgen und Nöten der Kleinen? Von der Seele des Volkes? *Die* kennt allein Springer: *er* weiß, wonach der Mann auf der Straße verlangt; *er* redet vom psycho-physischen Haushalt des Menschen wie ein erfahrener Arzt (»weder sein Körper noch sein Geist sind eine plastische Masse, die umgeformt werden kann«); *er* schaut den Leuten ins Herz, im Westen so gut wie im Osten – und das unterscheidet ihn von jenen anderen Menschen, die nicht ganz so sehr Mensch sind wie er: »Was macht eigentlich Egon Bahr – so frage ich –, wenn er bei seinen Besuchen in Ost-Berlin im Kronprinzenpalais übernachtet, statt in dem mit Steuermitteln erhaltenen Haus des Bundesbevollmächtigten in West-Berlin? Das Kronprinzenpalais ist doch so nah an der Mauer, daß Bahr die Schüsse hören muß, die dort fallen, und die Schreie der Unglücklichen, die getroffen werden. Nimmt Egon Bahr, Willy Brandts außenpolitischer Mentor, Ohropax? Oder hört er die Schreie der Gequälten und kommt ihnen zu Hilfe?«

Was Springer, den Christen aus Deutschland, betrifft – *er* wäre ihnen zu Hilfe gekommen, den Schreienden. *Er* hätte geholfen: Die Art und Weise, wie er, von seinem Fenster im Springer-Haus aus, die Todeszone beschreibt (»ein breiter, grauer Streifen Berliner Bodens markiert das Schicksal meines Vaterlandes«), läßt keinen Zweifel daran.

Fürwahr, wenn alle so dächten wie dieser eine: Es stünde besser um unser Land! Und ausgerechnet *ihm* wollen heute verblendete Menschen die Richtlinienkompetenz für seine Zeitungen nehmen: *Eine aberwitzige Vorstellung für jeden Verleger, der seine Verantwortung ernst nimmt*. Kann man sich Gott als Demokraten vorstellen? Mitbestimmung im Himmel? Das ist absurd, und darum muß auch der Verleger allein *die Entscheidung fällen und die Verantwortung tragen, denn die Folgen jeder Entscheidung fallen zunächst auf ihn*. (*Bankrott*: weiß einer, was das für einen Unternehmer bedeutet? Die Knechte haben gut reden: *Die* finden schnell etwas Neues. Aber der Herr?) Kann das Volk, die große breite Masse, die gut ist, ihr Vaterland liebt, sich ihre heile Welt nicht von den Intellektuellen madig machen läßt und – dies vor allem! – keinen Klassenkampf wünscht: Kann sie wirklich ermessen, was es bedeutet, einen Axel Springer in ihrer Mitte zu haben? Sie müßte doch jubeln, Hosianna rufen, wenn sie es wüßte! *Alle* müßten es tun, die Arbeiter, die Pfarrer . . . auch die Journalisten, denen Springer sein biblisches *Wehe euch* zuruft – für den Fall, daß sie, seines väterlichen Schutzes entratend, sich auf die schützende Hand des Staates verlassen müßten. Warum schreien sie nicht? Was ist mit dem Volk?

Nun, das Volk ist undankbar. Das Volk ist stumm. *Die Mehrheit schweigt. Sie räkelt sich, statt sich zu regen. Und wenn einer aus ihrer Mitte die Stimme erhebt, um zu warnen, dann bleibt sie auch noch stumm, wenn dieser eine bezichtigt wird, er sei ein reaktionärer Rechter*. Kein Zweifel, das schmerzt: so mißverstanden zu werden. Mitten aus der Mehrheit heraus zu reden, des Volkes Mund und Gewissen zu sein: *Mahnmal und Leuchtturm* in einer heillosen Zeit, Gottes Stimme in einer gottfernen Welt . . . und dennoch, im Letzten, verkannt. Aber so geht es den Großen nun einmal – den Riesen, in deren Werk eine ganze Epoche in ihre Wesenheit tritt: gespiegelt in ihrer Unverwechselbarkeit. »Ich glaube«, sagte Axel Springer einst zu Klaus Harpprecht, »es hat immer Zeitungshäuser gegeben, die bestimmte geschichtliche Epochen begleitet haben . . . August Scherl begleitete das Kaiserreich. Das Ullstein-Haus ist es gewesen, das repräsentativ für die Weimarer Republik stand. Dann Franz Eher Nachfolger, der die tausend Jahre mit Hitler nicht ganz durchhielt. Und heute würde ich sagen, daß der Ullstein-Springer Verlag eine Symbolfigur der Bundesrepublik ist.«

So Axel Springer: Der Gesalbte aus Deutschland. So ein Mann, der nie aufgehört hat, sich als einen von Gott zum Heil Prädestinierten zu sehen: *Schaut auf diesen Gerechten, den ich auserwählt habe, auf daß er sein Volk einige, und den ich bewahre vor der Arglist des Bösen.* Sein Erfolg verbürgt Erwählung. Sein Reichtum läßt erkennen, daß er sich auf dem rechten Wege befindet. Springer, der Adressat des im neunten und zehnten Vers der Apostelgeschichte, Kapitel 18, formulierten Gottesbefehls. Springer, der letzte Calvinist. Springer, der Puritaner aus Altona, dem es zu danken ist, daß Max Webers Schrift *Die protestantische Ethik und der Geist des Kapitalismus* aufs glänzendste bestätigt worden ist.

Bestätigt durch ihn – den christlichen Monopolisten deutscher Nation.

Zehn Pfennig bis Endstation
Der öffentliche Personennahverkehr in Geschichte und Gegenwart

»Der Zug hatte Paris um sechs Uhr verlassen. Die Dämmerung sank, das Licht ging an, und noch schmucker erschien darin meine Privatbehausung. Der Schaffner, schon höher an Jahren, erbat sich die Erlaubnis zum Eintreten durch sachtes Klopfen, legte salutierend die Hand an die Mütze und wiederholte die Ehrenbezeugung, als er mir meine Fahrkarte zurückgab... Auch der Mann, welcher Platzkarten für das Diner im Speisewagen anzubieten hatte, meldete sich durch behutsames Klopfen. Ich nahm ihm eine Nummer ab; und da wenig später draußen ein Gong zur Mahlzeit rief, verbesserte ich vor dem Spiegel den Sitz meiner Krawatte und begab mich ein paar Wagen weiter zum Waggon-Restaurant, dessen korrekter Vorsteher mich unter einladendem Gestenspiel zu meinem Platz geleitete und mir den Sitz unterschob.«

Die Eisenbahn: ein Grandhotel! Der Nord-Süd-Express (denn um ihn handelt es sich): Ein Ballsaal auf Rädern! Schaffner, Speisewagen-Kellner und Kontrolleure: Eine Versammlung von Kammerdienern und Butlern. Jedermann ein Gentleman; ein Musterfall von Höflichkeit und Distinktion. Und der Reisende selbst? Der vornehme Herr, »wohl installiert«, wie der Erzähler, Thomas Mann, uns wissen läßt, »in seinem spiegelgeschmückten, grau-plüschenen Halbcoupé erster Klasse«? Der Reisende, den Arm auf die Klapplehne der Sofabank gestützt, das Hinterhaupt am Spitzenschutz der bequemen Rückenlehne: Wer ist es, der sich hier, mit seinem Handgepäck aus Kalbs- und Krokodilleder, von Paris nach Lissabon begibt? Ein regierender Fürst? Ein Weltenbummler aus den Kreisen der jeunesse dorée? Weit gefehlt. Der Herr ist – ein Schwindler. Ein Hochstapler mit Namen Felix Krull. Die Eisenbahn-Idylle trügt: Zwischen Plüsch-Coupé und Restaurant wird ein Theaterstück inszeniert.

Dann wäre also das Grandhotel eine Fiktion? Dann hätte es die salutierenden Kontrolleure und auf Wahrung von Rangunterschieden bedachten Schaffner niemals gegeben? Keineswegs. Im Gegenteil: Will man den Schriftstellern glauben, dann gab es sie sogar in Hülle und Fülle. Mochten die Reisenden nun, wie der falsche Marquis de Venosta (alias Felix Krull), die erste Wagenklasse oder wie der Oberst St. Arnoud, von Theodor Fontane beschrieben, die zweite Klasse bevorzugen – das Bahnpersonal hielt sich korrekt an die Gebote der Standesgesellschaft: »Dann kam der Schaffner«, heißt es in Fontanes Roman *Cécile*, »um unter respektvoller Verbeugung gegen den Fahrgast, den er sofort als einen alten Militär erkannte, die Billets zu kupieren.« Einerlei, ob einer nun, wie Felix Krull, seine Lederkoffer in der ersten Klasse über sich im Netze liegen sieht, ob Monsieur und Madame St. Arnoud, eine Klasse tiefer, sich über die Fahrt ins Glück unterhalten (er: mit dem Reisehandbuch vor sich auf den Knien, sie: eingehüllt in ein Plaid), einerlei, ob, abermals eine Klasse darunter, der junge Fürst Myschkin, in Dostojewskis Roman *Der Idiot*, mit dem Millionen-Erben Rogoshin parliert: In jedem Fall ist im Roman des neunzehnten Jahrhunderts die Eisenbahn der Treffpunkt der guten (und manchmal auch der weniger guten) Gesellschaft. Ein Paukenschlag zu Beginn – »Thale. Zweiter.« »Letzter Wagen, mein Herr« oder »Es war Ende November, bei Tauwetter, als gegen neun Uhr morgens ein Zug der Petersburg-Warschauer-Bahn sich Petersburg näherte« – ein Paukenschlag, und schon sind die Verwandten und Verschwägerten im Gespräch miteinander und treiben Konversation: nicht anders als im Salon, im Garten oder beim Picknick im Grünen; schon werden Entfremdungen deutlich, alte Bande gelöst und neue geknüpft, bahnen sich Amouren an – Anna Karenina und Graf Wronski –, bahnen sich an ... und werden ausgeführt: »Und dann auf einmal« – so, im *Radetzkymarsch*, Joseph Roth – »streckte die Frau ihre Hand aus, suchte nach dem Riegel der Koupeetür, fand ihn und ließ ihn einschnappen . . . In dieser Stunde liebte sie den Leutnant mit der gleichen Heftigkeit, mit der sie vor zehn Jahren einen anderen Leutnant geliebt hatte, auf der gleichen Strecke, um die gleiche Stunde, und wer weiß, vielleicht im selben Koupee.«

Die Reise mit der Eisenbahn: Das war – hält man sich an die Literatur – für die gute Gesellschaft Abenteuer und Normalität, Exzentrik und Alltag in eins. Enthobenheit und Ritual zugleich: Gewiß kein Abenteuer nach dem Sinn jener Lexikographen, die, um die Mitte des letzten Jahrhunderts, Kaufherren und Badegäste unter dem Stichwort »Reise« aufforderten, sich um keinen Preis der Welt unbekleidet in verdächtige Betten zu legen, den Abtritt – womöglich noch mit »bloßem Schenkel« – keinesfalls unmittelbar nach einem anderen Gast zu benutzen und sich vor allem nicht in Equipagen zu setzen, ohne mit einem Hammer, einem Spannagel, ein Paar Notfedern und einem kleinen Beil versehen zu sein.

An Gefahren wie diesen gemessen – Ansteckung und Achsenbruch, Verlausung und Blessur in unwirtlicher Gegend – erschien die Reise mit der Eisenbahn allenfalls deshalb als außergewöhnlich, weil der Reisende Eigenschaften herauskehren mußte, die – wie Disziplin und Subordination – nicht gerade zu den Tugenden der guten Gesellschaft gehörten. »Die Reisen auf der Eisenbahn«, heißt es in *Meyers Conversations-Lexicon* von 1850, »erfordern das pünktlichste Eintreffen des Reisenden auf dem Bahnhofe, da der Dampfwagen auf niemanden wartet; auch müssen die gelösten Fahrbillets und die Gepäckzettel sorgfältig verwahrt werden. Nebstdem muß man sich hüten, an Stationen auszusteigen, wo nicht wenigstens 5–10 Minuten angehalten wird, indem der Wagenzug leicht fortgeht und die Reisenden im Stiche läßt.«

Kein Zweifel, das ist eine Warnung. Eine Warnung in der Form des Bedauerns: Hier bedeutet ein Schreiber den Standespersonen, wie viel sie aufgeben müssen, an Spontaneität, an Improvisation und an Freiheit, wenn sie Strecke und Tempo auf ihren Reisen nicht mehr selber bestimmen: welcher Privilegien sie sich also begeben, sobald sie sich einem Instrument anvertrauen, das – seiner Struktur nach ganz und gar unfeudal – den Gesetzen der Rationalität, der Pünktlichkeit und Effizienz verpflichtet ist.

Spitzen-Deckchen hin, Plüsch-Coupé her: Aller Luxus der Expresszüge, so viel wird deutlich, täuscht nicht darüber hinweg, daß für die bürgerliche Literatur die Fortbewegung mit dem Siegeszug der Eisenbahn eine neue Qualität gewonnen hat: An die Stelle der *Reise* tritt der *Transport*. (Das Wort »Verkehr« wurde, nachzulesen im Grimmschen Wörterbuch, in der Mitte des letzten Jahrhunderts lediglich im Sinne von »Austausch«, »Kommunikation« und »Begegnung« verwendet.)

Eine entscheidende Wandlung! Die *Reise* ist zivil (Soldaten »reisen« bekanntlich nicht in den Krieg), der *Transport*, zeigen die Lexika, ist militärisch. Zur Reise gehört, in der Sprache der Grammatik, der

Singular und das Aktiv, zum Transport gehören Plural und Passiv: Einen Individual-Transport kann es nicht geben . . . wie wenig, das belegt der Artikel aus *Meyers Conversations-Lexicon*, formuliert 1853, aufs schönste: »Transport ist die Fortschaffung und Wegführung von Dingen von einem Ort zum anderen, mögen es nun Personen (Auswanderer, Gefangene) oder leblose Gegenstände (Proviant, Kriegsmaterial, Kaufmannsgüter) seyn. . . Ein Transport im eigentlichen Sinne kommt nicht zur Anwendung bei der Fortschaffung von Rekruten . . ., da diese, wenn sie nicht krank sind, selbst gehen müssen; der Begriff des Transportes liegt hier also bloß bei der sie zur Fortbewegung zwingenden Begleitung.«

Menschen unter Dingen subsumiert! Fortschaffung und Wegführung! Ein »ab damit« und kein »wohin«! Zwang als Oberbegriff! In der Tat, man kann den Unterschied zwischen der Ortsveränderung der großen Herren, der Standespersonen und jener bürgerlichen Individuen, die sich im Genuß von Freiheit und Eigentum wissen, und dem Geschobenwerden der *underdogs* nicht deutlicher akzentuieren. Hier der Einzelne, dort die Masse. Hier die Isolation – das Erster-Klasse-Coupé als Equipagen-Ersatz –, dort die Kumpanei des Drills: Die Holzklasse als eine Mischung aus Kantine und Waggon. Wußten die Myschkins und die St. Arnouds eigentlich, was sie taten, als sie sich eines Reise-, nein! – eines Transportmittels bedienten, dessen Plüsch- und Holz-Einteilung zwar – um nur von Preußen zu reden – auf das Dreiklassenwahlrecht draußen im Lande verwies (das rot dem Junker, das grau dem Bürger und das Holz dem Volk), dessen Grundstruktur jedoch, da Abfahrtszeit und Ankunftszeit für Landrat und Prolet die gleichen waren, das neue, demokratische Zeitalter repräsentierte? Waren sie Reisende mit schlechtem Gewissen: die Magnaten und Junker in ihrer gepolsterten Exterritorialität? (Exterritorialität, wie sie sich einredeten.) Waren sie Privilegierte, die nur um der Zeitersparnis und Bequemlichkeit willen ein ihnen im Grunde unangemessenes Transportmittel wählten, wenn sie von Friedrichsruh nach Berlin, von Paris nach Deauville, von Petersburg nach Baden-Baden und von Hamburg nach Karlsbad umzogen: die Eisenbahn, von der Friedrich Wilhelm IV. mit einer Mischung aus Fatalismus und Ekel gesagt hat: »Diesen Karren, der durch die Welt rollt, hält kein Menschenarm mehr auf«?

Geliebt, soviel steht fest, wurde die Eisenbahn von den Regierenden nicht: sie, das Symbol des Kapitalismus, die, mit ihren Güterwagen und Schnitterzügen, ihren Viehwaggons und Truppentransporten, die Idealität der Standesgesellschaft durch die Realität der Klassengesellschaft ersetzte: den schönen Schein durch die Tatsächlichkeit. Kein Wunder also, daß die Society zumindest dort die Begegnung mit der *misera plebs* zu meiden versuchte, wo sie sich ihr ungeschützt ausgesetzt glaubte und es vor dem Volk von Paris (beschrieben von Heine), den Londoner Dockern (so wie sie Engels dargestellt hat) oder den Berliner Plebejern (analysiert in der Weise Ernst Dronkes) kein Ausweichen gab: im Nahverkehr der Metropolen, in der Pferdebahn und der Elektrischen. Hier waren die Unterschicht und jene Bourgeois ganz unter sich, die zwar zu den besseren, aber nicht zu den guten Kreisen gehörten: Die Mamsell und der Lehrer, die Portiersfrau und der Kanzlist. Aber so bescheiden das Klientel sich auch ausnahm: Die Wirtsstube, in der es empfangen wird, das Innere der Straßenbahnen, hatte nichts von pauvreté. Im Gegenteil! Zumindest in Hamburg waren die Sitzplätze gepolstert, die Gäste saßen auf bordeauxroten Sesseln, Gaslampen sorgten für Licht, und wenn der Winter kam, legte die Direktion Strohmatten aus, die – samt einem Kanonenofen, dessen Schornstein aus der Lüftungsklappe ragte – die Insassen, so ein zeitgenössischer Bericht, »auf das Angenehmste erwärmten«.

Man sieht, der geschmähte Transport hatte, jedenfalls in seiner Gründerzeit, neben der rationalen auch seine poetische Seite... und wie hätte er auch abseits stehen können in einer Epoche, da – frei nach Peter Bamm – Oberpostdirektionen den Burgenstil, Generalkommandos die Backsteingotik, Oberlandesgerichte die Frühromanik und Großbanken den Klassizismus für sich okkupierten: jedes Kreditinstitut ein Tempel hellenischen Geistes? Wie hätte er darauf verzichten sollen, der Nahverkehr – ausgerechnet er, der Paria unter all den Aeroplanen, Automobilen und Expresszügen, diesen Vehikeln aus dem Märchenbuch, sich mit Hilfe von bescheidenen Accessoires, wie den Fußmatten aus der Pferdebahn-Ära, oder auch nur durch entschlossene Mythologisierung von bodenständigen Namen ein wenig aus seiner Pfennig-Niederung zu erheben? War es, so betrachtet, nicht höchst konsequent, daß sich die Hamburger Alsterdampfschiffahrts-Aktien-Gesellschaft zu Anfang des Jahrhunderts entschloß, ihre Dampfer *Eppendorf* und *Winterhude* in *Nautilus* und *Neptun* umzuwandeln, aus dem *Falken* eine *Galathea*, der *Mundsburg* eine *Sidonia* und – als Krönung des Unternehmens –

aus *Oscar* einen *Triton* zu machen, um auf diese Weise Pöseldorf und Uhlenhorst zumindest metaphorisch zu hellenisieren?
Zweckmäßigkeit, gepaart mit Poesie; Organisation und Irrationalität; Planung und ein Hauch von Transzendenz: Unter diesen Zeichen begann sich, um die Jahrhundertwende, in unseren Städten der öffentliche Nahverkehr zu entwickeln.
Wirtschaftlichkeit hieß, auf den ersten Blick, die Devise, *Erhöhung des Steueraufkommens* und *Profitmaximierung*: Magistrat und Industrie mußten Transportmittel schaffen, mit deren Hilfe die Werktätigen in den dichtbesiedelten Vororten ohne Zeitverlust ihre Arbeitsplätze in der City oder, wie im Fall Hamburgs, den Hafen erreichten; darüber hinaus war es nötig, auch das noch unbebaute Stadtgebiet zu erschließen, um auf diese Weise die Maurer und Dreher draußen im Land, die Altonaer zum Beispiel oder die Wandsbeker, zum Wohnungswechsel zu reizen – auf deutsch: um aus preußischen . . . hanseatische Steuerzahler zu machen. (Jede Gemeinde: ein autonomes Transportunternehmen. Jenseits der Stadtgrenze – keine Anschlüsse mehr. An dieser Form von Partikularismus haben wir noch heute zu tragen.)
Wirtschaftlichkeit hieß: Linienziehung zwischen Siedlung und Fabrik; Anschluß der Hauptversorgungsbetriebe, zum Beispiel der Großbäckereien, ans Straßenbahnnetz. *Wirtschaftlichkeit* hieß: Beschleunigung des Güterverkehrs; Anpassung an die Erfordernisse des Tages: die Befehle des Kriegsversorgungsamtes oder die Wünsche der Industrie wollten erfüllt sein. Aber *Wirtschaftlichkeit* war eben nicht alles: Der Nahverkehr in seiner Gründungszeit hatte, es sei wiederholt, ein Janusgesicht. So dominant das Ökonomische war: auch das Spirituelle trug zur Beförderung des öffentlichen Personen-Nahverkehrs bei. Das Spirituelle, jawohl! Religion und Pietät! Die Linienführung der Hamburger Hochbahn, und nicht allein sie, wurde bestimmt von – den Toten. Nicht die Werkhallen, sondern die Gräber setzten anno 1894 – der neue Zentralfriedhof, draußen in Ohlsdorf, war gerade eingeweiht worden – die Priorität auf verkehrspolitischem Feld: Besucher, Leichenträger und Pastoren brauchten eine Fahrgelegenheit . . . und was die eigentlichen Akteure, die Toten, anging, so wurden auch sie auf der neu eingerichteten Linie befördert. (Einen Transport auf der elektrischen Straßenbahn, schreibt der Chronist der Hamburger Verkehrsbetriebe, »zog man dagegen nicht in Betracht«.)

Kurzum, so nüchtern und alltäglich, vom Diktat der warenproduzierenden Gesellschaft bestimmt, der öffentliche Nahverkehr sich in unserer Zeit ausnehmen mag: so schnell, schon in den zwanziger Jahren, die ornamentalen Kuriositäten der Gründungsjahre verschwanden – statt der zweiten Klasse wurden Raucherabteile geschaffen; Aschenbecher ersetzten den Plüsch –: in der *Anfangsphase* zumindest blieb, aller Planung zum Trotz, noch eine Spur von Abenteuer, Extravaganz und Freiheit erhalten. Man fuhr nicht nur zu den Toten, man fuhr auch auf ihrem Plateau. Kein Wunder also, daß noch im Jahre 1912 ein Journalist, aus Anlaß einer U-Bahn-Jungfernfahrt, den »geheimnisvollen Reiz« der Unterpflasterstrecken beschwor: einen Reiz, der, so der Journalist, »bei Leuten, die eine solche Fahrt zum erstenmal machen, einen gelinden Schauer auslöst, ohne freilich« – Janus wechselt das Gesicht – »während dieser unterirdischen Reise das Gefühl irgendwelcher Unsicherheit aufkommen zu lassen«.

»Sicherheit« und »unterirdische Reise« (Reise, wohlgemerkt, nicht etwa Transport!), »Leichenzug« und »Raucherabteil«: Wie immer man die Akzente in der Pionierphase setzte – eins ist gewiß: An der Tatsache, daß die Bürger in den neuen Transportmitteln, diesen demokratischen Instrumenten in undemokratischer Zeit, *ihr* Fahrzeug erblickten: *ihnen* nützlich und *ihnen* gehörig . . . an dieser Tatsache ist nicht zu zweifeln. Schließlich war es keine Kleinigkeit, gemessen an den Strapazen der Fußgänger-Ära, wenn die Werktätigen von jedem beliebigen Punkt aus, morgens vor sieben, ihre Arbeitsplätze erreichen und nach Schichtende zu ihrer Wohnung zurückfahren konnten . . . und das für je einen Groschen!

Die Bürger also hatten ihre Bahn – und mit der Bahn, so schien es, plötzlich wieder ihre Stadt. Durch die Veränderung der Zeit – Elektrifizierung bedeutet: Minuten statt Stunden, Stunden statt Tage – gewann der Raum ein neues Gesicht; die Distanzen schrumpften zusammen; Werkplatz und Wohnung, getrennt in der vom Gesetz der Arbeitsteilung bestimmten Gesellschaft, rückten nah aneinander; Freunde und Verwandte, der eine in Langenhorn, der andere in Eimsbüttel, begegnen sich wieder als Nachbarn; die Kommunikation war plötzlich intensiver, die Stadt, von einem Tag zum anderen, kleiner geworden – aber welche Stadt? Ist eine City – begannen die Bürger zu fragen –, durch die eine elektrische Eisenbahn fährt, wirklich identisch mit jenem Stadtmittelpunkt, der seit Jahrhunderten

gewachsen ist? Ja, ist eine Straße mit einer Schienenschneise und einer ratternden Bahn überhaupt noch eine Straße zu nennen – eine Straße, wo geplaudert und gehämmert wird, wo einer die Balkons betrachten kann und die Menschen hinter den Fenstern, wo Bäume stehen, Kinder spielen und alte Leute vor der Haustür sitzen?
Probleme von 1900 – nicht erst von heute: Was verändert sich, wenn eine Stadt maschinisiert, elektrifiziert, motorisiert wird? Können zum Beispiel – eine Frage, die um 1890 die Gemüter der ehrbaren Kaufherren zu Bremen bewegte – die Packhausbesitzer ihre Waren auch dann noch direkt von den Wagen in die oberen Speicher-Etagen befördern, wenn über die Straße elektrische Netze gespannt sind? Und was ist mit den Pferden? Werden sie nicht scheuen, sobald die klingelnden Ungetüme ihnen begegnen? (Antwort der Bürgerschaft: Die Bremer Pferdebahngesellschaft sei gerne erbötig, denjenigen Herren, die reiten wollen, sowie den Equipagenbesitzern nach Eröffnung des Betriebs in den frühen Morgenstunden einen elektrischen Wagen zur Verfügung zu stellen, so daß die Rosse sich an den Anblick des pferdlosen Vehikels gewöhnten.)
Das Patriziat der Hansestadt Bremen als Verteidiger von Standes-Interessen: Die Geschichte klingt kurios – Don Quichotte kämpft an der Weser gegen Straßenbahnen an – und wäre nicht erzählenswert, wenn nur die Society am Anfang des Jahrhunderts ihre – leicht durchschaubaren – Interessen ins Spiel gebracht hätte; doch eben das war nicht der Fall. Im Gegenteil, die Sorge der Großen war, in vergleichbarer Weise, auch die Sorge der Kleinen: Was wird aus unserer Stadt? Was bedeutet es, wenn sie sich in Verkehrsgefahr begibt: Werden die Avenuen und Alleen – ausgerechnet sie! – nicht durch die Überspannung von Drahtnetzen völlig verschandelt? Und dann die Menschen! Die Comptoirarbeiter zum Beispiel in den nach der Straße zu gelegenen Büros: Werden sie – ich zitiere eine zeitgenössische Stimme – »infolge der mit dem elektrischen Betriebe verbundenen Geräusche« überhaupt noch arbeiten können? Und schließlich die Fußgänger! Ist deren Sicherheit nicht wichtiger als das Wohl der Aktionäre? Wer aber garantiert den Bürgern dafür, daß die Profitgier der Anteilseigner nicht am Ende doch triumphiert: Das Privat-Interesse über das Interesse der Polis?
Das ist das Kardinalproblem, das, im ersten Dezennium unseres Jahrhunderts, die Verkehrsdebatten in den Bürgerschaften akzentuierte: War es richtig, lautet die Frage, daß die Kommunen, mangels

eigener Mittel, einen Vertrag mit privaten Gesellschaften schlossen – mit Unternehmen aus Belgien und England zunächst und später mit jenen mächtigen deutschen Elektrokonzernen, AEG und Siemens voran, die, auf ihre Hausbank gestützt, mit der geballten Potenz des Finanzkapitals auftreten konnten?
War es wirklich vernünftig, fragten damals nicht nur die Abgeordneten der Sozialdemokratie, Gemein- und Privat-Wirtschaftliches so vertrauensvoll: auf Partnerschaft bauend, miteinander zu koppeln, wie es in jenen Verträgen geschah, deren Problematik – argumentierten die Linken – schon allein darauf beruhe, daß die Vertragschließenden hüben und drüben sich aus Angehörigen der kaiserlichen Großbourgeoisie rekrutierten: den Reformkapitalisten von Albert Ballins und Rathenaus Schlag? (Später, als die privatwirtschaftlichen Unternehmen, wie in Hamburg, in gemischtwirtschaftliche Betriebe umstrukturiert wurden, hieß dann, im Sinne eines Appells an die Gemeinden, die These: Mag Kostendeckung besser sein als Profitsteigerung: Wer das Gemeinwohl im Auge hat, darf, im Prozeß der Kommunalisierung, nicht auf halber Strecke verharren.)
Der Bedarf der Gesamtgesellschaft und das Bedürfnis der Aktiengesellschaft sind inkommensurabel: Dieses Axiom wurde zur Kaiserzeit in den Bürgerschaften mit einer Verve diskutiert, an der gemessen die Reichstags-Debatten zwischen Bebel und Bismarck, Eugen Richter und Windthorst wie ein Austausch von diplomatischen Höflichkeiten erscheinen. Dazu ein Beispiel, das, was die Argumentationsart und jakobinische Emphase angeht, für hundert andere steht: Als im Jahre 1911 die Bremer Straßenbahn-Gesellschaft eine Bürgerschafts-Deputation mit dem Bescheid entließ, man sei aus Rentabilitäts-Gründen nicht in der Lage, im Interesse des Personenverkehrs eine neue Linie zu installieren, obwohl man zugebe, daß dies dem vertraglich bestimmten »allgemeinen Bedürfnis« entspräche, da eilte in der Bremer Bürgerschaft ein Mann namens Waigand zum Pult, ein Meister der Rhetorik und kommunalen Agitation, und schrie in den Saal: »Herr Präsident! . . . Wenn man den Bericht liest, den die Deputation überreicht hat, so könnte man glauben, daß er im Büro der Straßenbahndirektion ausgearbeitet und von dieser der Bürgerschaft als ein Ultimatum vorgelegt wäre. Wie kann die Straßenbahndirektion eine derartige Sprache führen gegenüber der Bürgerschaft, als wenn sie Straßenbahner vor sich hätte? Wir als Bürgerschaftsmitglieder müssen uns das ganz energisch verbitten. Woher kommt das aber?

Weil die Straßenbahndirektion im bremischen Senat ihre Hauptstütze hat . . ., weil der Senat die Direktion nicht angewiesen hat, unbedingt erforderliche Einrichtungen durchzuführen . . . Früher wurde gesagt, das Kapital der Gesellschaft müßte eine Verzinsung von 5 % haben. Das Kapital verzinst sich aber mit 6 3/4 % . . . die Aktien stehen auf 130 . . . (und) trotzdem kommen die Herren und verlangen, daß (statt des Zehnpfennigtarifs) der Zonentarif eingeführt werde, um noch mehr in ihren unersättlichen Schlund herunterzuschlucken. Jawohl, meine Herren! (Lachen Sie nur!) Für Sie mag das eine Kleinigkeit sein, ob Sie zehn oder zwanzig Pfennig bezahlen . . . (Sie) fahren überhaupt nicht auf der Straßenbahn, Sie haben Ihre eigene Equipage, aber für die Arbeiter macht es täglich viel aus.«

So, meine Damen und Herren, sprach ein Vertreter der deutschen Sozialdemokratie in einem Parlament des Kaiserreichs: unbekümmert um die mächtige Lobby, die die inkriminierte Kapital-Gesellschaft in den Kreisen des Senats aufbieten konnte, und unbeirrt in der Verfolgung des Ziels, der Majorität des Volks zu ihrem Recht zu verhelfen: wohl einkalkulierend, auf was er sich einließ in seinem Kampf: »Wir wissen genau, wenn die Straßenbahngesellschaft uns gegenüber die Macht hätte, so würde sie uns keinerlei Zugeständnisse machen. Aber den Wünschen der Gesellschaft wird immer Rechnung getragen, auf die Bevölkerung aber keine Rücksicht genommen.«

Gesagt im Jahre 1911. Gesagt und – auch das sei nicht verschwiegen – von allen Parteien, einschließlich der Konservativen, gewiß nicht mit Zustimmung, aber doch mit Respekt zur Kenntnis genommen. Tempi passati. Man stelle sich vor, ein Abgeordneter würde heute, in der Frage des Tempo-Limits zum Beispiel, vor einem deutschen Parlament die Auto-Industrie samt ihrer Lobby im Stil seines Vorgängers Waigand attackieren: Ich fürchte, der Mann wäre verloren. Und dabei wäre er im Recht – im Recht wie unser Jakobiner aus Bremen: er und seine liberalen Gesinnungsgenossen, die, im Stil des Abgeordneten Bollmann (ich nenne die Namen mit Absicht: an der Kriegsgeschichte gemessen ist die deutsche Parlamentsgeschichte ein ungeschriebenes Buch), nie müde wurden, die Asozialität eines Monopol-Betriebs zu denunzieren – und das nicht ohne Ironie: »Wir haben jetzt endlich erreicht« – so Bollmann 1899, am 17. Mai –, »daß anstatt des Viertelstundenbetriebs der 7 1/2 Minuten-Betrieb eingeführt ist. Aber wann fängt der an! Um neun, wenn die Geschäftsleute und Schulkinder schon in der Stadt sind. Das ist doch kein Betrieb! Das sollte zur rechten Zeit gemacht werden! Wenn früh eine Beerdigung stattfindet, dann können nur alle Viertelstunde die Wagen benutzt werden, und die sind dann überfüllt. Und wie der Betrieb stattfindet, das geht manchmal (schon) über die Hutschnur. Neulich – (man sollte es nicht für möglich halten) – mußte ein Wagen still halten, weil der Kondukteur sich erst rasieren ließ. Wer es eilig hat, darf (eben) nicht mit der elektrischen Bahn fahren, sondern geht besser zu Fuß.«

Man sieht, der öffentliche Nahverkehr, seine Notwendigkeit, sein Aufschwung und seine Misere: Das war zu Beginn des Jahrhunderts keine Ausschuß-Frage und kein Spezialisten-Problem, sondern eine Affäre der Polis . . . einer Polis freilich, die sich bisweilen nicht scheute, die Privat-Gesellschaften in ihren kommunalisierten Verkehrsbetrieben an Profitgier zu übertreffen: Nicht um des Gemeinwohls willen, sondern in der Folge von fiskalischen Kalkulationen wurde vor dem Ersten Weltkrieg nahezu die Hälfte der Elektrischen in Gemeindebesitz überführt: Die Dividenden-Ausschüttung der preußischen Straßenbahnen beweist zur Genüge, daß die Kommunen, unter der Maxime »Geschäft ist Geschäft«, den Privatgesellschaften dort nicht nachstehen wollten, wo es um Aktionärsrechte ging. Nicht nur für die Elektro-Industrie – die *entente cordiale* Deutsche Bank – Siemens zum Beispiel –, auch für die Gemeinden war der Verkehr – unglaublich, aber wahr! – ursprünglich ein lukratives Geschäft . . . und genau das war es, was die Reformer, im Hinblick auf den Sozial-Auftrag der Kommunen, um keinen Preis wollten: »Ich bin prinzipiell dagegen« – so, schon 1878, ein Liberaler in einer Debatte über Pferdebahnen und deren Profit –, »daß der Staat irgendwelche Geschäfte macht und am Ende aus seinen Geschäften für sich noch Vorteile zieht.«

Aber eben das tat er, und die Gesellschaften taten es auch, und darum kam es immer wieder zum Kampf – einem Kampf freilich, der sich von den Sozialkonflikten auf anderen Gebieten in charakteristischer Art unterschied: In Sachen Nahverkehr ging es in erster Linie um Grundprobleme der Gesellschaftsstruktur, um Öffentlichkeit und Privatheit, um Gemeinwohl und Einzelinteressen, um Bildung und Wirtschaftlichkeit, um das Wechselspiel von Effizienz und Humanität. Kein Wunder also bei alledem, daß der Streit, wie die Bürgerschafts-Debatten beweisen, sich nahezu gesetzmäßig an Fragen entzündete, die – an der Peripherie angesiedelt – unverzüglich ins Grundsätzliche führten: der Frage der Sonntags-Tarife zum Beispiel, in der sich zeigte, daß die Bürger gegen die Feiertags-Preise nicht um einiger Pfennige willen polemisierten, sondern weil sie die These vertraten, daß, wer alltags mit der Bahn fahren *müsse*, am Sonntag auch mit der Bahn fahren *dürfe* . . . und zwar zum gleichen Tarif. In der Tat, es ging nicht um einen Groschen, es ging ums Prinzip der Demokratie: um die Auseinandersetzung zwischen Klassen-Staat und Republik, als – sieben Jahre nach der Reichsgründung – die Konservativen, in einer Modifikation der berühmten Bismarckschen Rede über die Sonntagsruhe, die Behauptung aufstellten, im Grunde könne auch am Sonntag gearbeitet werden, die Leute täten das zuhaus ohnehin, und wenn sie's nicht täten, so säßen sie in den Kneipen herum und vertränken ihr Geld, und wenn sie nicht tränken, dann faulenzten sie oder führen ins Grüne – und hätten dabei noch die Dreistigkeit, auf Vergünstigungen zu pochen, die dem Arbeitsmann zukämen, dem Müßiggänger aber verwehrt bleiben müßten: Die Bahn – wurde 1878 in der Bremer Bürgerschaft dekretiert – sei keine Luxusbahn, und man könne nicht dulden, daß sich der Arbeiter, dem Unternehmer zur Last, ein billiges Vergnügen verschaffe. Am Werktag, gewiß, da lägen die Dinge ganz anders: Da handle es sich schließlich um Arbeit; da käme alles darauf an, keine Zeit zu verlieren, da müsse die Obrigkeit sich im Interesse von Produktion und Verkehr um billige Fahrpreise kümmern. Am Sonntag hingegen, da ginge es nicht um Zeitersparnis und ums Geschäft, sondern nur ums Vergnügen: und wer zum Vergnügen fahre und Zeit totschlagen wolle, der möge dafür gefälligst bezahlen und an den Unternehmer denken, den man, durch einen Sonntags-Obolus, dafür entschädigen müsse, daß er so freundlich sei, die Werktätigen am Alltag zu einem Einheits-Tarif zu befördern.

Transport im Dienst der Produktion. Der Nahverkehr: ein Instrument zur Erfüllung des »Time is money«-Gesetzes. Die Pferdebahn: dienlich, um jener vom Geist des puritanischen Ökonomismus bestimmten Devise Geltung zu verschaffen, die, formuliert im Tugend-Katalog Benjamin Franklins, sich wie folgt ausnimmt: »Verliere keine Zeit; sei immer mit etwas Nützlichem beschäftigt; entsage aller unnützen Tätigkeit.« Das Streben nach Gewinn: von Gott gewollt. Die Freude als Genuß: von Gott verflucht. Die Fron im Beruf:

eine Bewährung der Tugend. Muße und Spaß: Verstöße gegen das Gebot: »Sei enthaltsam.« Die Fronten sind klar. Der Kampf um den Sonntags-Tarif – ausgetragen in der Gründerzeit – bestätigt, detailliert und exemplarisch, Max Webers These aufs schönste, daß Askese und kapitalistischer Geist zusammengehören. Kein Zufall also, daß für die Regierenden – wie jenen Richter Mohr, der anno 1878 der bürgerlichen Lebensweisheit »Industry and frugality« Gesetzeskraft zu geben versuchte – der öffentliche Personen-Nahverkehr als ein Beförderungsmittel erschien, dessen Wert ausschließlich an der Antwort auf die Frage ablesbar war, was wer in welcher Zeit erwirtschaftet habe. Für die Regierten dagegen – dies zeigen die Debatten deutlich – war die Bahn nicht nur Beförderungs-Instrument, sondern Reise-Kutsche und Equipage im Besitz der Kommune: ein Vehikel des Volks, das sonntags – sehr familiär, sehr bürgerlich, sehr zivil – in die Walddörfer fuhr. Dabei will mit Nachdruck betont sein, daß die öffentlichen Verkehrsmittel nicht allein für die Bürger, sondern – erst recht! – für die Angestellten und Arbeiter in den eigenen Reihen jenes Doppel-Wesen war und blieb, dessen Struktur in ihrer Ambivalenz auf die Problematik der Gesellschaftsordnung verwies, die sie zugleich abbildete und – zumindest tendenziell – transzendierte . . . in welchem Maß, das zeigen nicht zuletzt die Streiks, bei denen wiederum, nicht anders als in den Debatten der Bürgerschaften, Parteizentralen und Parlamente, die Prämissen der bestehenden Sozialordnung, unter den Aspekten »Gemeinwirtschaft« und »Öffentlichkeit«, auf ihren Realitätsgrad und ihre Ideologiehaltigkeit hin angeschaut wurden.

Ausgehend vom konkreten Exempel stellten Gewerkschaftler und Sozialdemokraten die Frage, ob die Magna Charta des Liberalismus, die jedem Eigentümer das Recht gab, über seine Güter und Einkünfte willkürlich zu disponieren (willkürlich: à son gré, wie es in der Menschenrechtserklärung von 1793 heißt), nicht durch die Wirklichkeit längst ad absurdum geführt worden sei: »Kann es«, rief im Jahre 1910 ein Abgeordneter der Bürgerschaft aus, »im Interesse von Staat und Publikum sein, daß die Anteilseigner, ohne Rücksicht auf die Belange der Allgemeinheit, ihr Privatinteresse mit dem Gemeininteresse identifizieren?«

Kurzum, je unabweislicher, befördert durch die Distanz zwischen Armut und Millionengewinn, sich die Erkenntnis durchsetzte, daß die Rivalität der wenigen keineswegs identisch sei mit dem Vorteil für alle, desto elementarer wurden die Zweifel, ob es möglich sei, auf dem Boden der bestehenden Sozialordnung eine Balance zwischen Freiheit und Gleichheit, Organisation und Individualismus, Plan und Kreativität herzustellen: eine Balance, in deren Zeichen allein sich der Klassenstaat in jenes große gastliche Haus, die Republik der Freien und Gleichen, verwandeln könne, wie sie am Ende des achtzehnten Jahrhunderts von Babeuf ausgemalt wurde.

Was heißt »Öffentlichkeit«? Was heißt »Gemeinwirtschaft«? Mit Hilfe dieser beiden Fragen wurde vor dem Ersten Weltkrieg in den Organisationen der Linken, am Beispiel des Nahverkehrs und seiner Sozial-Problematik, die gesellschaftliche Gretchenfrage gestellt: »Wie hast du's mit der Republik?« – und das vor allem während jener Streiks, von deren Schärfe und Konsequenz wir uns heute kaum noch die rechte Vorstellung machen. Die Dokumente, Parlamentsberichte, Aufrufe und Zeitungsberichte sprechen für sich: Die Polizei griff durch (»Ist es wirklich ihre Aufgabe«, fragte während des großen Bremer Ausstands von 1910 ein Bürgervertreter, »jeden Bürger . . . jeden Arbeiter, jede Frau, die ihnen im Wege stehen, zu vertobacken?«), Arbeiter und Straßenbahner solidarisierten sich, mobile Streikbrecher, angeheuert von einer Spezialfirma aus Hamburg, verbrüderten sich in den Herbergen mit dem Janhagel, um dann, ein Landsknechtshaufen von Wagenlenkern und Schaffnern, zum nächsten Einsatzort weiterzuziehen.

Das Bild des Nahverkehrs ist bunt: seine Geschichte ein Stück deutscher Sozial-Historie, wie es sich anschaulicher nicht denken läßt – und auch aspektreicher nicht: Da gewinnen gesellschaftliche Antagonismen aus einer doppelten Perspektive – den Debatten in Parlament und Behörde *und* den Aktionen vor Ort – Anschaulichkeit; da verbinden sich, entsprechend der amphibischen Struktur des Objekts, kommunale Probleme mit Fragen der Privatwirtschaft. Da wird aber auch exemplarisch verdeutlicht, daß technischer Fortschritt eins und humane Progression ein anderes ist: Wie beschwerlich der Dienst in Bahn und Bus gewesen ist, das beweisen die Forderungen, die das Personal in Übereinstimmung mit der Gewerkschaft 1918, während der Novemberrevolution, formulierte: Abschaffung des militärischen Drills, Fortfall des Dienstgrußes, Eliminierung der schwarzen Listen, Löschung früherer Strafen. Das sind Forderungen von Männern, die wußten, was Reglementierung bedeutet. Reglementierung des Bahnpersonals, der Zivilisten in Uniform: halb

Eisenbahner, halb Portier; halb Dienstmann, halb Postler: Wieder das Doppelgesicht! Reglementierung des Publikums, Reglementierung allüberall: und unter welchen Bedingungen oft! 155 verschiedene Fahrscheinsorten gab es in Hamburg, deren 14 allein auf einer einzigen Linie: das hatte zur Folge, daß sämtliche Billette in Harburg nur halb so groß gedruckt wurden wie die normalen – die Schaffnertaschen wären sonst übergequollen.

Reglement und Reglementierung – meist in der kuriosen Form amtsdeutscher Prohibitive: Gerundium und kategorischer Imperativ feiern wahre Triumphe, und die Inhalte klingen entsprechend: »Damen mit ungeschützten Hutnadeln sind von der Beförderung auszuschließen.« »Das Tabackrauchen während des Verkehrs mit dem Publicum ist den Conducteuren und Kutschern verboten; ihr Betragen gegen dasselbe muß ein bescheidenes und höfliches sein.« »Den Fahrgästen ist das Singen untersagt.« »Sichtlich kranke, sowie trunkene Personen oder solche, welche durch unreinliches Äußeres die Mitfahrenden belästigen . . . sind zu entfernen.« »Hunde und andere Tiere dürfen in den Personenwagen nicht mitgenommen werden, ebensowenig Gepäck, welches durch seinen Umfang, üblen Geruch oder schmutzige Beschaffenheit die Fahrgäste belästigen könnte.« »Geladene Gewehre sind vom Transport gänzlich ausgeschlossen.«

Ein kurioses Reglement, gewiß; und doch, trotz allem, immerhin ein Reglement, dessen Paragraphen, fixiert vor fast einhundert Jahren, zumindest andeutungsweise durchblicken lassen, daß der Mensch nicht nur ein individuelles, sondern auch ein gesellschaftliches: ein soziales, auf Kooperation und Austausch angelegtes Wesen ist: ein Mensch unter den Menschen, und keine Monade, die Isolation mit Selbstbestimmung verwechselt, ein Stück Blech für ein Symbol der Freiheit hält und nicht realisiert, daß es zwischen einer Subjektivität, die unverzichtbar ist, und ebenso unverzichtbarer Organisation einen Ausgleich gibt... einen Ausgleich, mit dessen Hilfe, so Jürgen Habermas, die »Gewalt technischer Verfügung in den Konsensus handelnder und verhandelnder Bürger zurückgeholt werden kann«.

Einen Ausgleich, wie ihn Erich Fromm im Auge hatte, als er schrieb: »Der Mensch steht heute vor der entscheidenden Wahl – nicht zwischen Kapitalismus und Kommunismus, vielmehr zwischen Robotertum und einem demokratisch-humanistischen Sozialismus. Die meisten Tatsachen scheinen darauf hinzuweisen, daß er das Robotertum wählen wird, und das bedeutet auf lange Sicht Pathologie und Zerstörung. Und doch sind alle diese Tatsachen nicht stark genug, um den Glauben an die Möglichkeiten der Vernunft . . . zu zerstören. Solange wir noch in Alternativen zu denken vermögen, sind wir nicht verloren.«

In Alternativen zu denken, das heißt: Es ist unmöglich, jene durch die Motorisierung und Elektrifizierung bewirkte Veränderung unseres Raum- und Zeit-Sinns zu revozieren: die Revolutionierung der jahrhundertelang eingeübten Vorstellungsweisen, von der Heine 1843 in Paris Zeugnis ablegte – im Augenblick, als er die Bedeutung der französischen Eisenbahn-Projekte zu realisieren begann: »Mir ist es, als kämen die Berge und Wälder auf Paris herangerückt. Ich rieche schon den Duft der deutschen Linden; vor meiner Tür brandet die Nordsee.«

Die Ferne also muß Nachbarschaft bleiben, aber nicht um den Preis, daß im Austausch dafür die Nähe uns fernrückt: daß unsere Städte, von Gasen und Straßen und Autos entstellt, aufhören, unsere Städte zu sein; daß wir Monaden werden (die Kinder isoliert: zur Schule gefahren; die Erwachsenen vereinsamt: »Den habe ich schon lange nicht mehr gesehen«, sagt man in unserer kleinen Stadt, »der hat jetzt ein Auto«); daß wir zwischen »privat« und »öffentlich« trennen: hier die Garnisonen der Vorstädte und strip-towns und dort der Arbeitsplatz in der nach Dienstschluß entvölkerten City . . .; daß wir, vereinzelt und ohne Kontakt, im Pferdebahn-Tempo Regionen durchqueren, die in Gefahr sind, zur Funktion von Verkehrsschneisen zu werden (die Straße als Herrin, der die Stadt, in dienender Rolle, ihre Aufwartung macht); daß wir, wohl wissend, warum allein der öffentliche Nahverkehr die Citys vor dem Untergang bewahren kann, immer noch zusehen, wie der Staat die Kilometer-Geld-Pauschale – und nicht nur sie – dem Falschen auszahlt, dem Herrn im Auto und nicht jenem Mann in der Bahn, dessen Wohl in den zwanziger Jahren noch Tausende von ingeniösen Bauingenieuren und Architekten bewegte; daß wir, schließlich und endlich, gegen alle Vernunft nicht einsehen wollen, wie wichtig es ist, zweimal am Tag, zwischen Haus und Büro, zwischen Schlafstadt und Fabrik, in einen Mittel-Bereich eintauchen zu können: von Vehikeln befördert, die dank ihrer Doppel-Rolle, ihrer Mittler-Tätigkeit und Ambivalenz vorzüglich geeignet sind, der Schizophrenie, die unser Leben bedroht, entgegenzusteuern: an der Grenze von Arbeit und Freizeit, im Medium des Sozialen.

Kurzum, wir werden umlernen müssen: In welcher Weise, das lehrt die Geschichte der öffentlichen Personen-Nahverkehrsbetriebe zwischen Reichsgründung und Gegenwart: die Pionier-Epoche voran, in der fortschrittlich, exakt und zukunftsweisend jene sozialen Grundsatzprobleme analysiert worden sind, deren Bewältigung auch *uns* noch aufgetragen ist.

So betrachtet, habe ich, von der Kaiserzeit redend, in Wahrheit vom Hier und Heute geredet.

Fußball: Versöhnung mitten im Streit?

Fußball, englisch football, ist ein Spiel zwischen zwei Parteien mit mehreren Personen; jede Partei sucht einen Ball nur mit den Füßen auf das Gebiet der Gegenpartei und zwischen zwei am Endziel aufgestellte Stangen zu schleudern: Diese von turnerischem Elan getragene Begriffsbestimmung, derzufolge man mit den Füßen schleudern kann, entstammt nicht der Hinterlassenschaft eines sportbegeisterten wilhelminischen Gymnasialprofessors. Sie findet sich vielmehr, vierzehn Jahre nach der Gründung des Deutschen Fußballbunds publiziert, in der fünften Auflage von *Brockhaus' Kleinem Lexikon* – und mögen andere Enzyklopädien, der Meyer und der Herder, um die gleiche Zeit schon Sachgerechteres bieten: Die Verwirrung war offenbar groß. Sehr groß sogar – einerlei, ob man nicht so recht zwischen Fußball und Rugby zu unterscheiden verstand und sich zu der Erklärung hinreißen ließ, beim football kämpften Spieler in beliebiger Zahl darum, eine mit weichem Leder überzogene Ochsenblase über ein Seil hinwegzuschleudern – »wobei sie sich aber nur der Füße bedienen dürfen« –, oder ob ein mit der Wirklichkeit schon vertrauterer Redaktor (katholischer Herkunft) dem Publikum mitteilte, Fußball sei ein von zwei Parteien mit meist (!) je elf Teilnehmern geübtes Ballspiel, das auf einem Platz ausgeführt werde, an dessen Ende sich ein 6 Meter breites und 3 Meter hohes Tor befände (die Keeper müssen damals wahre Enakssöhne gewesen sein)... einerlei, ob nun der *Große Brockhaus* von 1902 seinen Abonnenten weismachen wollte, beim Fußball stünden einander zwei Parteien von gewöhnlich 15 bis höchstens 40 Personen gegenüber und diese Fünfzehn bis Vierzig versuchten, den Gummiball zwischen das von Stangen flankierte Goal hindurchzustoßen – man sieht, der Phantasie waren keine Grenzen gesetzt –, oder ob der gelehrte Bearbeiter des Meyerschen Fußball-Artikels, am Ende des letzten Jahrhunderts, seine Studie mit den beschwörenden Worten abschloß: »Daß es beim Fußballspiel an Verletzungen der

Beine und, da man den Gegner nicht mit den Händen, sondern nur durch Stoßen und Drängen mit dem ganzen Körper vom Ball entfernen darf, an Kontusionen nicht fehlt, ist erklärlich.«
Mal Fußball, mal Rubgy, mal beides zusammen; hier Gummiball, dort Ochsenblase; bei Meyer »bis zu 40 Personen«, bei Herder »meist elf Teilnehmer«, bei Brockhaus schlichtweg »mehrere«: So unorthodox präsentierte sich das Fußballspiel um die Jahrhundertwende in unserem Land – zu einer Zeit, als die *Encyclopaedia Britannica* schon längst – in einem sechzehnspaltigen Artikel! – das Reglement und mit dem Reglement auch die Geschichte des Fußballs analysiert hatte: angefangen im zwölften Jahrhundert über die Shakespeare-Zeit bis hin zu jener dramatischen Sitzung vom 26. Oktober 1863, der Zusammenkunft in der Londoner Freimaurer-Taverne, in deren Verlauf sich die Fußball-Assoziation ihre Grundregel gab: »Weder der Ball noch der Mann ist mit der Hand zu berühren. Auch Schulter und Arm sind tabu.«
Hüben, in Deutschland, ein konfuser 15-Zeilen-Artikel und drüben, in England, ein seitenlanger gelehrter Essay: Der Vergleich der Lexika lehrt, wie gering hierzulande, um 1900, die Reputation des Fußballsports war – und das nicht ohne Grund. In England dominierte, der Einübung in sozial-gesellige Verhaltensweisen behilflich, der Sport, in Deutschland, autoritär und drillmäßig betrieben, das Turnen. In England war Fußball, als ein in den Colleges erprobtes Erziehungsmittel, eine Angelegenheit der Nation; in Deutschland, als Domäne der Vereine, eine Angelegenheit von vielen Einzelnen. In England hatte eine selbstbewußte, bürgerlich erzogene Oberschicht das Plebejerspiel der »Bauernjungs und Schlachtergesellen« mit Hilfe des ausgeklügelten Reglements auf die Ebene eines konstruktiven Wettkampfs gehoben, der, gentlemanlike, die Sozialisation der Schüler zu befördern half. In Deutschland – nichts davon. Auf unseren Gymnasien herrschte das Ideal zeitloser Geistigkeit: symptomatisch für ein Land, in dem das liberale Bürgertum nach dem Debakel von 1848 die Hoffnung aufgeben mußte, seine Bildungsvorstellungen in kultureller Praxis zu realisieren – ein Bürgertum, das den Ausschluß von der politischen Szenerie in den gesellschaftsfernen *Utopien* der Philosophie und Literatur zu kompensieren versuchte, während es die Gestaltung der *Wirklichkeit* dem Obrigkeitsstaat überließ. Kein Wunder also, daß der Griechischlehrer auf preußischen Gymnasien der angesehenste und der Turnpädagoge selbst dann der mißachtet-

ste war, wenn er – so die Regel – über eine altphilologische Ausbildung verfügte. Kein Wunder auch, daß in dem von den Neuhumanisten preisgegebenen Raum der körperlichen Erziehung Jahn sehr schnell über Humboldt zu triumphieren begann: der vaterländische Keulenschwinger über den liberalen Kosmopoliten. Unter solchen Zeichen – den auf eine strenge Trennung von »Kultur« und »Politik« bedachten Anwälten des reinen Geistes in gleicher Weise verdächtig wie den aufs Exerzierreglement blickenden Turnern – hatte der Fußball es hierzulande doppelt schwer, Anerkennung zu finden . . . ein fremdes Spiel, das erst einmal ins Deutsche übertragen werden müsse: »Wer den Fußball von englischen Sportsmännern hat vorführen sehen und ihn nun nach diesem Muster unserer Schuljugend einüben wollte«, schreibt anno 1894 ein Turnprofessor namens Koch, »der würde gewiß gerechten Anstoß erregen. Doch dürfen wir überzeugt sein, daß das Spiel in Deutschland bald ein unserem Volk entsprechendes Gepräge erhalten wird, und daß die Spielleiter, so viel an ihnen ist, alles Undeutsche fernzuhalten bestrebt sein werden.«

War die angelsächsische Abstammung schon schlimm genug – es gab Probleme, die noch schwerwiegender waren: Die Brutalität vor allem und der rüde Ton, der zumal in höheren Kreisen als wenig kommentmäßig auffiel – eine Tatsache, die anno 1913 einem Major im Kriegsministerium, der für den Deutschen Fußballbund über die Fußballmeisterschaft des Gardekorps referierte, zu der Mahnung bewog: »Das Ansehen des Fußballsports beruht auf der Art seines Betriebes. Nur wenn sich ausnahmslos ein vornehmer Ton bemerkbar macht, kann dieser Zweig der Körperübungen der ihm gebührenden Anerkennung sicher sein.«

Man sieht, an Versuchen, den Fußball derart einzugemeinden, daß er, unter vaterländischen so gut wie unter sozialen Aspekten, deutscher Wesensart entsprach, war in der Gründerzeit des DFB wahrlich kein Mangel – und auch an Feindschaft nicht: Noch im Jahr 1913 wurde das Kicken an bayerischen Mittelschulen verboten – diesmal nicht aus Gründen drohender Überfremdung oder gar um einer allzu bodenständigen Ausdrucksweise auf dem grünen Rasen entgegenzuwirken, sondern – um der Faszination willen, die, vom Fußball ausgehend, zu einer Gefahr für den schulischen Fleiß werden könne.

Nun, das ist lange her – sehr lange, wenn man bedenkt, daß der Sport heute, was die gesellschaftliche Reputation betrifft, längst die schönen Künste überflügelt hat: Als der erste Präsident der Bundesrepublik Deutschland in Bayreuth wissen ließ, er sei kein Freund der Kunst Richard Wagners und habe nicht die Absicht, zum Grünen Hügel zu pilgern – da blieb ihm das unbenommen. Hätte er hingegen erklärt, er halte nicht viel von der Kunst eines Fritz Walter und sei deshalb entschlossen, während seiner Amtszeit den grünen Rasen zu meiden: Die Folgen wären unausdenkbar gewesen.

Welch eine Wandlung! Der rohe, in den Lehranstalten der Nation verpönte, wegen seiner angelsächsischen Herkunft mit Mißtrauen betrachtete, von den Enzyklopädien eher mit Verwunderung als mit Kenntnis und Überzeugung abgehandelte Sport: der *Bastard* des Turnens wurde binnen fünfzig Jahren zum *chef de famille* der Leibeserziehung. Aber wie teuer war dieser Aufstieg bezahlt! Welcher Anstrengung hat es bedurft, ehe der Fußball in der Zeit vor dem Ersten Weltkrieg hoffähig wurde! *Hoffähig*, das ist wörtlich zu nehmen. *Hoffähig*, das heißt: akzeptiert vom Haus Hohenzollern. Das Deutsche Fußballjahrbuch 1913 zeigt auf der ersten Bildseite Seine Königliche Hoheit, den Prinzen Friedrich Karl von Preußen, im gestreiften Dress – den gleichen Prinzen, der das Jahrbuch mit einem Vorwort einleitete. Und dem Prinz folgt der Marschall, und dem Marschall folgt der Kriegsminister, erst von der Goltz und dann von Falkenhayn: So militärisch, so hierarchisch war 1913 das Geleit eines Fußballjahrbuchs – und das nicht allein im Hinblick auf den Rang der Autoren, sondern auch in der Wortwahl: »Als besonderen Vorzug bei Ihrem Sport«, ließ der Kriegsminister verlauten, »schätze ich die Unterwerfung unter die Anordnungen des Parteiführers, des Schiedsrichters und in größeren Verhältnissen des Bundesvorstands. Das sind disziplinfördernde Eigenschaften, deren eifrige Weiterpflege von Ihrer Seite dem Heeresersatz zum Vorteil gereichen werden.« Diese martialische Aussage, derzufolge die Grundprinzipien des Fußballs aus der Trias »Autorität«, »Disziplin« und »Unterwerfung« bestünden, war, darauf kommt es an, kein faux pas eines Feldherrn, der vom Sport nichts verstand: Sie bestimmte vielmehr auch die Verlautbarungen der Funktionäre, Geheimräte und Assessoren, die damals in den DFB-Jahrbüchern mit nimmermüdem Elan den »Drang nach Wettstreit« beschworen, der »dem deutschen Jüngling angemessen sei«, oder, noch eine Stufe höher, der »teutonischen Kampfeslust« gedachten, »die im Fußballspiel ihre höchste Befriedigung« fände. Der Tonfall war – man hört es – deutschnational; Ausnahmen, wie die Beiträge einiger Ausländer, bestätigen nur die

Regel. Wieder und wieder wurde, unter dem Oberbegriff »Kampf«, das Wechselspiel von Sportsgeist mit militärischer Tugend zitiert; fast scheint es, als sei der Eindringling aus England damals doppelt und dreifach bemüht gewesen, seine nationale Zuverlässigkeit durch forcierte Anpassung an die herrschende Ideologie zu bezeugen ... und dies nicht nur im Kaiserreich, sondern mit gleichem Elan auch in der Epoche von Weimar.

Die Festschrift zum ersten großen DFB-Jubiläum, 1925, spricht für sich selbst: Der schwarz-weiß-rote Duktus ist der gleiche geblieben. Von der Republik ist kaum, von der Demokratie noch weniger, vom »nationalen Geist«, der, so ein Funktionär, »von dem Boden unseres Vaterlandes strömt«, um so öfter die Rede ... einem nationalen Geist, der sich im Sport am reinsten manifestiere – im Sport als der großen nationalen Sammlungsbewegung, die dem Parteienhader Einhalt gebiete: »Wir erklären laut«, heißt es im Schlußbeitrag des Jubiläumsbands – einem »Der Sport ist heiliger Dienst am Vaterland« titulierten Artikel –, »wir erklären laut das Werben der Parteien um die Seele der Jugend für eine Sünde an der werdenden lebendigen Kraft unserer Nation.«

Nimmt es da wunder, daß sich nicht nur der Übergang von der Monarchie zur Republik, sondern – will man den Historiographen des DFB Glauben schenken – auch die Transformation der parlamentarischen Demokratie in die faschistische Diktatur so bruchlos vollzog, daß man sie fast als organisch ansehen könnte? Man lese nach, was in jener Geschichte des Deutschen Fußballsports steht, die 1954 in Zusammenarbeit mit dem DFB herausgegeben worden ist. Da heißt es über das Jahr 1933: »Die Männer, die bisher die Leiter des DFB und seiner Verbände waren, fanden auch nach dem politischen Umbruch seitens der nunmehr zur Leitung des Sportes berufenen Personen das Vertrauen, weiterhin die Geschicke des Fußballsports zu lenken. Viele Schranken und Hemmnisse für die Entwicklung des Fußballsportes fielen, weil das jetzt herrschende politische System sie hinwegräumte. Damit entfiel auch manches Problem, das in den letzten Monaten sich besonders zugespitzt hatte.«

Wie? Der Leser stockt: Das kann doch nicht wahr sein! Das ist ja Aberwitz! Die Machtergreifung der Nationalsozialisten sei für den Fußballsport eher Befreiung als Fessel gewesen? Der Freiraum wurde erhalten, dem Sport, *von den Behörden gefördert, ein gewisses Eigenleben gestattet?* Die Olympiade war *glanzvoll und klaglos?* Selbst der

Krieg hatte sein Gutes? O ja! Er gab dem Sportgebiet mehr Raum – und was die Eingliederung von Elsaß-Lothringen und dem westlichen Polen betrifft, so firmiert sie in der Geschichte des deutschen Fußballs unter der Rubrik Annexion von Sportgebiet für den Reichsbund: *Die Zahl der Gaue wuchs.*

Das, meine Damen und Herren, nenne ich mir fürwahr eine makabre Art der Selbstdarstellung: Zuerst der Schulterschlag der Marschälle; dann, zur Eröffnung der republikanischen Festschrift, das Gedicht eines wilhelminischen Barden, Rudolf Herzog mit Namen: »Volk sein heißt, das Schicksal wenden, eins im Blut und eins im Wagen, Volk sein heißt, in tausend Händen nur die deutsche Ehre tragen«, und endlich – als Pointe der These: »Sport wird weder von der Gesellschaftsordnung noch von der Staatsform tangiert, in deren Rahmen er sich entfaltet« – endlich die zumindest mißverständliche Beschreibung jener nationalsozialistischen Sportpolitik, die sich, nach unseren Historiographen, beinahe wie eine Hebammenkünstlerin ausnimmt: Kräfte entbindend, nicht Kräfte lähmend. Fast scheint es, als habe es während der dreizehn Jahre der faschistischen Herrschaft in Deutschland nur ein einziges Problem gegeben: Wie bringen wir's fertig, die verschiedenen Spielsysteme, das kraftvolle, im Altreich geübte WM und den eleganten Offensivfußball aus Wien zu verbinden? Auschwitz aber, Buchenwald, Emigration, der Widerstand der Antifaschisten, die Raubzüge, die Millionen von Opfern – hätte davon nicht auch die Rede sein müssen? Gab's denn keine Fußballspieler, Bar-Kochba-Mitglieder und Arbeitersportler, die damals aus politischen oder rassischen Gründen verfolgt worden sind? (Es gab sie. Ihre Zahl war beträchtlich. Dies ist die Stunde, wo das »Nicht gedacht soll ihrer werden« aufgehoben werden muß.) Wurde kein Sportler, da er Antifaschist war, ermordet? (Doch. Einer hieß Seelenbinder.) War kein Emigrant unter den DFB-Funktionären? (Doch. Man kennt sogar ihre Namen.) Und alles das darf nicht vergessen sein: Die *andere* Geschichte, die doch auch dazugehört – zuallerletzt!

Ich halte inne. Der Augenblick ist gekommen, wo der vom DFB gebetene Gast sich fragen muß, ob er nicht dabei ist, in die Rolle einer berühmten Bühnenfigur zu schlüpfen und – als sei er zu einer Leichenfeier, nicht aber zu einem Festakt geladen – frei nach Shakespeare zu sagen: *I come to bury football not to praise it.*

Aber das wäre nicht wahr. Im Gegenteil: Es ist das Ziel dieses Vortrags, der sich als solidarische Kritik versteht, den Deutschen Fußballbund daran zu erinnern, daß er eine Geschichte hat, die nicht nur aus Bilanzen besteht, nicht nur aus Länderspielen, Meisterschaften, Vereinen und Ligen, sondern eine politische Geschichte ist. Eine Geschichte, die der DFB, einer der großen Meinungsbildner in unserem Land (der größte vielleicht), endlich aufarbeiten sollte – aufarbeiten, indem er mit dem Widerruf der These beginnt, die da lautet: Sport ist ein Element, das fern von der Politik im Wolkenkuckucksheim angesiedelt ist. Aufarbeiten im Sinne eines Widerrufs der Sentenz, deren Ideologiecharakter durchschaut werden muß, »Sport ist eines, und Politik ein anderes«. Die Geschichte des Deutschen Fußballbunds zeigt, daß *der* Sport so gut eine Fiktion ist wie *der* Mensch. Sie zeigt, daß auch der Fußball, konkret wie er ist, seine Geschichte und seinen Gesellschaftsbezug hat: Daß er ein Politicum bildet, das als Politicum erkannt werden will. Daß er manipulierbar, Interessen unterzuordnen, der Staatsmacht, aber auch Partialgewalten zuzuschlagen ist. Daß er, in seiner Struktur, hier Prinzipien auf den Begriff bringt, die der jeweiligen Gesellschaftsordnung entsprechen, und dort dazu benutzt wird, um diese Prinzipien zu verbergen: Auf dem grünen Rasen das fair play – und Stacheldraht um die Lager! Kurzum, was andere Institutionen – Parteien, Gewerkschaften und Kirchen – längst begonnen haben – die ideologiekritische, gesellschaftsbezogene Analyse ihrer Geschichte, mit allen den Höhen und Tiefen, den Ungleichzeitigkeiten und Widersprüchen, von der sie bestimmt ist . . . die große Bestandsaufnahme steht dem Jubilar noch bevor: Eine Abrechnung, bei der auch gefragt werden muß, ob da nicht vielleicht eine Entsprechung zwischen einer scheinbar unpolitischen, in Wahrheit konservativen, den status quo absichernden Ideologie und bestimmten autoritären Organisationsformen im deutschen Vereinsleben bestände, die demokratischer Strukturierung entbehren: Allmächtige Exekutive, hierarchischer Aufbau, mangelnde Transparenz der Entschlüsse.

Es wird Zeit, es wird hohe Zeit, daß der deutsche Fußball überprüft, ob er nicht mit Entschiedenheit dem Anspruch jener Minorität zu widersprechen hat, die ihn, im Interesse ihrer wirtschaftlichen Privilegien, in Dienst nehmen möchte, ihn, den großen gesellschaftlichen Integrationsmeister, der mit seiner die Massen berauschenden Verführungskraft, diesem sanftesten Disziplinierungs-Instrument, auch jenen ein »wir alle« abnötigt, die sonst eher von »uns da unten« und

»ihr da droben« zu sprechen gewohnt sind. Jawohl, es wird Zeit, daß der Deutsche Fußballbund seine soziale Relevanz kritisch – aber auch nicht ohne Selbstvertrauen und Stolz – analysiert, daß er sich in seiner gesellschaftlichen Funktion begreift und zu realisieren beginnt, was man mit Fußball alles aufstellen kann. In einem vor Jahren aufgefundenen Propagandafilm der Nationalsozialisten wurden fußballspielende Juden gezeigt: weil man demonstrieren wollte, wie schön es doch in Theresienstadt sei. Der rollende Fußball und die rollenden Köpfe! Da habe noch einer die Stirn und sage, daß Sport kein Politicum sei! Er *ist* es; er gehört dazu; er ist auch dann – und gerade dann! – ein Element der Politik, wenn er von Politik ablenken soll. Er gehört zu unserer Gesellschaft. Die Prinzipien der Arbeitswelt, Rationalität, Planung, Konkurrenz und Erfolg, sind auch – es kann nicht anders sein – Prinzipien des Sports. Weder Olympioniken-Emphase noch die Lyrismen der Sportreportage täuschen darüber hinweg, in welchem Ausmaß nicht zuletzt der Fußball ein Geschäft *geworden* – nein, ein Geschäft seit eh und je gewesen ist: »Handel und Industrie«, heißt es bereits 1913, achtzehn Jahre, bevor – man höre und staune! – die *Frankfurter Zeitung* den DFB der »Meisterschafts-sprich Geldmacherei« bezichtigte – »Handel und Industrie haben aus dem Aufblühen des Fußballsports klingenden Nutzen gezogen.« (Die Soziologen sagen – vielleicht etwas weniger fröhlich und schlicht – heute das gleiche.)
Also doch: *I come to bury football?* Keineswegs. Was auf den ersten Blick als Polemik, höchst unangemessen in einer Feierstunde wie dieser, und auf den zweiten als mahnender Appell erscheint, ist in Wahrheit eine – Hommage. Die Liebeserklärung an eine Institution, die sich von allen Erscheinungsformen, denen in unserer Zeit die Attacken der Gesellschaftskritiker gelten, dem Lärm oder dem Bau von Kernreaktoren oder der Profittreiberei in einem Punkt radikal unterscheidet: Die »Gegner« – Feinde hat der Fußball nicht – sind enttäuschte Liebende. Sie tadeln, weil sie bewundern. (Und darum tut's ihnen weh, wenn sie tadeln.) Nicht dem Fußball, sondern seiner Gefährdung – der Bedrohung durch Kalkül und Kommerz – gilt ihre Kritik. Der Angriff ist – Verteidigung. Darum – nur darum! – die Frage, ob es wirklich möglich ist, in einer von Brüchen und Umschwüngen geprägten Epoche Kontinuität zu bewahren. Darum – nur darum! – die Überlegung, ob es nicht Siege auf dem Rasen gibt, die in Wahrheit Niederlagen sind – Niederlagen auf der Ebene der

Politik: Erfolgsbilanzen, die ein Debakel kaschieren? Darum – nur darum! – schließlich die Frage, ob nicht auch von jenen Schriftstellern zu lernen ist, die, als man im Jahr 33 ihre Bücher nicht den Flammen übergab, zu überlegen anfingen: Weshalb werden wir verschont? Was haben wir falsch gemacht, daß man uns würdigt?

Und damit genug der kritischen Hommage – und genug auch von der Organisation, die wir feiern, und ihrer Geschichte. Das letzte Wort gehört dem Fußball selbst – einem Sport, dessen Wesen die Ambivalenz ist: das Wechselspiel von Plan und Spontaneität. Sie gibt ihm jene Faszination, der er es verdankt, daß sein Reglement heute das einzige auf der ganzen Welt gültige Zeichensystem ist. Kehrte Robinson Crusoe zurück – er könnte seinem Gefährten die englische Sprache am Beispiel der Abseitsregel erklären. Undenkbar, daß Freitag nicht wüßte, was »auf gleicher Höhe« bedeutet!

Die Ambivalenz ist es, die Dialektik von Irrationalität und Kalkül, von Reglement und Risiko, die dem Fußballspiel in unserem Land den Charakter einer Haupt- und Staatsaktion verliehen hat, deren Phasen sich im Nachgespräch millionenfach reproduzieren: 10 Sekunden, anno 66 in Wembley – war's nun ein Tor, Herr Dienst, oder war's keines? – und eine Debatte über Jahre hinweg: ausgelöst durch einen Sport, der, an der Grenze von Ernst und Spiel angesiedelt, aus nichts als Gegensätzen besteht – aus einer Summe von Spannungsverhältnissen, die durch die Regeln kunstvoll ausbalanciert werden müssen. Wird der Angriff zu schwach, ist die Abseitsregel zu ändern; gleicht das Elfmeterschießen einer Exekution, muß man – hoffentlich bald – dem Torwart gestatten, durch eine Bewegung auf der Linie seinerseits den täuschenden Stürmer zu täuschen.

Fußball, logisch und variationsreich wie ein Schachspiel und dennoch unberechenbar, ist im Grunde – eine einzige Paradoxie. Ein martialischer Kampf: Schüsse und Kanonaden, Schlachtpläne und Spione im feindlichen Lager; aber die Schüsse werden beklatscht, und die Spione nehmen, statt verhaftet zu werden, Platz auf der Ehrentribüne. Womit gezeigt wird: Krieg ist absurd.

Ein Spiel, das, den Operationen in der Arbeitswelt kongruent, bis ins letzte durchgeplant ist – vom Intervalltraining bis zum taktischen Rezept: ein Triumph der Wissenschaft! Aber wenn es dann ernst wird, heben sich die Pläne der Parteien auf – womit gezeigt wird: Drill ist nicht alles. Entlarvt vom Sport erweist sich die Logik der Maschinenwelt als – inhuman.

Fußball: ein autoritärer Sport, dessen Autoritäten oft genug ausgelacht werden. Womit gezeigt wird: Macht kann auch ein Popanz sein. (Die Zeiten sind vorbei, wo von der höchsten Autorität, die es im Fußball gibt, verlautete: »Der Schiedsrichter soll möglichst in den Vordergrund treten, um das Spiel in der Hand zu behalten« – formuliert 1913!)
Fußball: ein Spiel, das Spezialisten verlangt – aber Spezialisten, die Polytechniker sind: Individualisten, die das Ganze nie aus den Augen verlieren und darum Spaß an ihrer Tätigkeit haben. Womit gezeigt wird: Eine Welt ist vorstellbar, in der jedermann in der Lage sein müßte, auf allen Posten seinen Mann zu stehen und seinen Neigungen entsprechend zu leben.
Ein Sport, der, wie ein Seismograph, die Widersprüche unserer Epoche repräsentiert und in eins damit anzeigt, daß sie aufhebbar sind: Fast könnte man glauben, die Männer von der Londoner Freimaurer-Taverne hätten den Stein der Weisen gefunden, als sie Aggressivität und Roheit reglementierten und Natürlichkeit zwar nicht in Kunst verwandelten – das hätte nur Langeweile zur Folge gehabt –, wohl aber aus Natur so etwas wie eine natürliche Künstlichkeit machten . . . und dies, indem sie einem Prinzip vertrauten, das bis dahin nur von den Künsten befolgt worden war: dem Prinzip der freiwilligen Selbsterschwerung. »In Zeiten, da es gut um die Kunst steht«, heißt es bei dem französischen Schriftsteller Paul Valéry, »kann man sehen, wie sie . . . Gesetzlichkeiten und Regeln erfinden, Freiheiten beschneiden, die fürchten zu müssen sie begriffen haben, und sich den Gebrauch der Fähigkeit untersagen . . ., alles machen zu können, was in ihrem Wollen liegt.«
Läßt sich eine exaktere Beschreibung des Fußballsports, nach der Zusammenkunft in Freemason Tavern, denken als diese Formel Valérys? Ist Selbsterschwerung besser zu definieren als durch das Gebot: »Hand, Arm und Schulter sind tabu«? Ich denke nicht – und so absurd, nochmals, es wäre, das Spiel nur wegen seiner artistischen Konfigurationen zur Kunst zu erklären – Brecht hatte recht, als er die Formel »Kunst gleich Sport« als »wissenschaftlichen Fimmel« etikettierte – so nachdenklich stimmt es, daß der Fußball mit der Poesie nicht allein das Gesetz der Selbsterschwerung, nicht nur den Charakter des Politicums und nicht nur den – ständig bedrohten – Freiraum, sondern auch die Fähigkeit gemeinsam hat, Realität zugleich widerzuspiegeln *und* sie dadurch zu transzendieren, daß er modellar-

tig auf Möglichkeiten verweist, die in der Welt, wie sie ist, noch nicht eingelöst sind – die Identität von persönlicher und sozialer Befriedigung zum Beispiel: eine Übereinstimmung zwischen dem Ich und der Gruppe.
Fußball: idealtypisches Abbild einer vom »Erfolg« und »Gewinn« bestimmten Gesellschaft, wo sich das fair play nicht »bezahlt macht«, und Vorblick auf eine Welt der Freien und Gleichen, in der die Regeln des Fußballspiels zum kategorischen Imperativ der Allgemeinheit geworden sind: Freiwillige Selbsterschwerung statt Zwang von außen; »kämpfe mit angelegtem Oberarm« statt »benutze die Ellenbogen, wo du nur kannst«?
Fußball: Wirklichkeits-Verdoppelung und zugleich Entwurf von Möglichkeit? Widerschein und Vorausschau in eins – wie die Kunst? Fußball die coincidentia oppositorum? Die Versöhnung mitten im Streit? Auf jeden Fall ein Spiel, das rätselhafter ist, als es sich gibt. Beneidenswerter Jubilar!

Vorbei, die Eimsbütteler Tage

Als ich zur Schule ging, war alles ganz einfach: Das Identifikations-Objekt hieß TV Eimsbüttel; die Heroen, zu denen ich aufsah, waren Gemüsehändler (Nationalspieler Hans Rohde, ein- und ausgehend im elterlichen Geschäft), Eisverkäufer (Herbert Panse, Nationalspieler auch er, beim Füllen der Tüten: *Sonntag geht der HSV baden*), Lehrer (wie Otto Lüdecke, der die Ehre hatte, in einer sogenannten Akademiker-Mannschaft spielen zu dürfen – einmal sogar gegen den eigenen Verein: Das ist doch *Otto*, sagte Schindowski zu Kleikamp, als der, irritiert durch den fremden Dreß, seinen Freund und Nebenspieler in die Zange nahm), Angestellte (Rohwedder, ebenso schußgewaltig wie launisch, mit der Aktentasche unter dem Arm), Mechaniker, Maurer und Dreher. Die meisten waren Eimsbütteler Kinder; man kannte sie aus der Jugendmannschaft, hatte ihnen zugeschaut, Sonntagmorgen in der Hoheluftchaussee oder auf einem Grandplatz, mal Martinistraße, mal Weidenallee; ein Vereinswechsel war selten; wenn Derle Ahlers aus Harburg oder Erni Timm (der Eisenharte, früher bei Union) aus Altona kamen, waren das nur die Ausnahmen, die die Regel bestätigten. Wir schauten beim Training zu, fuhren mit der Mannschaft bis nach Wilhelmsburg: Ereignisse wie der legendäre 3:2-Erfolg über Schalke, errungen im Volksparkstadion, blieben Gesprächsstoff über Jahre hinweg: Es stand schon 2:0 für Schalke, dann schoß Rohwedder zwei Tore, eins aus vollem Lauf und eins bei einem Strafstoß (Lüdecke, das war damals noch neu, hatte sich in die feindliche Mauer gedrängt), Panse, ein Müller ohne Geld, war wie immer zur Stelle, als ein Schalker – ich glaube: Nattkämper – nicht konsequent genug deckte. Die Stars, mit einem Satz, waren Menschen, die man in der Straßenbahn ansprechen konnte; die Fünferreihe des Sturms bestand aus Eimsbütteler Werktätigen (Anrainer dazu gerechnet): Derle Ahlers, Otto Rohwedder, Herbert Panse, Kalli Mohr und Hanno Maack . . . wenn ich den letzten Goethe-

Vers vergessen habe, werde ich den Eimsbütteler Sturm noch aufzählen können.

Jeder ein Individualist: Ein Grätscher (Ebbe Stührk, seiner Zeit weit voraus), ein Fangkünstler (Böhlke im Tor), ein Spaßvogel (Kalli Mohr); bisweilen wurden die Rollen gewechselt; von Mechanisierung und Zweckrationalität, Diktat der Arbeit und bürokratischer Organisation war beim ETV nicht die Rede. Gab es das alles nicht? Gehörten meine Eimsbütteler – anders als die Heutigen: diese zu Disziplin und Fleiß verpflichteten, straffen Handlungsvorschriften unterworfenen Angestellten mächtiger Vereine (»Mrosko, Ihre Haltung gefällt mir nicht. Sitzen Sie gefälligst gerade!«) . . . gehörten sie noch zu der legendären Garde kickender Old Boys? Ich glaube ja: Mag die Erinnerung manches verklären – die Identität von Arbeit und Fußball (beide gleich abstrakt und leistungsbestimmt), die das Geschäft »Fußball« heute charakterisiert, ist ein Phänomen der Gegenwart. Meine Manjas und Kowalkowski, Risse (junior, der Senior trainierte die Mannschaft) und Weber (der Eckenspezialist) handelten nicht arbeitskonform (keine Rede von Reglementierung und profitbezogener Effizienz), sondern spontan. (Die berühmte Auseinandersetzung zwischen Rohwedder und dem St. Pauli-Torwächter Quest: Ein Tritt in den Hintern, anschließend wurde gefeiert). Sie waren unabhängig (ein Turnverein: keine Herrschaft der Besitzenden über die Abhängigen) und der Unvernunft der Muskeln mehr anheimgegeben als der Unvernunft des Kapitals: Ein Hamburger Meister (*Eimsbüttel jedoch siegt weiter, war der letzte Sieg auch hart, dann nur weil der alte Streiter, Panse, trat auf seinen Bart:* so die Lokalpresse damals), der, sobald es um die »Deutsche« ging, kläglich versagte, weil die Maurer und Eisverkäufer zu wenig erfolgsprogrammiert waren.

Eine Idylle? Ein kulturkritischer Rückblick . . . geprägt von der Sehnsucht nach einer Epoche, in der es, statt reibungsloser Abläufe, noch Spontaneität gab und Insubordination gegenüber dem Verein und dem Trainer? Nun, es gab ja immerhin auch schon den HSV . . . und da nun kündigte sich, zumindest aus der Eimsbütteler Kleine-Leute-Perspektive, etwas an, das der Schüler Jens zwar noch nicht unter dem Begriff »Wer Gewinn will, hat zu gewinnen« subsumieren konnte, das er aber – ein bißchen allgemein, gewiß auf den Nenner brachte: »Der HSV kauft alles auf.« Wer Geld hat, hat auch die entsprechenden Kicker, und wer am reichsten ist, kann sich bessere halten als ein anderer, der weniger reich ist: Das wollten wir Eimsbütteler sagen, wenn wir von der Rothenbaumchaussee sprachen – zornig über Rohwedders Treulosigkeit, der den Verein gewechselt hatte (*Vor Wandervögeln wird gewarnt* stand in der Zeitung: so idealistisch gab sich damals Ideologie), nachdenklich beim Anhören eines *on dit*, das besagte, der Ewerführer Old Erwin (Seeler, der Vater) sei nach dem Übertritt zum HSV gesellschaftlich avanciert ... der gleiche Seeler, dem niemand den Wechsel vom Arbeitersportverein Lorbeer zum SC Victoria nachgetragen hatte. Aber jetzt zum HSV: Das, glaubten wir, sei Klassen-Verrat – Old Erwin spielt fürs Kapital!

Tempi passati. Zeiten, deren Sportbetrieb, an der Produktionsweise und deren Reglement gemessen, durchaus altertümlich war ... auch der Spitzensport! Wie antiquiert nimmt sich selbst die Fußball-Programmatik der fünfziger Jahre aus: *Kameradschaft!* (Heute sagt der Vorstand: »Uns ist es wurscht, wenn Ihr Euch nicht riechen könnt, Leute. Schließlich seid Ihr ja Konkurrenten. Am Samstag aber ... keinen Ärger, verstanden?«) *Individualität!* (Anno 74 wäre eine Figur wie Boss Rahn in der Bundesliga untragbar; selbst Seeler, der Jüngere, erscheint, gegenüber den Angestellten des FC Bayern, als gestandenes Mannsbild.) *Ideologie* à la Sepp Herberger! (Im Zeichen von Neudecker und Schwan geradezu rührend: Der »Chef« als liberale Figur, Erik Ode auf der Trainerbank, eher väterlicher Freund als Manager eines Wirtschaftsbetriebes kapitalistischer Prägung: Der Chef und sein Fritz, unser Bundessepp mit seinen Buben – liebt Katholiken, kann nach dem Sieg seinen Namen nicht schreiben, sagt Kameradschaft ... und meint es auch wirklich!)

Wie viele Relikte aus vorkapitalistischer Zeit hat gerade der Fußball-Sport bis in die fünfziger, ja, sechziger Jahre bewahrt, welche Widersprüche zur herrschenden Ökonomie entwickelt (nicht nur Anachronismen, nicht nur Verschleierungen – auch Widersprüche *gegen* das regierende System, ein Hauch von Antizipation, ein Hinweis auf nicht eingelöste Versprechen: *Boß Rahn macht wieder einmal, was er will. Leider darf er es nur auf dem Spielplatz. Boß müßte man sein – aber nicht allein im Spiel!)* ... wieviel Ungleichzeitigkeit im Verhältnis zwischen Wirtschaft und Sport! (Sogar ein Max Merkel – »ich bin ein Diktator« – wirkt, aus der Perspektive Cramers, heute schon wie ein Regent aus der Zeit des Manchester-Kapitalismus, mit seiner barocken Gebärde, der zornigen Rede und dem koketten Zynismus –

Urgestein geradezu, verglichen mit jenen beflissenen Männchen, die das Sprach-Reglement des Vorstandes mit einer Inbrunst befolgen, als sei es kanonisch: »Kein Wort von Politik bitte! Wer sagt, was wir denken – *Brandt ist der Untergang Deutschlands* –, schadet der Kasse.«)

Der Zweck heiligt die Mittel, heißt die Devise, wir wollen verkaufen – und zwar für dumm: Eintrittspreise um die Hälfte erhöht; gekauft und verkauft; Gersdorff rein und Gersdorff raus! Müller gefallen, Beckenbauer behauptet, Netzer schwächer notiert. Man leiht mit Zins, und zwar nicht nur Geld, sondern, dem Kurswert entsprechend, auch Spieler, man läßt Körperteile versichern (die teuerste Wade der Welt, dieser Spann hat drei Villen gekostet), man kalkuliert mit Klima, Atmosphäre und Stimmung, als ob sie berechenbar seien wie Wertpapiere und Häuser: Wie bezeichnend, daß selbst die »Notlüge« des Bayern-Präsidenten dem Diktat des Quantifizierens folgte (München 530, Dresden 106 Meter über dem Meer): Lieber die pure Absurdität als ein Verzicht auf Zahlen-Vergleiche; besser ein skurriles Äquivalent als überhaupt keins! Und unter solchen Zeichen hebt sich dann die Ungleichzeitigkeit auf, wird deckungsgleich, was lange getrennt war, sind die Tage der Eisverkäufer für immer vorbei, heißen die Spieler Maier und der Trainer Herr Maier (Abstand muß sein im Betrieb), hat der Trainer die Schnauze zu halten, wenn sein Duisburger SV, wiewohl in Abstiegsgefahr, in Afrika antreten muß, weil es der Vorstand so will, werden die Zuschauer weiterhin lachen, wenn Bayern verliert, lachen die kleinen Knechte über die Privilegierten: als ob sie ahnten, daß auch die Balltreter unten in der Arena ihr sogenanntes Spiel zu 90 % mechanisch verrichten . . . mechanisch bis zum Ritual des Jubelschreis nach dem Tor. (Abgemessen wie ein Hofzeremoniell: Beim Ausgleichstor ein Faustschlag durch die Luft, auch wenn's ein Abstauber war, beim Bilderbuchtor, das in der 89. Minute aus einem 0:3 ein 1:3 macht, allenfalls ein müder Händedruck.)

Vorbei, die Eimsbütteler Tage, die Zeit der Breslauer Wunderelf, die Ära der lieben Frühkapitalisten (der rührende Fritz Walter, Frau Italia, die Wäscherei), die Phase der Einzelhändler, Patriarchen und Käuze! Der Spätkapitalismus ist, da er nur Sachen kennt, sachlich. Längst sprechen auch die Reporter am Bildschirm wie Bilanzbuchhalter, die schönen Tage der Maibohm und Michel kommen nicht wieder: *Zehn gibt zu Elf, X. wechselt aus, Z. auf der Trainerbank. Wenn* noch umschrieben wird, dann kommt Unsinn heraus (A. *geht* soll heißen A. *läuft*), und was den Kommentar angeht, so beschränkt man sich im allgemeinen auf eine standardisierte Aufzählung von berechenbaren Faktoren: *Eben erst für 100 000 Pfund verkauft; und das an seinem siebenundzwanzigsten Geburtstag; jetzt kommt die dreiundfünfzigste Minute*.

Freilich, es gibt Ausnahmen, die die Regel bestätigen. Und darum (nur darum?) schauen wir ja immer noch so lustvoll zu, jeden Samstag, freuen uns, wenn Bayern verliert, das große schwarze Monopol, auf das wir unsere Aggressionen abladen können, freuen uns, wenn Schnellinger in der dreiundneunzigsten Minute den Ausgleich erzielt, freuen uns, wenn Wendelsheim in die A-Klasse aufsteigt, freuen uns, wenn wir an Seppl Fath denken und Ricardo Zamora, (und auch an den ›Papierenen‹, den großen Sindelar, anno 30 das Vorbild des Kleinstkickers Jens), freuen uns, wenn man den Dirigenten Overath mit dem Dirigenten Karajan vergleicht (und finden es – ehrlich! – richtig, daß Wolfgang nicht schlechter als Herbert verdient), freuen uns, wenn irgendwo ein David einen Goliath besiegt, der Kleine aus Polen den Großen aus England, freuen uns, wenn der eine oder andere unter den Zweiundzwanzig alle Verhaltensvorschriften, alles Trainings-Reglement, allen Leistungszwang und alle Wertnormen der Arbeitswelt plötzlich vergißt und – ohne an seinen Marktwert zu denken – Fußball spielt, weil es ihm Spaß macht: witzig, frei und improvisierend. Und freuen uns sogar auf die Weltmeisterschaft, obwohl wir doch ganz genau wissen. . .

Bibliographie

Die christliche Predigt: Manipulation oder Verkündigung?
Rede auf dem Deutschen Pfarrertag 1976. München 1976.

Die Evangelisten als Schriftsteller
Radio-Vortrag 1975. In: »Sie werden lachen, die Bibel«, Stuttgart 1975.

Antiquierte Antike? Perspektiven eines neuen Humanismus
Rede zur Dreihundertfünfzigjahrfeier des Theodor-Heuss-Gymnasiums Heilbronn. Heilbronn 1971.

Literatur: Möglichkeiten und Grenzen
Rede auf dem Jahresempfang der Evangelischen Akademie Tutzing. Tutzing 1976.

Wir Extremisten. Antwort an den Bundespräsidenten
Erwiderung auf die Ansprache des Bundespräsidenten beim Kongreß des Verbandes deutscher Schriftsteller. Frankfurt 1974.

Phantasie und gesellschaftliche Verantwortung. Zur literarischen Situation in der Bundesrepublik
Rede auf dem Kongreß des Verbandes deutscher Schriftsteller. Frankfurt 1974.

Ehrenrettung eines Kritikers: Sixtus Beckmesser
In: Programmheft der Bayreuther Festspiele 1974.

Der Rhetor Friedrich Nietzsche
Überarbeitete und gekürzte Fassung eines Fernseh-Essays. In: Frankfurter Allgemeine Zeitung, Samstag, 6. Februar 1974.

Der letzte Bürger: Thomas Mann
Rede aus Anlaß des hundertsten Geburtstags von Thomas Mann. Lübeck 1975.

Plädoyer für einen Pluralismus der Wissenschaft
Rede auf dem ersten Kongreß des Bundes Demokratischer Wissenschaftler. Marburg 1972.

Wider die Isolation
Ansprache auf einer Kundgebung der Gewerkschaft Wissenschaft und Erziehung. München 1976.

Praeceptor Germaniae: Axel Caesar Springer
In: Der neue Konservatismus, Hamburg 1974.

Zehn Pfennig bis Endstation. Der öffentliche Personennahverkehr in Geschichte und Gegenwart
Rede auf dem Jahreskongreß öffentlicher Nahverkehrsbetriebe. Hamburg 1976.

Fußball: Versöhnung mitten im Streit?
Rede aus Anlaß des fünfundsiebzigsten Geburtstags des Deutschen Fußballbundes. Frankfurt 1975.

Vorbei, die Eimsbütteler Tage
In: Netzer kam aus der Tiefe des Raumes, München 1974.

Walter Jens: Werke

Prosa

Nein – Die Welt der Angeklagten. Roman. Rowohlt Verlag, Hamburg 1950. (Taschenbuchausgabe 1953). Neuausgabe R. Piper & Co. Verlag, München 1965 (mit einem Nachwort »Nein – nach fünfzehn Jahren«)
Der Blinde. Erzählung. Rowohlt Verlag, Hamburg 1951. Neuausgabe R. Piper & Co, Verlag (Piper-Bücherei Band 197), München 1964
Vergessene Gesichter. Roman. Rowohlt Verlag, Hamburg 1952. (Taschenbuchausgabe 1958). Bearbeitung als Fernsehspiel: Erste Fassung 1953, zweite Fassung 1959
Der Mann, der nicht alt werden wollte. Roman. Rowohlt Verlag, Hamburg 1955. (Taschenbuchausgabe 1963)
Das Testament des Odysseus. Erzählung. Günther Neske Verlag, Pfullingen 1957
Die Götter sind sterblich. Tagebuch einer Griechenlandreise. Günther Neske Verlag, Pfullingen 1959. (Taschenbuchausgabe: Deutscher Taschenbuch Verlag, München 1962)
Herr Meister. Dialog über einen Roman. R. Piper & Co. Verlag, München 1963. (Taschenbuchausgabe: Ullstein Bücher 3028)
Der Fall Judas. Kreuz Verlag, Stuttgart/Berlin 1975

Essay

Statt einer Literaturgeschichte. Günther Neske Verlag, Pfullingen 1957. 5., erweiterte Auflage 1962
Deutsche Literatur der Gegenwart. Themen, Stile, Tendenzen. R. Piper & Co. Verlag, München 1961. 4., durchgesehene Auflage 1962. (Taschenbuchausgabe: Deutscher Taschenbuch Verlag, München 1964)
Zueignungen. 12 literarische Porträts. R. Piper & Co. Verlag (Piper-Bücherei Band 178), München 1962. 2., erweiterte Auflage 1963
Von deutscher Rede. R. Piper & Co. Verlag, München 1969. (Taschenbuchausgabe: dtv, Allgemeine Reihe 806)
Fernsehen – Themen und Tabus. R. Piper & Co. Verlag, München 1973. (Serie Piper 51)

Wissenschaftliche Buchveröffentlichungen

Die Stichomythie in der frühen griechischen Tragödie. C. H. Beck'sche Verlagsbuchhandlung, München 1955
Hofmannsthal und die Griechen. Max Niemeyer Verlag, Tübingen 1955
Euripides–Büchner. Opuscula aus Wissenschaft und Dichtung, Nr. 21, Günther Neske Verlag, Pfullingen 1964
Bauformen der frühen griechischen Tragödie. Fink Verlag, München 1971

Hör- und Fernsehspiele

Ahasver. Erstsendung 1956 beim Hessischen Rundfunk (abgedruckt in: Hörwerke der Zeit. Hans Bredow Institut, Hamburg 1956, und in: Sechzehn deutsche Hörspiele. R. Piper & Verlag, München 1962)
Die rote Rosa. Erstsendung 1966 beim Bayerischen Rundfunk
Die Verschwörung. Der tödliche Schlag. Fernsehspiele. R. Piper & Co. Verlag, München 1974. (Serie Piper 111)
Der Ausbruch. Libretto. Lothar Rotsch Verlag, Bebenhausen 1974

Übersetzungen, Bearbeitungen, Nacherzählungen

Ilias und Odyssee. Nacherzählung aus dem Griechischen. Otto Maier Verlag, Ravensburg 1958
Sophokles' Antigone. Bühnenmanuskript. Kurt Desch Verlag, München o. J. (Uraufführung Karlsruhe 1958)
Aischylos' Orestie. Bühnenmanuskript. Kurt Desch Verlag, München o. J. (Uraufführung Hannover 1962)
Sophokles' König Oedipus. Bühnenmanuskript. Kurt Desch Verlag, München o. J. (Uraufführung Celle 1963)
Sophokles' Ajas. Bühnenmanuskript. Kurt Desch Verlag, München o. J. (Uraufführung Hamburg 1965)
Am Anfang der Stall – am Ende der Galgen: Jesus von Nazareth. Kreuz Verlag, Stuttgart/Berlin 1975

Literatur über Walter Jens

Giovanni Necco, in: *I due volti della Germania*, Bari 1954
Franz R. Siebenmorgen, »Protokoll über Walter Jens«, in: *Deutsche Universitätszeitung*, H. 2, Göttingen 1956
E. Lambrecht, »Walter Jens. Ein Ringen mit dem Individuum«, in: *Studia Germanica*, Gent 1960
Harry Bergholz, Vorwort zur amerikanischen College-Ausgabe von *Der Blinde*, Henry Holt & Co., New York 1960
Numa F. Tetaz, in: *Revue de Belles Lettres*, Genf 1961

H. Brandt u. H. Richter, »Die ›Alternative‹ des Walter Jens«, in: *Neue deutsche Literatur*, 10, 1962, H. 5, S. 52–62
H. Emmel, »Das Selbstgericht: Thomas Mann, Walter Jens und Ezard Schaper, Günter Grass«, in: H. E. *Das Gericht in der deutschen Literatur des 20. Jahrhunderts*, München 1963, S. 82–119
Joachim Kaiser, »Walter Jens«, in: *Schriftsteller der Gegenwart. 53 Porträts*, hg. von K. Nonnemann, Olten 1963
Kurt Batt, »Herr Meister von Walter Jens«, in: *Neue deutsche Literatur*, 1964
Walter Jens. Eine Einführung, München 1965
(darin: Gottfried Just, »Walter Jens«, Originalbeitrag
Werner Weber, »Nein – Die Welt der Angeklagten; Der Blinde«, aus: *Neue Zürcher Zeitung*, 13. Januar 1952
René Lalou, »Der Mann, der nicht alt werden wollte«, aus: *Les Nouvelles Littéraires*, 31. Januar 1957. Übersetzung: Gudrun Schiller
Hans-Jürgen Baden, »Die Götter sind sterblich«, aus: *Hannoversche Allgemeine Zeitung*, 25. Juli 1959
Marcel Reich-Ranicki, »Deutsche Literatur der Gegenwart«, aus: *Die Zeit*, 19. Mai 1961
Hans Mayer, »Herr Meister«, aus: *Die Zeit*, 22. November 1963)
Cornel Meder, *Walter Jens oder die Entwicklung eines Poeta doctus*, Diss. Luxemburg 1966
Gerhard F. Kramer, *Laudatio anläßlich der Verleihung des Lessing-Preises an Walter Jens*, Hamburg 1968
Gunter Reiß, »Nein – Die Welt der Angeklagten«, in: *Kindlers Literatur Lexikon*, Bd. V, Zürich 1969, S. 358/59
Jürgen Kolbe, »Walter Jens«, in: *Deutsche Literatur seit 1945 in Einzeldarstellungen*, hg. von D. Weber, Stuttgart 1970
Gottfried Just, »Versuch über Walter Jens«, in: G. J., *Reflexionen – zur deutschen Literatur der sechziger Jahre*, Pfullingen 1972
Peter Laemmle, »Von deutscher Rede«, in: *Kindlers Literatur Lexikon*, Ergänzungsband, Zürich 1974
Herbert Kraft, *Das literarische Werk von Walter Jens*, Tübingen 1974 (mit ausführlicher Bibliographie)

Werke von Walter Jens erschienen in Übersetzungen in Frankreich, USA, England, Holland, Italien, Spanien, Japan, Argentinien, Tschechoslowakei, Polen, Ungarn

7–1–6–10–6